中華文化促進會主持編纂

國家“十一五”~“十四五”重點圖書出版規劃項目

中國社會科學院哲學社會科學創新工程學術出版資助項目

出品人 王石 段先念

今注本二十四史

# 後漢書

二二

志〔二〕

南朝宋 范曄 撰 唐 李賢等 注

卜憲群 周天游 主持校注

中國社會科學出版社

# 後漢書　志第八

## 祭祀中

北郊　明堂　辟雍　靈臺　迎氣　增祀　六宗　老子

是年初營北郊，[1]明堂、[2]辟雍、[3]靈臺未用事。[4]遷吕太后于園。上薄太后尊號曰高皇后，當配地郊高廟。[5]語在《光武紀》。[6]

[1]【今注】是年：東漢光武帝建武中元元年（56）。此承本書《祭祀志上》末文言之。本書《祭祀志上》篇末云："四月己卯，大赦天下，以建武三十二年爲建武中元元年。"

[2]【劉昭注】《周禮·考工記》曰"周人明堂，度九尺之筵，東西九筵，南北七筵，堂崇一筵，五室，凡室二筵"，鄭玄曰："明堂者，明政教之堂。周度以筵，亦王者相改。周堂高九尺，殷三尺，則夏一尺矣。相參之數也。"《孝經援神契》曰："明堂上圓下方，八窻四達，布政之宫，在國之陽。"《晏子春秋》曰："明堂之制（堂，殿本作'三'），下之温濕不能及也，上之寒暑不能入也。木工不鏤（工，殿本作'二'），示民知節也。"《吕氏春秋》曰："周明堂茅茨蒿柱，土階三等，以見儉節也。"

《前志》武帝欲治明堂奉高旁，未明其制度。濟南人公玉帶上《黄帝時明堂圖》，圖中有一殿，四面無壁，以茅蓋，通水，水圜宫垣爲復道；上有樓，從西南入，名曰崑崙，以拜禮上帝。於是作明堂汶上（大德本、殿本“汶”後有“水”字），如帶圖。《新論》曰：“天稱明，故命曰明堂。上圓法天，下方法地，八窻法八風，四達法四時，九室法九州，十二坐法十二月，三十六户法三十六雨，七十二牖法七十二風。”《東京賦》曰“復廟重屋，八達九房”，薛綜注曰：“八達謂室有八窻也。堂後有九室，所以異於周制也。”王隆《漢官篇》曰“是古者清廟茅屋”，胡廣曰：“古之清廟，以茅蓋屋，所以示儉也。今之明堂，茅蓋之，乃加瓦其上，不忘古也。”

［3］【劉昭注】《白虎通》曰：“辟雍，所以行禮樂，宣德化也。辟者，象璧圓，以法天也。雍者，壅之以水，象教化流行也。辟之爲言積也，積天下之道德；雍之爲言壅也，壅天下之儀則：故謂辟雍也。《王制》曰：‘天子辟雍，諸侯泮宫。’外圓者，欲使觀者平均也。又欲言外圓内方，明德當圓，行當方也。”

［4］【劉昭注】《禮含文嘉》曰：“禮，天子靈臺，所以觀天人之際，陰陽之會也。揆星度之驗，徵六氣之端，應神明之變化，覩日氣之所驗，爲萬物獲福於無方之原，招太極之清泉，以興稼穡之根。倉廩實，知禮節；衣食足，知榮辱。天子得靈臺之則，五車三柱，明制可行，不失其常。水泉川流，無滯寒暴暑之災，陸澤山陵，禾盡豐穰（禾，紹興本作‘木’）。”故《東京賦》曰“左制辟雍，右立靈臺”，薛綜注曰：“於之班教曰明堂，大合樂射饗者辟雍，司曆記候節氣者曰靈臺。”蔡邕《明堂論》曰：“明堂者，天子太廟，所以崇禮其祖，以配上帝者也。夏后氏曰世室，殷人曰重屋，周人曰明堂。東曰青陽，南曰明堂，西曰總章，北曰玄堂，中曰太室。《易》曰離也者，明也，南方之卦也。聖人南面而聽天下，嚮明而治。人君之位，莫正於此焉，故雖有五名而

主以明堂也。其正中焉，皆曰太廟。謹承天隨時之令，昭令德宗祀之禮，明前功百辟之勞，起尊老敬長之義，顯教幼誨稚之學。朝諸侯選造士於其中以制度。生者乘其能而至，死者論其功而祭。故爲大教之宫，而四學具焉，官司備焉。譬如北辰，居其所而衆星拱之，萬象翼之。教之所由生專（殿本無‘專’字），受作之所自來，明一統也。故言明堂，事之大，義之深也。取其宗祀之清貌，則曰清廟。取其正室之貌，則曰太廟。取其尊崇矣，則曰太室。取其堂（堂，殿本作‘向明’），則曰明堂。取其四門之學，則曰太學。取其四面周水圜如璧（璧，紹興本作‘壁’，大德本作‘辟’），則曰辟雍。異名而同事，其實一也。《春秋》因魯取宋之姦賂，則顯之太廟，以明聖王建清廟明堂之義。經曰：‘取郜大鼎于宋，納于太廟（太，大德本作“大”）。’傳曰：‘非禮也。君人者，將昭德塞違，故昭令德以示子孫。是以清廟茅屋，昭其儉也。夫德，儉而有度，升降有數，文物以紀之，聲明以發之，以臨照百官（臨照，大德本、殿本作“照臨”），百官於是戒懼，而不敢易紀律。’所以大明教也。以周清廟論曰，魯太廟皆明堂也。魯禘祀周公於太廟明堂，猶周宗祀文王於清廟明堂也。《禮記·檀弓》曰‘王齋禘於清廟明堂’也。《孝經》曰：‘宗祀文王於明堂。’《禮記·明堂位》曰：‘太廟，天子曰明堂。’又曰：‘成王幼弱，周公踐天子位以治天下，朝諸侯於明堂，制禮作樂，頒度量，而天下大服。成王以周公爲有勳勞於天下，命魯公世世禘祀周公於太廟（世世，紹興本作“世曰”），以天子禮樂，升歌清廟，下管象舞，所以異魯於天下（殿本“下”後有“也”字）。’取周清廟之歌歌於魯太廟。明堂（殿本無‘堂’字），魯之廟（殿本‘廟’前有‘太’字），猶周清廟也，皆所以昭文王、周公之德，以示子孫者也。《易傳·太初篇》曰：‘天子旦入東學（天，大德本、殿本作“太”），晝入南學，暮入西學。在中央曰太學，天子之所自學也。’《禮記·保傅篇》曰：‘帝入東學，上親而貴仁；入西學，上賢而貴德；入南學，上齒而貴信；入北學，上貴而尊爵；入太學，承師而問道。'與《易傳》同。魏文侯《孝經傳》曰：'太學者，中學明堂之位也。'《禮記·古大明堂之禮》曰：'膳夫是相禮，日中出南闈，見九侯門子（門子，殿本作"反問于桐"）。日側出西闈，視五國之事。日闇出北闈，視帝節猶。'《爾雅》曰：'宫中之門謂之闈。'王居明堂之禮，又别陰陽門，南門稱門，西門稱闈，故《周官》有門闈之學。師氏教以三德守王門，保氏教以六藝守王闈。然則師氏居東門、南門，保氏居西門、北門也。知掌教國子，與《易傳》《保傅》王居明堂之禮參相發明，爲四學焉。《文王世子篇》曰：'凡大合樂，則遂養老。天子至，乃命有司行事，興秩節，祭先師、先聖焉。始之養也，適東序，釋奠於先老，遂設三老位焉（三老位焉，殿本作"三老五更之席位言教學始之於養老由東方歲始也又"）。春夏學干戈，秋冬學羽籥，皆於東序。凡祭與養老、乞言、合語之禮，皆小樂正詔之於東序。'又曰：'大司成論説在東序。'然則詔學皆在東序。東序，東之堂也，學者詔焉，故稱太學。仲夏之月，令祀百辟卿士之有德於民者。《禮記·太學志》曰：'禮，士大夫學于聖人、善人，祭于明堂，其無位者祭於太學。'《禮記·昭穆篇》曰：'祀先賢于西學，所以教諸侯之德也。'即所以顯行國禮之處也。太學，明堂之東序也，皆在明堂、辟雍之内。《月令記》曰：'明堂者，所以明天氣，統萬物。'明堂上通於天，象日辰，故下十二宫象日辰也。水環四周，言王者動作法天地，德廣及四海。方此水也，名曰辟雍。'《王制》曰：'天子出征，執有罪，反舍奠於學，以訊馘告。'《樂記》曰：'武王伐殷，爲俘馘于京太室（爲，殿本作"薦"）。'《詩·魯頌》云：'矯矯虎臣，在泮獻馘。'京，鎬京也。太室，辟雍之中明堂太室也。與諸侯泮宫俱獻馘焉，即《王制》所謂'以訊馘告'者也。《禮記》曰：'祀乎明堂，所以教諸侯之孝也。'《孝經》曰：'孝悌之至，通於神明，光于四海，無所不通。《詩》云："自西自東，自南自北，無思不服。"'言行孝者則曰明堂，行悌者則曰太學，故《孝經》合以爲一義，而稱鎬京之詩以明之。凡此皆明堂、太室、辟雍、太學事通合之義也。其制度數各有所法。堂方百四十四尺，坤之策也。屋圓屋徑二百一十六尺，乾之策也。太廟明堂方三十六丈，通天屋徑九丈，陰陽九六之變。且圓蓋方載，六九之道也。八闥以象八卦，九室以象九州，十二宫以應辰。三十六户七十二牖，以四户九牖乘九室之數也。户皆外設而不閉，示天下不藏也。通天屋高八十一尺，黄鍾九九之實也。二十八柱列於四方，亦七宿之象也。堂高三丈，亦應三統。四鄉五色者，象其行。外廣二十四丈，應一歲二十四氣。四周以水，象四海。王者之大禮也。"

【今注】是年初營北郊明堂辟雍靈臺未用事：本書卷一下《光武帝紀下》："（中元元年）是歲，初起明堂、靈臺、辟雍，及北郊兆域。"北郊，祭地之所。明堂，禮制建築。在經典之中，明堂是王者發布德教政令的地方。東漢光武帝建明堂於雒陽南郊，以祀五帝。靈臺，禮制建築。在經典之中，靈臺是周文王所建之高臺。東漢在雒陽南郊起靈臺，用於望氣。辟雍，禮制建築。在經典中，辟雍本是周天子所設立的大學。後在東漢，辟雍主要被用作宣揚天子德教的場所。未用事，當年未行祭祀。本書《光武帝紀下》："（建武中元）二年春正月辛未，初立北郊，祀后土。"本書卷二《明帝紀》："（永平）二年春正月辛未，宗祀光武皇帝於明堂，帝及公卿列侯始服冠冕、衣裳、玉佩、絇屨以行事。禮畢，登靈臺。使尚書令持節詔驃騎將軍、三公曰：'今令月吉日，宗祀光武皇帝於明堂，以配五帝。禮備法物，樂和八音，詠祉福，舞功德，班時令，勑群后。事畢，升靈臺，望元氣，吹時律，觀物變。群僚藩輔，宗室子孫，衆郡奉計，百蠻貢職，烏桓、濊貊咸來助祭，單于侍子、骨都侯亦皆陪位。斯固聖祖功德之所致也。朕以闇陋，奉承大業，親執珪璧，恭祀天地。仰惟先帝受命中興，撥亂反正，以寧天下，封泰山，建明堂，立辟雍，起靈臺，恢弘大道，被之八極；而胤子無成康之質，群臣無吕旦之謀，盥洗進爵，踧踖惟慙。素性頑鄙，臨事益懼，故“君子坦蕩蕩，小人長戚戚”。其令天下自殊死已下，謀反大逆，皆赦除之。百僚師尹，其勉修厥職，順行時令，敬若昊天，以綏兆人。’三月，臨辟雍，初行大射禮。冬十月壬子，幸辟雍，初行養老禮。詔曰：‘光武皇帝建三朝之禮，而未及臨饗。’”李賢注：“三朝之禮謂中元元年初起明堂、辟雍、靈臺也。”

［5］【今注】“遷吕太后于園”至“高廟”：本書《光武帝紀下》：“（建武中元元年夏四月）甲申，使司空告祠高廟曰：‘高皇帝與群臣約，非劉氏不王。吕太后賊害三趙，專王吕氏，賴社稷之靈，禄、産伏誅，天命幾墜，危朝更安。吕太后不宜配食高廟，同祧至尊。薄太后母德慈仁，孝文皇帝賢明臨國，子孫賴福，延祚至今。其上薄太后尊號曰高皇后，配食地祇。遷吕太后廟主于園，四時上祭。’”

［6］【劉昭注】《袁宏紀》曰：“夫越人而臧否者，非憎於彼也。親戚而加譽者，非優於此也。處情之地殊，故公私之心異也。聖人知其如此，故明彼此之理，開公私之塗，則隱諱之義著，而親尊之道長矣。古之人以爲先君之體，猶今君之體，推近以知遠，則先後義鈞也。而況彰其大惡，以爲貶黜者乎！”

北郊在雒陽城北四里，[1]爲方壇四陛。[2]三十三年正月辛未，[3]郊。[4]别祀地祇，[5]位南面西上，高皇后配，西面北上，皆在壇上，地理群神從食，皆在壇下，如元始中故事。[6]中嶽在未，[7]四嶽各在其方孟辰之地，[8]中營内。[9]海在東；四瀆河西，濟北，淮東，江南；[10]他山川各如其方，皆在外營内。四陛醊及中外營門封神如南郊。[11]地祇、高后用犢各一頭，[12]五嶽共牛一頭，海、四瀆共牛一頭，群神共二頭。奏樂亦如南郊。既送神，[13]瘞俎實于壇北。[14]



［1］【今注】雒陽：東漢國都。在今河南洛陽市東北。　城北四里：曹金華《後漢書稽疑》："劉昭注引《張璠記》云'城北六里'，《御覽》卷五二七引《東觀記》作'北郊四里'，《光武帝紀》注引《漢官儀》作'北郊壇在城西北角，去城一里所'。又本志注引《月令章句》'東郊去邑八里，因木數也'，'南郊七里，因火數也'，'西郊九里，因金數也'，'北郊六里，因水數也'；注引《皇覽》作'天子迎冬于北堂，距邦六里'。故疑東漢有所變故。"（第 1372 頁）楊英認爲"應以劉昭注的六里爲是。因爲東漢郊壇離洛陽城的遠近是按照河圖數定的，既然南郊離洛陽七里，是取南七之數，那麼，北郊離洛陽城應爲六里而不是四里。"（參見氏著《祈望和諧：周秦兩漢王朝祭禮的演進及其規律》，商務印書館 2009 年版，第 638 頁）案，當以六里爲是。《月令章句》所言四方金木水火之數，亦與《河圖》合。

［2］【劉昭注】《張璠記》云："城北六里。"《袁山松書》曰："行夏之時，殷祭之日，犧牲尚黑耳。"【今注】方壇四陛：方形的祭壇，設有四處臺階。案，東漢南郊爲圓壇八陛祭天，詳見本書《祭祀志上》。

［3］【今注】三十三年：此就東漢光武帝建武年號而言。案，本書卷一下《光武帝紀下》："（建武三十二年）夏四月癸酉，車駕還宫。己卯，大赦天下。復嬴、博、梁父、奉高，勿出今年田租芻稾。改年爲中元。"故此"三十三年"當爲建武中元二年（57）。

［4］【今注】郊：本書《光武帝紀下》："（建武中元）二年春正月辛未，初立北郊，祀后土。"

［5］【今注】别祀地祇：在南郊圜丘之外，另立地祇以祀。《漢書·郊祀志下》載西漢平帝元始五年（5）王莽奏言，云："今

稱天神曰皇天上帝，泰一兆曰泰畤，而稱地祇曰后土，與中央黄靈同，又兆北郊未有尊稱。宜令地祇稱皇墬后祇，兆曰廣畤。”案，東漢起北郊兆域，如元始中故事。是亦當在南郊圜丘之外，另立“皇墬后祇”於北郊。墬，即古“地”字。“皇墬后祇”乃后土與地祇相糅合而成，故有本書《光武帝紀下》稱“初立北郊，祀后土”，而本志言“别祀地祇”。二者異名，其實則一。

［6］【今注】如元始中故事：按照西漢平帝元始年間北郊祭地的儀式進行。《漢書·郊祀志下》引元始五年王莽奏言，云：“陰陽有離合，《易》曰‘分陰分陽，迭用柔剛’。以日冬至使有司奉祠南郊，高帝配而望群陽，日夏至使有司奉祭北郊，高后配而望群陰，皆以助致微氣，通道幽弱。當此之時，后不省方，故天子不親而遣有司，所以正承天順地，復聖王之制，顯太祖之功也。”

［7］【今注】中嶽在未：中嶽神位在南偏西的方向。

［8］【今注】四嶽各在其方孟辰之地：孟辰，孟即首之意，一周有十二辰，每邊有四辰，孟辰就是每邊的首辰。如此，東嶽在子丑寅之子位（正北），南嶽在卯辰巳之卯位（正東），西嶽在午未申之午位（正南），北嶽在酉戌亥之酉位（正北）。（説參楊英《祈望和諧：周秦兩漢王朝祭禮的演進及其規律》，第638頁）

［9］【今注】中營：祭壇之下有四周環繞的矮墻。營是這些矮墻圍隔出的不包含祭壇的環形區域。東漢南北郊兆域都有兩層矮墻，是以對應的營域也有兩重。内者稱“中營”，外者稱“外營”。

［10］【今注】四瀆河西濟北淮東江南：四瀆的神位按照黄河在西，濟水在北，淮河在東，長江在南的方位安排。

［11］【今注】四陛醊及中外營門封神如南郊：本書《祭祀志上》：“八陛，陛五十八醊，合四百六十四醊……中營四門，門封神四，外營四門，門封神四，合三十二神。”四陛醊（zhuì），四處臺階每處臺階以酒酹地凡五十八次，祭五十八神。醊，以酒酹地祭神。封神，營門内外左右壘起的土堆以爲神祇，或有守護庇佑之意。

[12]【今注】犢：小牛。

[13]【今注】送神：祭祀完畢，請神離去。

[14]【今注】瘞（yì）：埋葬。　俎實：俎案上的祭品。俎，古代祭祀盛放祭品的器物，形似案板而略凹，下有四足。

明帝即位，[1]永平二年正月辛未，[2]初祀五帝於明堂，[3]光武帝配。[4]五帝坐位堂上，各處其方。黄帝在未，皆如南郊之位。[5]光武帝位在青帝之南少退，西面。牲各一犢，奏樂如南郊。[6]卒事，遂升靈臺，以望雲物。[7]

[1]【今注】明帝：東漢明帝劉莊，公元57年至75年在位。紀見本書卷二。

[2]【今注】永平：東漢明帝劉莊年號（58—75）。

[3]【今注】五帝：指東方青帝、南方赤帝、西方白帝、北方黑帝、中土黄帝五方天帝。

[4]【劉昭注】《孝經》云"宗祀文王於明堂以配上帝"，故鄭玄曰"上帝者，天之别名。神無二主，故異其處，避后稷也"。【今注】光武帝：東漢開國皇帝劉秀，公元25年至57年在位。紀見本書卷一。

[5]【今注】五帝坐位堂上各處其方黄帝在未皆如南郊之位：本書《祭祀志上》："其外壇上爲五帝位。青帝位在甲寅之地，赤帝位在丙巳之地，黄帝位在丁未之地，白帝位在庚申之地，黑帝位在壬亥之地。"未，南偏西的方向。

[6]【今注】奏樂如南郊：本書《祭祀志上》："（郊祀）凡樂奏《青陽》《朱明》《西皓》《玄冥》，及《雲翹》《育命》舞。"

[7]【劉昭注】杜預注《傳》曰："雲物，氣色災變也。素察妖祥（妖，大德本作'效'），逆爲之備。"【今注】望雲物：觀

察天地之間雲物的氣色，以判斷是否有災變妖祥發生，好作預備。本書《明帝紀》："（永平）二年春正月辛未，宗祀光武皇帝於明堂……禮畢，登靈臺。使尚書令持節詔驃騎將軍、三公曰：'今令月吉日，宗祀光武皇帝於明堂，以配五帝。禮備法物，樂和八音，詠祉福，舞功德，班時令，勑群后。事畢，升靈臺，望元氣，吹時律，觀物變。'"

迎時氣，五郊之兆。[1]自永平中，以《禮讖》及《月令》有五郊迎氣服色，[2]因采元始中故事，兆五郊于雒陽四方。[3]中兆在未，壇皆三尺，階無等。[4]

［1］【今注】迎時氣五郊之兆：在五郊的祭壇按時令迎氣。

［2］【今注】以禮讖及月令有五郊迎氣服色：《太平御覽》卷五二七《禮儀部六》引《禮緯含文嘉》"五祀，南郊，北郊，西郊，東郊，中郊，兆正謀。五者，天子公侯伯子男卿大夫士，所以承天也"，又引注云："東郊去都城八里，南郊九里，西郊七里，北郊六里，中郊西南去城五里，兆者作封畔，兆，域也，謀者方欲迎氣，齊戒自端正，謀慮其事也。"案，志文"《禮讖》"者，或指《禮緯》。上引《含文嘉》佚文是其依據而今殘存者。又《禮記·月令》："先立春三日，大史謁之天子曰：'某日立春，盛德在木。'天子乃齊。立春之日，天子親帥三公、九卿、諸侯、大夫以迎春於東郊。"又曰："先立夏三日，大史謁之天子曰：'某日立夏，盛德在火。'天子乃齊。立夏之日，天子親帥三公、九卿、大夫以迎夏於南郊。"又曰："先立秋三日，大史謁之天子曰：'某日立秋，盛德在金。'天子乃齊。立秋之日，天子親帥三公、九卿、諸侯、大夫以迎秋於西郊。"又曰："先立冬三日，大史謁之天子曰：'某日立冬，盛德在水。'天子乃齊。立冬之日，天子親帥三公、九卿、大夫以迎冬於北郊。"案，《禮記·月令》有"郊迎四時"之文，

不言“迎氣”，亦無“迎中夏”。

［3］【今注】因采元始中故事兆五郊于雒陽四方：五郊迎氣禮最初可追溯至西漢元始中，但實際作爲成熟制度固定下來，却是東漢明帝以後的事情。《漢書·郊祀志下》載西漢平帝元始五年（5）王莽奏言，云：“謹案《周官》‘兆五帝於四郊’，山川各因其方，今五帝兆居在雍五畤，不合於古……《易》曰‘方以類聚，物以群分’。分群神以類相從爲五部，兆天墜之别神：中央帝黄靈后土畤及日廟、北辰、北斗、填星、中宿中宫於長安城之未墬兆；東方帝太昊青靈勾芒畤及靁公、風伯廟、歲星、東宿東宫於東郊兆；南方炎帝赤靈祝融畤及熒惑星、南宿南宫於南郊兆；西方帝少皞白靈蓐收畤及太白星、西宿西宫於西郊兆；北方帝顓頊黑靈玄冥畤及月廟、雨師廟、辰星、北宿北宫於北郊兆。”案，據此奏言，元始中衹確定了五郊分祀，尚没有涉及迎氣的内容。據《漢書》卷九九上《王莽傳上》，孺子嬰居攝元年（6），王莽“迎春於東郊”，迎氣之禮始見記載。王先謙《後漢書集解》引黄山曰：“《前書》十二紀無五郊迎氣之事。《郊祀志》載莽議群望，雖及五郊，有祀無迎。惟《莽傳》居攝元年，迎春於東郊，始創爲之，則固非元始中所有也。”是也。本書卷七九下《儒林傳下》：“（董）鈞博通古今，數言政事。永平初，爲博士。時草創五郊祭祀，及宗廟禮樂，威儀章服，輒令鈞參議，多見從用，當世稱爲通儒。”以上傳文所謂“時草創五郊祭祀”，得其實也。是以楊英指出，新莽時期，五時迎氣剛開始走入國家禮典，到東漢時期終於成爲制度化的禮儀（《祈望和諧：周秦兩漢王朝祭禮的演進及其規律》，第601頁）。

［4］【今注】階無等：陛道没有臺階。

立春之日，迎春于東郊，祭青帝句芒。[1]車旗服飾皆青。歌《青陽》，[2]八佾舞《雲翹》之舞。[3]及因賜文官太傅、司徒以下縑各有差。[4]

［1］【劉昭注】《月令章句》曰："東郊去邑八里，因木數也。"【今注】青帝句芒：《禮記·月令》"（孟春之月）其帝大皞，其神句芒"，鄭玄注："此蒼精之君，木官之臣，自古以來，著德立功者也。大皞，宓戲氏。句芒，少皞氏之子，曰重，爲木官。"案，西漢平帝元始中的五祀設計尚依照《禮記·月令》安排了"五人帝+五神"的組合。參見上段注釋［3］《漢書·郊祀志下》所引王莽奏言。而東漢迎氣時則徑將《月令》中的"五神"稱爲五色帝進行祭祀。（參見薛夢瀟《早期中國的月令與"政治時間"》，上海古籍出版社 2018 年版，第 148 頁）

［2］【今注】青陽：《青陽》及下文迎夏及黄靈歌《朱明》，迎秋歌《西皓》，迎冬歌《玄冥》，這四者是漢代四季郊祀之樂。《史記·樂書》："漢家常以正月上辛祠太一甘泉，以昏時夜祠，到明而終。常有流星經於祠壇上。使僮男僮女七十人俱歌。春歌《青陽》，夏歌《朱明》，秋歌《西暤》，冬歌《玄冥》。"暤，同"皓"。案，漢代起初在甘泉泰畤祭天，故《史記》言"以正月上辛祠太一甘泉"。西漢成帝以降，受經學影響，祭天之所，始遷至國都南郊。然期間三十餘年，反復五次。詳見《漢書·郊祀志》。

［3］【今注】八佾：天子舞陣之數，凡八八六十四人爲舞。古時舞蹈，以其行數言佾。天子用八，諸侯六，大夫四，士二。而每佾人數則有二説：一説舞陣宜方，佾數與每佾人數相同；另一説每佾八人數不變。然而無論以何説爲準，八佾均爲八八六十四人之舞陣。　雲翹：此及下文所言《育命》，二者皆是東漢祭天所用舞蹈。本書《祭祀志上》言郊祭，云："隴、蜀平後，乃增廣郊祀，高帝配食，位在中壇上，西面北上。天、地、高帝、黄帝各用犢一頭，青帝、赤帝共用犢一頭，白帝、黑帝共用犢一頭，凡用犢六頭。日、月、北斗共用牛一頭，四營群神共用牛四頭，凡用牛五頭。凡樂奏《青陽》《朱明》《西皓》《玄冥》，及《雲翹》《育命》舞。"祭五帝，青帝、赤帝用《雲翹》，白帝、黑帝用《育命》。而因祭

黄帝后土在五郊迎氣中地位獨尊，故同時使用二舞。

[4]【今注】太傅：官名。東漢太傅位居百官之首，秩萬石。明帝以後，皇帝即位時置，兼録尚書事，行宰相職權，有缺則不補。 司徒：官名。東漢時司徒職掌民政，凡教民孝悌、遜順、謙儉，養生送死之事，則議其制，建其度，與太尉、司空並列“三公”。 縑（jiān）各有差：賜雙絲織的淺黄色細絹按級别各有等差。



立夏之日，迎夏于南郊，祭赤帝祝融。[1]車旗服飾皆赤。歌《朱明》，八佾舞《雲翹》之舞。

[1]【劉昭注】《月令章句》曰：“南郊七里，因火數也。”【今注】赤帝祝融：《禮記·月令》“（孟夏之月）其帝炎帝，其神祝融”，鄭玄注：“此赤精之君，火官之臣，自古以來，著德立功者也。炎帝，大庭氏也。祝融，顓頊氏之子，曰黎，爲火官。”

先立秋十八日，迎黄靈于中兆，[1]祭黄帝后土。[2]車旗服飾皆黄。歌《朱明》，[3]八佾舞《雲翹》《育命》之舞。[4]

[1]【今注】黄靈：中央帝之神名。《漢書·郊祀志下》：“稱地祇曰后土，與中央黄靈同”，又云：“中央帝黄靈后土時及日廟、北辰、北斗、填星、中宿中宫於長安城之未墬兆。”案，后土本是最大的地神之名，與皇天上帝相對。在西漢平帝元始中的五方分祀設計中，后土與原本的中央帝黄靈相歸併。黄靈、后土在東漢的五郊迎氣中，遂互爲别稱。

[2]【劉昭注】《月令章句》曰：“去邑五里（去邑，殿本作

‘南郊’），因土數也。”【今注】黄帝后土：《禮記·月令》“（中央土）其帝黄帝，其神后土”，鄭玄注：“此黄精之君，土官之神，自古以來，著德立功者也。黄帝，軒轅氏也。后土，亦顓頊氏之子，曰黎，兼爲土官。”

［3］【今注】歌朱明：本書《禮儀志中》作“歌《帝臨》”。

［4］【劉昭注】魏氏繆襲議曰：“漢有《雲翹》《育命》之舞，不知所出。舊以祀天，今可兼以《雲翹》祀圜丘，兼以《育命》祀方澤。”

立秋之日，迎秋于西郊，祭白帝蓐收。[1]車旗服飾皆白。歌《西皓》，八佾舞《育命》之舞。使謁者以一特牲先祭先虞于壇，[2]有事，[3]天子入囿射牲，[4]以祭宗廟，名曰貙劉。[5]語在《禮儀志》。

［1］【劉昭注】《月令章句》曰：“西郊九里，因金數也。”【今注】白帝蓐收：《禮記·月令》“（孟秋之月）其帝少皞，其神蓐收”，鄭玄注：“此白精之君，金官之臣，自古以來，著德立功者也。少皞，金天氏。蓐收，少皞氏之子，曰該，爲金官。”

［2］【今注】特牲：祭祀祇用一種牲畜作爲供品。　先虞：掌管山林川澤的神。立秋之日，天子射牲、祭廟，並使軍隊演武，名曰“貙劉”。在此之前，使謁者以一特牲先祭先虞於壇。詳見本書《禮儀志上》。貙劉禮有斬牲嘗鮮之意，故在秋天舉行，祭先虞，以示感謝。

［3］【今注】有事：謂軍隊演武。本書《禮儀志中》：“立秋之日，白郊禮畢，始揚威武，斬牲於郊東門，以薦陵廟。其儀：乘輿御戎路，白馬朱鬣，躬執弩射牲。牲以鹿麛。太宰令、謁者各一人，載以獲車，馳送陵廟。於是乘輿還宫，遣使者齎束帛以賜武官。武官肄兵，習戰陣之儀、斬牲之禮，名曰貙劉。兵、官皆肄

孫、吴兵法六十四陣，名曰乘之。”

［4］【今注】囿：苑囿。皇家蓄養禽獸的林苑。

［5］【今注】貙劉：古時天子在立秋之日射牲、祭廟，並使軍隊演武的系列禮儀活動。

立冬之日，迎冬于北郊，祭黑帝玄冥。[1]車旗服飾皆黑。歌《玄冥》，八佾舞《育命》之舞。[2]

［1］【劉昭注】《月令章句》曰：“北郊六里，因水數也。”【今注】黑帝玄冥：《禮記·月令》“（孟冬之月）其帝顓頊，其神玄冥”，鄭玄注：“此黑精之君，水官之臣，自古以來，著德立功者也。顓頊，高陽氏也。玄冥，少皞氏之子，曰脩，曰熙，爲水官。”

［2］【劉昭注】《獻帝起居注》曰：“建安八年，公卿迎氣北郊，始復用八佾。”《皇覽》曰：“迎禮春、夏、秋、冬之樂，又順天道（順，紹興本字殘，疑作‘灵’），是故距冬至日四十六日，則天子迎春於東堂，距邦八里，堂高八尺，堂陛三等。青稅八乘，旗旄尚青，田車載矛，號曰助天生。唱之以角，舞之以羽翟，此迎春之樂也。自春分數四十六日，則天子迎夏於南堂，距邦七里，堂高七尺。堂陛二等。赤稅七乘（七，紹興本、大德本作‘十’），旗旄尚赤，田車載戟，號曰助天養。唱之以徵，舞之以鼓鞉，此迎夏之樂也。自夏至數四十六日，則天子迎秋於西堂，距邦九里，堂高九尺，堂階九等。白稅九乘，旗旄尚白，田車載兵，號曰助天收。唱之以商，舞之以干戚，此迎秋之樂也。自秋分數四十六日，則天子迎冬於北堂，距邦六里，堂高六尺，堂階六等。黑稅六乘，旗旄尚黑，田車載甲鐵鍪，號曰助天誅。唱之以羽，舞之以干戈，此迎冬之樂也。”

章帝即位，[1]元和二年正月，[2]詔曰：“山川百神，應祀者未盡。其議增修群祀宜享祀者。”[3]

［1］【今注】章帝：東漢章帝劉炟，公元75年至88年在位。紀見本書卷三。

［2］【今注】元和：東漢章帝劉炟年號（84—87）。

［3］【劉昭注】《東觀書》：詔曰“經稱‘秩元祀，咸秩無文’。《祭法》‘功施於民則祀之，以死勤事則祀之，以勞定國則祀之，能禦大災則祀之。日月星辰，民所瞻仰也；山林川谷丘陵，民所取財用也。非此族也，不在祀典’。傳曰：‘聖王先成民而後致力於神（後，紹興本作“致”）。’又曰：‘山川之神，則水旱癘疫之災，於是乎禜之。日月星辰之神，則雪霜風雨之不時，於是乎禜之（禜，紹興本作“榮”）。’孝文十二年令曰：‘比年五穀不登，欲有以增諸神之祀。’《王制》曰：‘山川神祇有不舉者，爲不敬。’今恐山川百神應典祀者尚未盡秩，其議增修群祀宜享祀者，以祈豐年，以致嘉福，以蕃兆民。《詩》不云乎：‘懷柔百神，及河喬嶽。’有年報功，不私幸望，豈嫌同辭，其義一焉”。

二月，上東巡狩，[1]將至泰山，道使使者奉一太牢祠帝堯於濟陰成陽靈臺。[2]上至泰山，修光武山南壇兆。[3]辛未，柴祭天地群神如故事。壬申，宗祀五帝於孝武所作汶上明堂，[4]光武帝配，如雒陽明堂祀。癸酉，更告祀高祖、太宗、世宗、中宗、世祖、顯宗於明堂，[5]各一太牢。卒事，遂覲東后。[6]饗賜王侯群臣。[7]因行郡國，幸魯，[8]祠東海恭王，[9]及孔子、七十二弟子。[10]四月，還京都。庚申，告至，[11]祠高廟、世祖，各一特牛。又爲靈臺十二門作詩，各以其月祀而奏之。[12]和帝無所增改。[13]

［1］【今注】巡狩：天子出行，視察地方州郡。

［2］【今注】太牢：祭牲用一牛、一羊、一豕。豕，豬。　帝堯：傳説中的上古帝王。名放勳。初居於陶，後遷居於唐，故稱陶唐氏，又稱唐堯。　濟陰成陽靈臺：《漢書·地理志上》："（濟陰郡）成陽，有堯冢、靈臺。"《水經注》卷二四《瓠子河》引《地理志》，謂"今成陽城西二里有堯陵，陵南一里有堯母慶都陵，于城爲西南，稱曰靈臺"。楊守敬疏云："靈臺爲堯冢。據後漢《堯母碑》文云，堯母慶都，感赤龍而生堯，遂以侯伯，恢踐帝宫。慶都仙歿，蓋葬于兹，欲人莫知，名曰靈臺。則靈臺，堯母冢也。"濟陰，郡名。治定陶，在今山東菏澤市定陶區西北。成陽，縣名。治所在今山東菏澤市東北。

［3］【今注】光武山南壇兆：東漢光武帝建武三十二年（56），光武帝封禪時先在泰山南面山脚祭天所用的祭壇。本書《祭祀志上》："（建武三十二年）二十二日辛卯晨，燎祭天於泰山下南方，群神皆從。"

［4］【今注】孝武所作汶上明堂：西漢武帝元封二年（前109），武帝令奉高依據方士公王帶（《漢書·郊祀志下》作"公玉帶"）所上《皇帝時明堂圖》在汶上所建。《史記·封禪書》："初，天子封泰山，泰山東北阯古時有明堂處，處險不敞。上欲治明堂奉高旁，未曉其制度。濟南人公王帶上《黄帝時明堂圖》。《明堂圖》中有一殿，四面無壁，以茅蓋，通水，圜宫垣爲複道，上有樓，從西南入，命曰昆侖，天子從之入，以拜祠上帝焉。於是上令奉高作明堂汶上，如帶圖。及五年脩封，則祠太一、五帝於明堂上坐，令高皇帝祠坐對之。祠后土於下房，以二十太牢。天子從昆侖道入，始拜明堂如郊禮。禮畢，燎堂下。而上又上泰山，自有祕祠其巔。而泰山下祠五帝，各如其方，黄帝并赤帝，而有司侍祠焉。山上舉火，下悉應之。"《漢書·地理志上》："（泰山郡）奉高，有明堂，在西南四里武帝元封二年造。"汶，河名。即今大汶河。其源出山東萊蕪市北，西南流經古嬴縣南，又西南會牟汶、北

汶、石汶、柴汶，至今山東東平縣戴村壩。自此以下，古汶水西流經東平縣南，至梁山東南入濟水。

［5］【今注】高祖：西漢高祖劉邦，公元前206年至前195年在位。紀見《史記》卷八、《漢書》卷一。　太宗：西漢文帝劉恒，公元前180年至前157年在位。廟號太宗，謚號孝文。紀見《史記》卷一〇、《漢書》卷四。　世宗：西漢武帝劉徹，公元前141年至前87年在位。世宗是其廟號。紀見《史記》卷一二、《漢書》卷六。　中宗：西漢宣帝劉詢，公元前74年至前49年在位。中宗是其廟號。紀見《漢書》卷八。　世祖：東漢光武帝劉秀。世祖是其廟號。　顯宗：東漢明帝劉莊，公元57年至75年在位。顯宗是其廟號。紀見本書卷二。

［6］【今注】東后：東方青帝。后，王。

［7］【今注】饗賜：設宴以賞賜群臣。

［8］【今注】魯：漢王國。治所在今山東曲阜市。

［9］【今注】東海恭王：劉彊。東漢光武帝長子，郭皇后所生。曾被立爲太子。郭后被廢，劉彊不自安，請出就藩國。受封爲東海王，卒謚恭。傳見本書卷四二。

［10］【劉昭注】《漢晉春秋》曰："闕里者，仲尼之故宅也。在魯城中。帝升廟西面；群臣中庭北面，皆再拜。帝進爵而後坐。"《東觀書》曰："祠禮畢，命儒者論難。"【今注】七十二弟子：相傳孔子門下較優秀的弟子有七十二人。《史記》卷四七《孔子世家》："孔子以詩書禮樂教，弟子蓋三千焉，身通六藝者七十有二人。"

［11］【今注】告至：即飲至禮。古時天子、諸侯外出，返回京師之後，需要祭告祖廟並與群臣飲酒爲樂。《左傳》桓公二年"冬，公至自唐，告于廟也。凡公行，告于宗廟；反行，飲至、舍爵、策勳焉，禮也"，孔穎達《正義》："孝子之事親也。出必告，反必面，事死如事生，故出必告廟，反必告至……行言告廟，反言

飲至，以見至有飲，而行無飲也。飲至者，嘉其行至，故因在廟中飲酒爲樂也。”

［12］【今注】各以其月祀而奏之：以每月所宜進行的祭祀作爲主題作詩奏上。

［13］【今注】和帝：東漢和帝劉肇，公元 88 年至 105 年在位。紀見本書卷四。



安帝即位，[1]元初六年，[2]以《尚書》歐陽家説，[3]謂六宗者，在天地四方之中，爲上下四方之宗。以元始中故事，謂六宗《易》六子之氣日、月、雷公、風伯、山、澤者爲非是。[4]三月庚辰，初更立六宗，祀於雒陽西北戌亥之地，禮比太社也。[5]

［1］【今注】安帝：東漢安帝劉祜，公元 106 年至 125 年在位。紀見本書卷五。

［2］【今注】元初：東漢安帝劉祜年號（114—120）。

［3］【今注】尚書歐陽家説：漢代今文經學説解《尚書》的一派，由西漢人歐陽生所傳。其學西漢武帝時立爲博士，後延續至東漢。《漢書》卷五八《儒林傳》：“歐陽生字和伯，千乘人也。事伏生，授兒寬。寬又受業孔安國，至御史大夫，自有傳。寬有俊材，初見武帝，語經學。上曰：‘吾始以《尚書》爲樸學，弗好，及聞寬説，可觀。’乃從寬問一篇。歐陽、大小夏侯氏學皆出於寬。寬授歐陽生子，世世相傳，至曾孫高子陽，爲博士。高孫地餘長賓以太子中庶子授太子，後爲博士，論石渠。元帝即位，地餘侍中，貴幸，至少府。戒其子曰：‘我死，官屬即送汝財物，慎毋受。汝九卿儒者子孫，以廉絜著，可以自成。’及地餘死，少府官屬共送數百萬，其子不受。天子聞而嘉之，賜錢百萬。地餘少子政爲王莽講學大夫。由是《尚書》世有歐陽氏學。”

［4］【今注】六宗易六子之氣日月雷公風伯山澤者：《漢書·祭祀志》西漢平帝元始五年（5），王莽奏言改革郊祀，謂“日、月、靁、風、山、澤，《易》卦六子之尊氣，所謂六宗也”。靁，古同“雷”。

［5］【劉昭注】《月令》“孟冬祈于天宗”，盧植注曰：“天宗，六宗之神。”《李氏家書》曰：“司空李郃侍祠南郊，不見六宗祠，奏曰：‘案《尚書》“肆類于上帝，禋于六宗”。六宗者，上不及天，下不及地，傍不及四方，在六合之中，助陰陽，化成萬物。漢初甘泉、汾陰天地亦禋六宗。孝成之時，匡衡奏立南北郊祀，復祠六宗。及王莽謂六宗，《易》六子也。建武都雒陽，制祀不道祭六宗，由是廢不血食。今宜復舊制度。’制曰：‘下公卿議。’五官將行弘等三十一人議可祭，大鴻臚龐雄等二十四人議不可當祭。上從郃議，由是遂祭六宗。”六宗之義，自伏生及乎後代，各有不同，今並抄集以證其論云。《虞書》曰：“肆類于上帝，禋于六宗，望于山川。”伏生、馬融曰：“萬物非天不覆，非地不載，非春不生，非夏不長，非秋不收，非冬不藏。禋于六宗，此之謂也（殿本無‘此’字）。”歐陽和伯、夏侯建曰：“六宗上不謂天，下不謂地，傍不謂四方，在六者之間，助陰陽變化者也。”孔安國曰：“精意以享謂之禋。宗，尊也。所尊祭其祀有六：埋少牢于太昭，祭時也；祖迎於坎壇（祖迎，紹興本、大德本、殿本作‘相近’），祭寒暑也；王宮，祭日也；夜明，祭月也；幽禜，祭星也；雩禜，祭水旱也。禋于六宗，此之謂也。”《孔叢》曰，宰我問六宗於夫子，夫子荅如安國之說。臣昭以此解若果是夫子所說，則後儒無復紛然。文秉案劉歆曰：“六宗謂水、火、雷、風、山、澤也（山，大德本、殿本作‘川’）。”賈逵曰：“六宗謂日宗、月宗、星宗、岱宗、海宗、河宗也。”鄭玄曰：“六宗，星、辰、司中、司命、風伯、雨師也。星，五緯也。辰謂日月所會十二次也。司中、司命，文昌第五、第四星也。風師，

箕也。雨師，畢也。”晉武帝初，司馬紹統表駁之，曰：“臣以爲帝在于類，則禋者非天。山川屬望，則海岱非宗。宗猶包山，則望何秩焉？伏與歆、逵失其義也。六合之間，非制典所及；六宗之數，非一位之名。陰陽之説，又非義也。并五緯以爲一，分文昌以爲二，箕、畢既屬於辰，風師、雨師復特爲位，玄之失也。安國案祭法爲宗，而除其天地於上，遺其四方於下，取其中以爲六宗。四時寒暑日月衆星并水旱，所宗者八，非但六也。傳曰：‘山川之神，則水旱癘疫之災，於是乎禜之。日月星辰之神，則雪霜風雨之不時，於是乎禜之。’又曰：‘龍見而雩。’如此，禜者，祀日月星辰山川之名；雩者，周人四月祭天求雨之稱也。雪霜之災，非夫禜之所禳；雩祭之禮，非正月之所祈。周人之後説有虞之典，故於學者未盡喻也。且類于上帝，即禮天也。望于山川，禜所及也。案《周禮》之昊天上帝（之，大德本、殿本作‘云’），日月星辰，司中司命，風師雨師，社稷五祀五嶽，山林川澤，四方百物。又曰：‘兆五帝於四郊，四類四望亦如之。’無六宗之兆。《祭法》之祭天（之，大德本、殿本作‘云’），祭地，祭時，祭寒暑日月星，祭水旱，祭四方，及山林川谷丘陵能出雲爲風雨、見怪物，皆是。有天下者祭百神，非此族也，不在祀典，復無六宗之文。明六宗所禋，即《祭法》之所及，《周禮》之所祀，即《虞書》之所宗，不宜特復立六宗之祀也。春官大宗伯之職，掌玉作六器，以禮天地四方。以蒼璧禮天，以黄琮禮地，以青圭禮東方，以赤璋禮南方，以白琥禮西方，以玄璜禮北方。天宗，日月星辰寒暑之屬也；地宗，社稷五祀之屬也；四方之宗者，四時五帝之屬也。如此，則群神咸秩而無廢，百禮徧修而不瀆，於理爲通。”幽州秀才張髦又上疏曰：“禋於六宗，禮祖考所尊者六也。何以考之？《周禮》及《禮記·王制》，天子將出，類于上帝，宜於社，造于禰。巡狩四方，覲諸侯，歸格於祖禰，用特。《堯典》亦曰：‘肆類于上帝，禋于六宗，望于山川，徧於群神，班瑞于群后，肆覲東后。叶時月正日，同律度量衡。’巡狩一歲以周（一，紹興本作‘萬’），爾乃‘歸格于藝祖，用特’。臣以《尚書》與《禮·王制》，同事一義，符契相合。禋于六宗，正謂祀祖考宗廟也。文祖之廟六宗，即三昭三穆也。若如十家之説，既各異義，上下違背，且没乎祖之禮。考之禮，考之祀典，尊卑失序。若但類于上帝，不禋祖禰而行，去時不告，歸何以格？以此推之，較然可知也。《禮記》曰：‘夫政必本於天，殽以降命。命降于社之謂殽地（謂，殿本作“爲”），降於祖廟之謂仁義，降於山川之謂興作，降於五祀之謂制度。’又曰：‘祭帝於郊，所以定天位也；祀社於國，所以列地利也；祭祖於廟，所以本仁也；山川所以儐鬼神也；五祀所以本事也。’又曰：‘禮行於郊，而百神受職焉；禮行於社，而百貨可極焉；禮行於祖廟，而孝慈服焉；禮行於五祀，而正法則焉。故自郊、社、祖廟、五祀，義之修而禮之藏也。’凡此皆孔子所以祖述堯舜，紀三代之教，著在祀典。首尾相證，皆先天地，次祖宗，而後山川群神耳（大德本無‘耳’字）。故《禮·祭法》曰：‘七代之所更變者，禘郊宗祖。’明舜受終文祖之廟，察琁璣，考七政，審已天命之定，遂上郊廟，當義合《堯典》，則周公其人也。郊祀后稷以配天，宗祀文王於明堂以配上帝，是以四海之内各以其職來祭者也。居其位，攝其事，郊天地，供群神之禮，巡狩天下而遺其祖宗，恐非有虞之志也。五嶽視三公，四瀆視諸侯，皆以案先儒之説，而以水旱風雨先五嶽四瀆，後祖考而次上帝（後，大德本、殿本作‘從’），錯於肆類而亂祀典，臣以十一家皆非也。”太學博士吴商以爲“禋之言煙也。三祭皆積柴而實牲體焉，以升煙而報陽，非祭宗廟之名也。鄭所以不從諸儒之説者，將欲據《周禮》禋祀皆天神也。日、月、星、辰、司中、司命、風師、雨師凡八，而日、月并從郊，故其餘爲六宗也。以《書》‘禋于六宗’，與《周禮》事相符，故據以爲説也。且文昌雖有大體，而星名異，其日不同，故隨事祭之。而言文昌七星，不得偏祭其第四第五，此爲《周禮》。復不知文昌之體，而又妄引以爲司中、司命。箕、畢二星，既不係於辰，且同是隨事而祭之例，又無嫌於所係者”。范甯注《虞書》曰：“考觀衆議，各有説難。鄭氏證據最詳，是以附之。案六宗衆議，未知孰是。”虞喜《别論》云：“地有五色，太社象之（太，大德本作‘大’）。總五爲一則成六，六爲地數。推校經句（校，大德本作‘按’，殿本作‘案’），闕無地祭，則祭地。”臣昭曰：六宗紛紜，衆釋互起，竟無全通，亦難偏折。歷辨碩儒，終未挺正。康成見宗，是多附焉。盍各爾志，宣尼所許，顯其一説，亦何傷乎！竊以爲祭祀之敬，莫大天地，《虞典》首載，彌久彌盛，此宜學者各盡所求。臣昭謂虞喜以祭地，近得其實。而分彼五色，合五爲六，又不通禋，更成疑昧。尋《虞書》所稱“肆類于上帝”，是祭天。天不言天而曰上帝，帝是天神之極，舉帝則天神斯盡，日月星辰從可知也。“禋於六宗”，是實祭地。地不言地而曰六宗，是地數之中，舉中是以該數，社稷等祀從可知也。天稱神上，地表數中，仰觀俯察，所以爲異。宗者，崇尊之稱，斯亦盡敬之謂也。禋也者，埋祭之言也，實瘞埋之異稱，非周煙之祭也。夫置字涉神，必以今之示，今之示即古之神，所以社稷諸字，莫不以神爲體。《虞書》不同，祀名斯隔。《周禮》改煙，音形兩異。《虞書》改土，正元祭義。此焉非疑，以爲可了，豈六置宗更爲傍祭乎？《風俗通》曰：“《周禮》以爲槱燎，祀司命（命，大德本作‘中’）。司命，文昌上六星也。槱者，積薪燔柴也。今民猶祠司命耳，刻木長尺二寸爲人像，行者署篋中，居者别作小居。齊地大尊重之，汝南諸郡亦多有者，皆祀以豬，率以春秋之月。”【今注】禮比太社：比照太社祭祀的禮儀進行安排。

延光三年，[1]上東巡狩，至泰山，柴祭，及祠汶上明堂，如元和三年故事。[2]順帝即位，[3]修奉常祀。[4]

［1］【今注】延光：東漢安帝劉祜年號（122—125）。

［2］【今注】元和三年：據本卷上文，當爲元和二年（85）。又本書卷三《章帝紀》元和二年亦載肅宗東巡狩至泰山祭祀諸事，可參看。

［3］【今注】順帝：東漢順帝劉保，公元125年至144年在位。紀見本書卷六。

［4］【今注】修奉常祀：將上述延光三年的這套祭祀活動確立爲常規祭祀以遵循奉行。

桓帝即位十八年，[1]好神僊事。[2]延熹八年，[3]初使中常侍之陳國苦縣祠老子。[4]九年，親祠老子於濯龍。[5]文罽爲壇，[6]飾淳金釦器，[7]設華蓋之坐，[8]用郊天樂也。[9]

［1］【今注】桓帝即位十八年：東漢質帝本初元年（146）閏六月崩，桓帝即位，逾年改元。嗣後十八年，即延熹七年，公元164年。桓帝，東漢桓帝劉志，公元146年至167年在位。紀見本書卷七。

［2］【今注】神僊事：修道求仙。

［3］【今注】延熹：東漢桓帝劉志年號（158—167）。

［4］【今注】中常侍：官名。初稱常侍，西漢元帝以後改稱中常侍。中常侍在東漢的職責主要爲侍從皇帝，顧問應對，贊導宫内諸事。秩比二千石。　陳國：東漢王國。治所在今河南淮陽縣。苦縣：縣名。治所在今河南鹿邑縣。

［5］【今注】濯龍：園名。故址在今河南洛陽市東北漢魏故城西北角。本書卷一〇上《皇后紀上》"（明）帝幸濯龍中"，李賢注

引《續漢志》曰："濯龍，園名也，近北宫。"

［6］【今注】文罽（jì）：有紋飾的毛氈。

［7］【今注】淳金釦器：鑲嵌有純金裝飾的祭器。淳，古同"醇"。

［8］【今注】華蓋：帝王所用的傘蓋。一般設置在車輿之上。

［9］【今注】用郊天樂：本書《祭祀志上》：郊天"凡樂奏《青陽》《朱明》《西皓》《玄冥》，及《雲翹》《育命》舞"。

# 後漢書　志第九

## 祭祀下

宗廟　社稷　靈星　先農　迎春

光武帝建武二年正月,[1]立高廟于雒陽。[2]四時祫祀,[3]高帝爲太祖,文帝爲太宗,武帝爲世宗,如舊。[4]餘帝四時春以正月,夏以四月,秋以七月,冬以十月及臘,[5]一歲五祀。三年正月,立親廟雒陽,[6]祀父南頓君以上至春陵節侯。[7]時寇賊未夷,方務征伐,祀儀未設。至十九年,盜賊討除,戎事差息,於是五官中郎將張純與太僕朱浮奏議:[8]"禮,爲人子事大宗,降其私親。[9]禮之設施,不授之與自得之異意。[10]當除今親廟四。[11]孝宣皇帝以孫後祖,[12]爲父立廟於奉明,曰皇考廟,[13]獨群臣侍祠。願下有司議先帝四廟當代親廟者及皇考廟事。"下公卿、博士、議郎。大司徒涉等議:[14]"宜奉所代,[15]立平帝、哀帝、成帝、元帝廟,代今親廟。兄弟以下,使有司祠。宜爲南頓君立皇考廟,祭上至春陵節侯,群臣奉祠。"時議有異，不著。[16]上可涉等議，[17]詔曰："以宗廟處所未定，且袷祭高廟。其成、哀、平且祠祭長安故高廟。[18]其南陽舂陵歲時各且因故園廟祭祀。[19]園廟去太守治所遠者，在所令長行太守事侍祠。[20]惟孝宣帝有功德，[21]其上尊號曰中宗。"於是雒陽高廟四時加祭孝宣、孝元，凡五帝。其西廟成、哀、平三帝主，四時祭於故高廟。東廟京兆尹侍祠，[22]冠衣車服如太常祠陵廟之禮。[23]南頓君以上至節侯，皆就園廟。南頓君稱皇考廟，鉅鹿都尉稱皇祖考廟，[24]鬱林太守稱皇曾祖考廟，[25]節侯稱皇高祖考廟，在所郡縣侍祠。

[1]【今注】光武帝：東漢開國皇帝劉秀，公元25年至57年在位。紀見本書卷一。　建武：東漢光武帝劉秀年號（25—56）。

[2]【劉昭注】《漢舊儀》曰："故孝武廟。"《古今注》曰："於雒陽校官立之。"【今注】高廟：祭祀漢高祖劉邦的祖廟。東漢在長安、雒陽各有一高廟。在長安者，即下文所言"故高廟"。　雒陽：東漢國都。治所在今河南洛陽市東北。

[3]【今注】袷（xiá）祀：合祭祖先。指將所有祖宗的神主集合在太祖廟中進行祭祀。《漢書》卷七三《韋玄成傳》："袷祭者，毀廟與未毀廟之主皆合食於太祖，父爲昭，子爲穆，孫復爲昭，古之正禮也。"

[4]【今注】高帝爲太祖文帝爲太宗武帝爲世宗如舊：指按照西漢確立的高祖、文帝、武帝爲一祖二宗的廟制舊例。《漢書》卷七三《韋玄成傳》："初，高祖時，令諸侯王都皆立太上皇廟。至惠帝尊高帝廟爲太祖廟，景帝尊孝文廟爲太宗廟，行所嘗幸郡國各立太祖、太宗廟。至宣帝本始二年，復尊孝武廟爲世宗廟，行所巡狩亦立焉。"不過最初這些祖廟不僅立於國都，地方上的郡國亦有設

立。至元帝時，始罷郡國廟。案，據經典，周禮天子七廟。其中，一祖二宗爲不遷之廟，世世供奉。餘下立親廟四，供奉當世天子以上四代皇帝神主。五世親盡則毀。西漢韋玄成依此設計廟制，漢無始封祖，高皇帝劉邦以受命爲太祖。文帝、武帝皆以有大功德而爲二宗。

[5]【今注】臘：本書《禮儀志中》："季冬之月，星迴歲終，陰陽以交，勞農大享臘。"農曆十二月八日，爲了酬勞一年的辛苦農事，所以舉行合祭先王的大享禮與合祭衆神的臘祭。

[6]【今注】親廟：供奉與天子親緣未盡的先祖神位的祖廟。案，此時所立親廟是光武帝血親廟，並非宗法意義上的親廟。

[7]【今注】祀父南頓君以上至舂陵節侯：祭祀光武帝的生父南頓君併以上三代血親至漢舂陵節侯。本書卷一上《光武帝紀上》："世祖光武皇帝諱秀，字文叔，南陽蔡陽人，高祖九世之孫也，出自景帝生長沙定王發。發生舂陵節侯買，買生鬱林太守外，外生鉅鹿都尉回，回生南頓令欽，欽生光武。"南頓，縣名。治所在今河南項城市西南。舂陵，西漢侯國。《漢書·地理志上》"（南陽郡）舂陵，侯國。故蔡陽白水鄉。上唐鄉，故唐國"，顔師古注："《漢記》云元朔五年以零陵泠道之舂陵鄉封長沙王子買爲舂陵侯。至戴侯仁，以舂陵地形下溼，上書徙南陽。元帝許之，以蔡陽白水鄉徙仁爲舂陵侯。"泠道，治所在今湖南寧遠縣東南。蔡陽白水鄉，在今湖北棗陽市南。

[8]【今注】五官中郎將：官名。隸屬光禄勳，職掌宿衛殿門，出充車騎。秩比二千石。　張純：字伯仁，京兆杜陵（今陝西西安市）人。傳見本書卷三五。　太僕：官名。九卿之一。掌供皇帝車馬，兼管兵器製作、織綬。秩中二千石。　朱浮：字叔元，沛國蕭（今安徽蕭縣西北）人。傳見本書卷三三。

[9]【今注】爲人子事大宗降其私親：《春秋公羊傳》成公十五年"爲人後者，爲之子也"，意思是説在宗法中，作爲誰的後嗣，就應當被視爲誰的兒子，而不應按照血親骨肉來判斷。所以文中張

純與朱浮的意思是，劉秀既然以中興漢室自命，尊奉西漢諸皇帝作爲祖宗，那也就是將自己作爲漢王朝劉氏大宗的繼承人，所以在祭祀時就應降等對待自己的血親。

［10］【今注】禮之設施不授之與自得之異意：設立與施行禮儀，對於那些身份未被授予的（指光武帝血親）和那些身份是天然獲得的對象（指西漢皇帝），處理方式是不同的。

［11］【今注】今親廟四：指當時設置的四所血親廟。

［12］【今注】孝宣皇帝以孫後祖：漢宣帝是武帝曾孫，被廢的戾太子孫。他在武帝子漢昭帝之後，即位爲帝，在宗法上是以自己作爲後嗣尊奉自己的祖輩爲父親。

［13］【今注】爲父立廟於奉明曰皇考廟：《漢書》卷八《宣帝紀》"（元康元年）夏五月，立皇考廟。益奉明園户爲奉明縣"，顔師古注："奉明園即皇考史皇孫之所葬也，本名廣明，後追改也。"

［14］【今注】大司徒涉：戴涉，字叔平。光武帝建武十五年（39），任大司徒。後因殺太倉令奚何罪，下獄死。大司徒，官名。建武二十七年，去"大"字，後僅稱司徒。東漢時司徒職掌民政，凡教民孝悌、遜順、謙儉，養生送死之事，則議其制，建其度，與太尉、司空並列"三公"。

［15］【今注】奉所代：尊奉自己所代爲後人的祖宗，即祖廟供奉西漢皇帝進行祭祀。

［16］【今注】時議有異不著：當時的集議有其他意見，此處不寫出來。

［17］【今注】可：表示批准議奏之辭。

［18］【今注】其成哀平且祠祭長安故高廟：之所以針對同樣親緣未盡的成、哀、平三帝與元帝做不同的調整，是因爲從血緣輩分上説，成帝於劉秀爲兄弟輩，而漢元帝則是劉秀父執輩。劉秀因爲自己血緣上平輩和長輩的身份，而不願作爲宗法上的後輩去祭祀成、哀、平三帝。故衹將他們的神主安排在長安故高廟，使有司代祠。因此，元帝就是雒陽高廟中所奉的最後一個皇帝。（參見巫鴻

《禮儀中的美術：中國古代美術史文編》，生活·讀書·新知三聯書店2005年版，第565頁）

［19］【劉昭注】《古今注》曰："建武十八年七月，使中郎將耿遵治皇祖廟舊廬稻田。"【今注】其南陽春陵歲時各且因故園廟祭祀：指光武帝血親，南頓令劉欽以上至春陵節侯劉買四代在南陽春陵當地祭祀。本書卷一下《光武帝紀下》："（十九年春正月庚子，始祠）春陵節侯以下四世於章陵。"本書《郡國志四》："（南陽郡）章陵故春陵，世祖更名。"南陽，郡名。治宛縣（今河南南陽市）。

［20］【劉昭注】如淳曰："宗廟在章陵，南陽太守稱使者往祭。不使侯王祭者，諸侯不得祖天子，凡臨祭宗廟，皆爲侍祠。"【今注】園廟去太守治所遠者在所令長行太守事侍祠：光武帝四代血親的園廟如果遠離郡治所，可以讓園廟所在地的縣令代郡守行祭祀職事。

［21］【今注】孝宣帝：西漢宣帝劉詢，公元前74年至前49年在位。紀見《漢書》卷八。

［22］【今注】東廟：指雒陽高廟，相對於西都長安的故高廟，稱東廟。　京兆尹：案，此處前言東廟，與長安故高廟相別，故疑爲"河南尹"之誤。京兆尹，官名。西漢都長安，京畿地區設"三輔"進行管轄。其中京兆地區大約在今陝西西安市以東至渭南市華州區之間。京兆尹是京兆地區的最高行政官員，秩中二千石。東漢中興，改都洛陽，但以陵廟所在，故不變稱號，惟減其秩爲二千石。河南尹，官名。東漢都洛陽，改河南郡爲尹，設同名官員一人，作爲河南尹地區的最高行政官員。秩二千石。

［23］【今注】太常：官名。位列九卿之首，職掌禮樂祭祀。秩中二千石。

［24］【今注】鉅鹿都尉：劉回，光武帝祖父。鉅鹿，郡名。西漢治鉅鹿縣（今河北平鄉縣西南），東漢移治廮陶縣（今河北寧晉縣西南）。都尉，即郡都尉，官名。佐郡守典武事，掌治安，防

盜賊。秩比二千石。

[25]【今注】鬱林太守：劉外，光武帝曾祖。鬱林，郡名。治布山縣（今廣西桂平縣西南）。太守，官名。郡的最高行政長官。東漢太守掌治民，進賢勸功，決訟檢姦。秩二千石。

二十六年，[1]有詔問張純，禘祫之禮不施行幾年。[2]純奏："禮，三年一祫，五年一禘。[3]毀廟之主，陳於太祖；未毀廟之主，皆升合食太祖；五年再殷祭。[4]舊制，三年一祫，毀廟主合食高廟，存廟主未嘗合。元始五年，[5]始行禘禮。父爲昭，南嚮；子爲穆，北嚮。父子不並坐，而孫從王父。[6]禘之爲言諦。諦諟昭穆，[7]尊卑之義。以夏四月陽氣在上，陰氣在下，故正尊卑之義。祫以冬十月，五穀成熟，故骨肉合飲食。祖宗廟未定，且合祭。今宜以時定。"語在《純傳》。[8]上難復立廟，[9]遂以合祭高廟爲常。後以三年冬祫五年夏禘之時，但就陳祭毀廟主而已，謂之殷。太祖東面，惠、文、武、元帝爲昭，景、宣帝爲穆。[10]惠、景、昭三帝非殷祭時不祭。[11]光武皇帝崩，明帝即位，[12]以光武帝撥亂中興，[13]更爲起廟，尊號曰世祖廟。[14]以元帝於光武爲穆，故雖非宗，不毀也。[15]後遂爲常。

[1]【今注】二十六年：建武二十六年，公元50年。

[2]【今注】禘祫：禘祭與祫祭都是集合祖先神主的大型祭祀活動。祫祭已詳上段注釋。禘，大祭始祖，同時集合其他祖先神主以配祀。《禮記·喪服小記》："王者禘其祖之所自出，以其祖

配之。”

［3］【今注】禮三年一祫五年一禘：《南齊書·禮志上》引《禮緯·稽命徵》曰：“三年一祫，五年一禘。”又《詩·商頌·長發》《正義》引鄭玄駁《五經異義》：“三年一祫，五年一禘，百王通義。”

［4］【今注】案，“毁廟之主陳於太祖”數句説本《春秋公羊傳》。《公羊傳》文公二年“大祫者何？合祭也。其合祭奈何？毁廟之主，陳于大祖；未毁廟之主，皆升合食于大祖。五年而再殷祭”，何休注“陳者，就陳列大祖前。大祖東鄉，昭南鄉，穆北鄉，其餘孫從王父。父曰昭，子曰穆，昭取其鄉明，穆取其北面，尚敬”，“自外來曰升”，“殷，盛也。謂三年祫，五年禘”。意思是三年祫祭，將親盡而毁廟的祖先神主陳列在太祖神主前，同時又將平時獨立設廟供奉的祖先神主皆請入太祖廟中，與太祖一同祭祀。祫祭之後，隔年再舉行禘祭。

［5］【今注】元始：西漢平帝劉珩年號（1—5）。

［6］【劉昭注】《決疑要注》曰：“凡昭穆，父南面，故曰昭。昭，明也。子北面，故曰穆。穆，順也。始祖特於北，其後以次夾始祖而南，昭在西，穆在東，相對。”【今注】王父：祖父。

［7］【今注】諦諟（shì）：詳細審查。

［8］【今注】語在純傳：本書卷三五《張純傳》：“二十六年，詔純曰：‘禘、祫之祭，不行已久矣。“三年不爲禮，禮必壞；三年不爲樂，樂必崩”。宜據經典，詳爲其制。’純奏曰：‘禮，三年一祫，五年一禘。《春秋傳》曰：“大祫者何？合祭也。”毁廟及未毁廟之主皆登，合食乎太祖，五年而再殷。漢舊制三年一祫，毁廟主合食高廟，存廟主未嘗合祭。元始五年，諸王公列侯廟會，始爲禘祭。又前十八年親幸長安，亦行此禮。禮説三年一閏，天氣小備；五年再閏，天氣大備。故三年一祫，五年一禘。禘之爲言諦，諦定昭穆尊卑之義也。禘祭以夏四月，夏者陽氣在上，陰氣在下，故正

尊卑之義也。祫祭以冬十月，冬者五穀成孰，物備禮成，故合聚飲食也。斯典之廢，於兹八年，謂可如禮施行，以時定議。’帝從之，自是禘、祫遂定。”

［9］【今注】復立廟：長安已有祖廟，故謂在雒陽建廟爲復立廟。

［10］【今注】景宣帝爲穆：曹金華《後漢書稽疑》：“據文，‘景、宣帝爲穆’疑作‘景、昭、宣帝爲穆’。”（中華書局2014年版，第1378頁）案，曹氏所疑可從。

［11］【劉昭注】《漢舊儀》曰：“宗廟三年大祫祭，子孫諸帝以昭穆坐於高廟，諸隳廟神皆合食，設左右坐。高祖南面，幄繡帳，望堂上西北隅。帳中坐長一丈，廣六尺，繡絪厚一尺，著之以絮四百斤。曲几，黄金釦器。高后右坐，亦幄帳，却六寸。白銀釦器。每牢中分之，左辨上帝，右辨上后。俎餘委肉積於前數千斤，名曰惟俎。子爲昭，孫爲穆。昭西面，曲屏風，穆東面，皆曲几，如高祖。饌陳其右，各配其左（左，殿本作‘祖’），坐如祖妣之法。太常導皇帝入北門。群臣陪者，皆舉手班辟抑首伏。大鴻臚、大行令、九儐傳曰：‘起。’復位。而皇帝上堂盥，侍中以巾奉觶酒從。帝進拜謁。贊饗曰：‘嗣曾孫皇帝敬再拜。’前上酒。却行，至昭穆之坐次上酒。子爲昭，孫爲穆，各父子相對也。畢，却西面坐，坐如乘輿坐。贊饗奉高祖賜壽，皇帝起再拜，即席以太牢之左辨賜皇帝（即席以，大德本作‘即以畢’），如祠。其夜半入行禮，平明上九卮，畢，群臣皆拜，因賜胙。皇帝出，即更衣中，詔罷，當從者奉承。”丁孚《漢儀》有桓帝祠恭懷皇后祝文曰：“孝曾孫皇帝志，使有司臣太常撫，夙興夜處，小心畏忌，不墮其身，一不寧。敢用絜牲一元大武，柔毛剛鬣，商祭明視，薌萁嘉薦，普淖鹹鹾，豐本明粢，醪用薦酎，事于恭懷皇后。尚饗。”嘏辭賜皇帝福：“恭懷皇后命工祝承致多福無疆于爾孝曾孫皇帝（工，大德本作‘上’），使爾受禄于天，宜稼

于田，眉壽萬年。介爾景福，俾守爾民，勿替引之。”太常再拜（太，大德本作‘大’），太牢左辨以致皇帝。

[12]【今注】明帝：東漢明帝劉莊，公元57年至75年在位。紀見本書卷二。

[13]【今注】撥亂中興：謂光武帝結束了新莽以來的混亂局面，建立起東漢，使劉氏再受命。

[14]【劉昭注】蔡邕《表志》曰：“孝明立世祖廟，以明再受命祖有功之義，後嗣遵儉，不復改立，皆藏主其中。聖明所制，一王之法也。自執事之吏，下至學士，莫能知其所以兩廟之意，誠宜具録本事。建武乙未、元和丙寅詔書，下宗廟儀及齋令，宜入《郊祀志》，永爲典式。”《東觀書》曰：“永平三年八月丁卯，公卿奏議世祖廟登歌八佾舞功名。東平王蒼議，以爲‘漢制舊典，宗廟各奏其樂，不皆相襲（襲，大德本作“龔”），以明功德。秦爲無道，殘賊百姓，高皇帝受命誅暴，元元各得其所，萬國咸熙，作《武德》之舞。孝文皇帝躬行節儉，除誹謗，去肉刑，澤施四海，孝景皇帝制《昭德》之舞。孝武皇帝功德茂盛，威震海外，開地置郡，傳之無窮，孝宣皇帝制《盛德》之舞。光武皇帝受命中興，撥亂反正，武暢方外，震服百蠻，戎狄奉貢，宇内治平，登封告成（成，大德本作“誠”），修建三雍，肅穆典祀（穆，大德本、殿本作“修”），功德巍巍，比隆前代。以兵平亂，武功盛大。歌所以詠德，舞所以象功，世祖廟樂名宜曰《大武》之舞。《元命包》曰：“緣天地之所雜樂爲之文典。”文王之時（王，大德本作“工”），民樂其興師征伐，而詩人稱有武功（有，大德本、殿本作“其”）。《樞機鈐》曰：“有帝漢出，德洽作樂（德，大德本作‘隱’）。”各與虞《韶》、禹《夏》、湯《護》、周《武》無異（各與，殿本作“名予”；禹夏，大德本作“夏禹”），不宜以名舞。《叶圖徵》曰（叶，大德本作“洽”）：“大樂必易。”《詩傳》曰：“頌言成也，一章成篇，宜列德，故登

歌《清廟》一章也。”《漢書》曰：“百官頌所登御者，一章十四句。”依書《文始》《五行》《武德》《昭真修》之舞，節損益前後之宜，六十四節爲舞，曲副八佾之數。十月烝祭始御（烝，大德本作“蒸”），用其《文始》《五行》之舞如故（舞，殿本作“數”）。勿進《武德舞歌詩》曰：“於穆世廟，肅雍顯清，俊乂翼翼，秉文之成。越序上帝，駿奔來寧，建立三雍，封禪泰山，章明圖讖，放唐之文。休矣惟德，罔射協同，本支百世，永保厥功”’。詔書曰：‘驃騎將軍議可。’進《武德》之舞如故。”

［15］【今注】以元帝於光武爲穆故雖非宗不毀也：案，上文云元帝爲昭，與此牴牾。《後漢紀》卷二六“穆”作“禰”。《公羊傳》隱公元年“惠公者何，隱之考也”，何休注：“生稱父，死稱考，入廟稱禰。”當從《後漢紀》作“禰”。本來依禮制，明帝須尊立成、哀、平及光武帝四親廟。但從血親而論，明帝與哀帝、平帝爲兄弟。與光武帝一樣，明帝同樣不願直接將兄弟輩的哀、平二帝當作祖先進行祭祀。又成帝與光武帝同輩，明帝祭祀光武帝，亦不愿再祭祀成帝。此前，光武帝不祭兄弟以下，常祭者，太祖以下，有文、武二宗，及宣、元二帝一穆一昭。明帝在此效法光武帝，去宣帝，而以元帝爲昭，光武帝爲穆，使合祭於一祖二宗。這樣的安排固然不合乎禮學，但表現了制度向現實政治妥協的一面。

明帝臨終遺詔，遵儉無起寢廟，藏主於世祖廟更衣。[1]孝章即位不敢違，[2]以更衣有小別，上尊號曰顯宗廟，間祠於更衣，四時合祭於世祖廟。[3]語在《章紀》。[4]章帝臨崩，遺詔無起寢廟，廟如先帝故事。和帝即位不敢違，[5]上尊號曰肅宗。[6]後帝承尊，皆藏主于世祖廟，積多無別，[7]是後顯宗但爲陵寢之號。[8]永元中，[9]和帝追尊其母梁貴人曰恭懷皇后，[10]陵以竇后配食章帝，[11]恭懷后别就陵寢祭之。[12]和帝崩，上尊號曰穆宗。[13]殤帝生三百餘日而崩，[14]鄧太后攝政，[15]以尚嬰孫，故不列于廟，就陵寢祭之而已。安帝以清河孝王子即位，[16]建光元年，[17]追尊其祖母宋貴人曰敬隱后，[18]陵曰敬北陵。亦就陵寢祭，太常領如西陵。[19]追尊父清河孝王曰孝德皇，母曰孝德后，[20]清河嗣王奉祭而已。[21]安帝以讒害大臣，廢太子，及崩，無上宗之奏。[22]後以自建武以來無毁者，故遂常祭，因以其陵號稱恭宗。[23]順帝即位，[24]追尊其母曰恭愍后，[25]陵曰恭北陵。就陵寢祭，如敬北陵。順帝崩，上尊號曰敬宗。[26]沖質帝皆小崩，[27]梁太后攝政，[28]以殤帝故事，就陵寢祭。凡祠廟訖，三公分祭之。[29]桓帝以河閒孝王孫蠡吾侯即位，[30]亦追尊祖考，王國奉祀。語在《章和八王傳》。帝崩，[31]上尊號曰威宗，[32]無嗣。靈帝以河間孝王曾孫解犢侯即位，[33]亦追尊祖考。語在《章和八王傳》。靈帝時，京都四時所祭高廟五主，[34]世祖廟七主，[35]少帝三陵，[36]追尊后三陵，凡牲用十八太牢，[37]皆有副倅。[38]故高廟三主親毁之後，[39]亦但殷祭之歲奉祠。[40]靈帝崩，獻帝即位。[41]初平中，[42]相國董卓、左中郎將蔡邕等以和帝以下，[43]功德無殊，而有過差，不應爲宗，[44]及餘非宗者追尊三后，皆奏毁之。[45]四時所祭，高廟一祖二宗，[46]及近帝四，凡七帝。

[1]【今注】藏主於世祖廟更衣：謂明帝不爲自己死後别立廟，而令人將自己的神主安放在世祖廟之便殿。更衣，園廟之偏

殿。本書卷三《章帝紀》李賢注引《續漢書》曰："更衣者，非正處也。園中有寢，有便殿。寢者，陵上正殿。便殿，寢側之别殿，即更衣也。"

［2］【今注】孝章：東漢章帝劉炟，公元75年至88年在位。紀見本書卷三。

［3］【今注】案，"以更衣有小别"四句，本書《章帝紀》載明帝永平十八年（75）十二月癸巳，有司奏言："孝明皇帝聖德淳茂，劬勞日昃，身御浣衣，食無兼珍。澤臻四表，遠人慕化，僬僥、儋耳，款塞自至。克伐鬼方，開道西域，威靈廣被，無思不服。以烝庶爲憂，不以天下爲樂。備三雍之教，躬養老之禮。作登歌，正予樂，博貫六蓺，不舍晝夜。聰明淵塞，著在圖讖。至德所感，通於神明。功烈光於四海，仁風行於千載。而深執謙謙，自稱不德，無起寢廟，埽地而祭，除日祀之法，省送終之禮，遂藏主於光烈皇后更衣别室。天下聞之，莫不悽愴。陛下至孝烝烝，奉順聖德。臣愚以爲更衣在中門之外，處所殊别，宜尊廟曰顯宗，其四時禘祫，於光武之堂，閒祀悉還更衣，共進《武德》之舞，如孝文皇帝祫祭高廟故事。"章帝制曰："可。"

［4］【劉昭注】《東觀書》曰："章帝初即位，賜東平憲王蒼書曰：'朕夙夜伏思，念先帝躬履九德，對於八政勞謙克己終始之度，比放三宗誠有其美。今迫遺詔，誠不起寢廟，臣子悲結，僉以爲雖於更衣，猶宜有所宗之號，以克配功德。宗廟至重，朕幼無知，寤寐憂懼。先帝每有著述典義之事，未嘗不延問王，以定厥中。願王悉明處，乃敢安之。公卿議駁，今皆并送。及有可以持危扶顛，宜勿隱。思有所承，公無困哉（哉，大德本、殿本作"我"）。'太尉憙等奏：'禮，祖有功，宗有德。孝明皇帝功德茂盛，宜上尊號曰顯宗，四時祫食於世祖廟，如孝文皇帝在高廟之禮，奏《武德》《文始》《五行》之舞。'蒼上言：'昔者孝文廟樂曰《昭德》之舞，孝武廟樂曰《盛德》之舞，今皆祫食於高廟，

《昭德》《盛德》之舞不進，與高廟同樂。今孝明皇帝主在世祖廟，當同樂，《盛德》之樂無所施；如自立廟當作舞樂者，不當與世祖廟《盛德》之舞同名，即不改作舞樂，當進《武德》之舞。臣愚戇鄙陋，廟堂之論，誠非所當聞所宜言。陛下體純德之妙，奮至謙之意，猥歸美於載列之臣，故不敢隱蔽愚情，披露腹心。誠知愚鄙之言，不可以仰四門賓于之議（大德本"仰"前有"向"字）。伏惟陛下以至德當成康之隆，天下乂安刑措之時也。百姓盛歌元首之德，股肱貞良，庶事寧康。臣欽仰聖化，嘉羨盛德，危顛之備，非所宜稱。'上復報曰：'有司奏上尊號曰顯宗，藏主更衣，不敢違詔。祫食世祖，廟樂皆如王議。以正月十八日始祠。仰見榱桷，俯視几筵，眇眇小子，哀懼戰慄，無所奉承。愛而勞之，所望於王也。'"《謝沈書》曰："上以公卿所奏明德皇后在世祖廟坐位駁議示蒼，上言：'文、武、宣、元祖祫食高廟，皆以配，先帝所制，典法設張。《大雅》曰："昭哉來御，慎其祖武。"又曰："不愆不忘，帥由舊章（帥，大德本、殿本作'率'）。"明德皇后宜配孝明皇帝於世祖廟，同席而供饌。'"

［5］【今注】和帝：東漢和帝劉肇，公元88年至105年在位。紀見本書卷四。

［6］【今注】肅宗：東漢章帝劉炟廟號。

［7］【今注】積多無别：此前有司奏將明帝神主移至世祖廟中門外之便殿，尊廟曰顯宗。詳本段注釋［3］。然而神主多了之後，便殿有限，所以無法再一一以廟號名便殿。

［8］【今注】顯宗但爲陵寢之號：以"顯宗"廟號僅代指帝陵。

［9］【今注】永元：東漢和帝劉肇年號（89—105）。

［10］【今注】和帝追尊其母梁貴人曰恭懷皇后：本書卷四《和帝紀》："（永元九年九月）甲子，追尊皇妣梁貴人爲皇太后。冬十月乙酉，改葬恭懷梁皇后于西陵。"梁貴人，漢和帝劉肇生母，

褒親愍侯梁竦之女。事見本書卷一〇上《皇后紀上》。貴人，皇帝的配偶之一。光武帝始置，在後宫地位僅次於皇后。

［11］【今注】竇后配食章帝：本書《皇后紀上》："九年，太后（注者按，即章德竇皇后）崩，未及葬，而梁貴人姊（嫕）〔嫕〕上書陳貴人枉殁之狀。太尉張酺、司徒劉方、司空張奮上奏，依光武黜吕太后故事，貶太后尊號，不宜合葬先帝。百官亦多上言者。帝手詔曰：'竇氏雖不遵法度，而太后常自減損。朕奉事十年，深惟大義，禮，臣子無貶尊上之文。恩不忍離，義不忍虧。案前世上官太后亦無降黜，其勿復議。'於是合葬敬陵。"竇后，東漢大司空竇融曾孫女。紀見本書卷一〇上。

［12］【今注】案，后，大德本、殿本作"皇后"。

［13］【今注】穆宗：東漢和帝劉肇廟號。

［14］【今注】殤帝：劉隆，和帝少子，元興元年（105）十二月即位，在位不足一年便去世。紀見本書卷四。

［15］【今注】鄧太后：東漢和帝皇后鄧綏，太傅鄧禹孫女。和帝死後，被尊爲皇太后。紀見本書卷一〇上。

［16］【今注】安帝：東漢安帝劉祜，公元106年至125年在位。紀見本書卷五。　清河孝王：劉慶，東漢章帝子，母宋貴人。安帝生父。建初三年（78）生，四年立爲皇太子，後被廢。傳見本書卷五五。

［17］【今注】建光：東漢安帝劉祜年號（121—122）。

［18］【今注】敬隱后：東漢章帝妃，梁貴人妹。事見本書《皇后紀上》。

［19］【今注】太常領如西陵：太常領祭，禮如長安附近諸帝陵。

［20］【今注】追尊父清河孝王曰孝德皇母曰孝德后：本書卷五《安帝紀》："（建光元年三月）戊申，追尊皇考清河孝王曰孝德皇，皇妣左氏曰孝德皇后，祖妣宋貴人曰敬隱皇后。"

［21］【今注】清河嗣王奉祭：本書卷五五《章帝八王傳》謂

清河孝王年二十九薨。以劉慶建初三年（78）生，卒時當在延平元年（106）。《章帝八王傳》下云："子愍王虎威嗣"，"虎威立三年薨，亦無子。鄧太后復立樂安王寵子延平爲清河王，是爲恭王"，"延平立三十五年薨"。故當時嗣王是清河恭王劉延平。

［22］【今注】無上宗之奏：不爲安帝立廟號。

［23］【今注】案，"後以自建武以來無毀者"三句，本書《安帝紀》以延光四年（125）三月丁卯，安帝崩於乘輿，"（夏四月）己酉，葬孝安皇帝于恭陵。廟曰恭宗"。若依本紀，廟號似是當時擬定。

［24］【今注】順帝：東漢順帝劉保，公元125年至144年在位。紀見本書卷六。

［25］【今注】追尊其母曰恭愍后：本書卷六《順帝紀》："（永建二年）夏六月乙酉，追尊謚皇妣李氏爲恭愍皇后，葬于恭北陵。"恭愍后，順帝生母李氏，本是宫女，因生順帝而爲安帝閻皇后鴆殺。

［26］【劉昭注】《東觀書》曰："有司奏言：'孝順皇帝弘秉聖哲，龍興統業，稽乾則古，欽奉鴻烈。寬裕晏晏，宣恩以極，躬自菲薄，以崇玄默。遺詔貽約，顧念萬國。衣無製新，玩好不飾。塋陵損狹，不起寢廟，遵履前制，敬敕慎終，有始有卒。《孝經》曰："愛敬盡於事親，而德教加於百姓。"《詩》云："敬慎威儀，惟民之則。"臣請上尊號曰敬宗廟。天子世世獻奉，藏主祫祭，進武德之舞，如祖宗故事。'露布奏可。"【今注】敬宗：東漢順帝劉保廟號。

［27］【今注】沖質帝：東漢沖帝劉炳，公元144年至145年在位。紀見本書卷六。東漢質帝劉纘，公元145年至146年在位。紀見本書卷六。　小崩：不及成年而殤逝。

［28］【今注】梁太后：東漢順帝皇后，名妠，大將軍梁商女。紀見本書卷一〇下。本書卷六《沖帝紀》："（建康元年八月庚午，

沖帝）即皇帝位，年二歲。尊（梁）皇后曰皇太后。太后臨朝。”

［29］【今注】三公：官名。指朝廷的最高輔政大臣。據文獻記載，三公應起自周代，儘管當時的制度或許遠没有後人想象的那樣完備。經典之中，有關三公的説法有二：一是司馬、司徒、司空的“三司”説，見於今文《尚書》及《韓詩外傳》；二是太師、太傅、太保的“三太”説，見於《周禮》和《大戴禮記》。漢成帝時，采“三司”説在政治制度上正式建立了漢代的三公官，以丞相爲大司徒，太尉爲大司馬，御史大夫爲大司空。東漢光武帝建武二十七年（51），恢復大司馬爲太尉，又令大司徒、大司空去“大”字，以太尉、司徒、司空爲三公。

［30］【今注】桓帝：東漢桓帝劉志，公元146年至167年在位。紀見本書卷七。　河間孝王：劉開，東漢章帝子，永元二年（90）受封爲王。傳見本書卷五五。

［31］【今注】案，帝，大德本、殿本作“桓帝”。

［32］【今注】威宗：東漢桓帝劉志廟號。

［33］【今注】靈帝：東漢靈帝劉宏，公元168年至189年在位。紀見本書卷八。

［34］【今注】高廟五主：太祖高皇帝劉邦、太宗文帝劉恒、世宗武帝劉徹、中宗宣帝劉詢以及元帝劉奭。

［35］【今注】世祖廟七主：世祖光武帝劉秀、顯宗明帝劉莊、肅宗章帝劉炟、穆宗和帝劉肇、恭宗安帝劉祜、敬宗順帝劉保以及威宗桓帝劉志。

［36］【今注】少帝三陵：殤帝劉隆康陵、沖帝劉炳懷陵以及質帝劉纘静陵。

［37］【今注】太牢：祭牲用一牛、一羊、一豕。豕，猪。

［38］【今注】副倅（cuì）：古人祭祀之前，均會在計劃使用的犧牲之外，額外添置一份副品，以備不時之需。倅，副。

［39］【今注】故高廟三主：謂藏於長安故高廟的成、哀、平帝三神主。

［40］【劉昭注】《決疑要注》曰："毁廟主藏廟外户之外，西牖之中。有石函，名曰宗祏。函中有笥，以盛主。親盡則廟毁，毁廟之主藏于始祖之廟。一世爲祧，祧猶四時祭之。二世爲壇，三世爲墠，四世爲鬼，祫乃祭之，有禱亦祭之。祫於始祖之廟，禱則迎主出，陳於壇墠而祭之，事訖還藏故室。迎送皆蹕，禮也。"

［41］【今注】獻帝：東漢獻帝劉協，公元189年至220年在位。紀見本書卷九。

［42］【今注】初平：東漢獻帝劉協年號（190—193）。

［43］【今注】董卓：字仲穎，隴西臨洮（今甘肅岷縣）人。傳見本書卷七二。　左中郎將：官名。隸屬光禄勳，職掌宫殿的宿衛侍從。秩比二千石。　蔡邕：字伯喈，陳留圉（今河南杞縣）人。傳見本書卷六〇下。

［44］【今注】功德無殊而有過差不應爲宗：指應去和帝及以下諸帝廟號。先帝凡不冠廟號者，親盡就當毁廟，不常與祭祀，僅於禘祫合祭。

［45］【劉昭注】《袁山松書》載邕議曰："漢承亡秦滅學之後，宗廟之制，不用周禮。每帝即位，世輒立一廟，不止於七，不列昭穆，不定迭毁。元皇帝時，丞相匡衡、御史大夫貢禹始建大議，請依典禮。孝文、孝武、孝宣皆以功德茂盛，爲宗不毁。孝宣尊崇孝武，歷稱世宗。中正大臣夏侯勝等猶執異議，不應爲宗。至孝成皇帝，議猶不定。太僕王舜、中壘校尉劉歆據不可毁，上從其議。古人據正重順，不敢私其君，若此其至也。後遭王莽之亂，光武皇帝受命中興，廟稱世祖。孝明皇帝聖德聰明，政参文、宣，廟稱顯宗。孝章皇帝至孝烝烝，仁恩博大，廟稱肅宗。皆方前世，得禮之宜。自此以下，政事多釁，權移臣下，嗣帝殷勤，各欲褒崇至親而已。臣下懦弱，莫能執夏侯之直。今聖朝尊古復禮，以求厥中，誠合禮議。元帝世在第八，光武世在第九，

故以元帝爲考廟，尊而奉之（奉，紹興本作‘奏’）。孝明遵述，亦不敢毁。孝和以下，穆宗、威宗之號皆省去。五年而再殷，合食于太祖（合，大德本、殿本作‘祫’），以遵先典。”議遂施行。

［46］【今注】高廟一祖二宗：案，如上文“劉昭注”引《袁山松書》載蔡邕議文，則疑“高廟”當爲“世祖廟”，一祖二宗指世祖光武帝劉秀、顯宗明帝劉莊及肅宗章帝劉炟。

古不墓祭，漢諸陵皆有園寢，[1]承秦所爲也。説者以爲古宗廟前制廟，後制寢，以象人之居前有朝，[2]後有寢也。《月令》有“先薦寢廟”，[3]《詩》稱“寢廟弈弈”，[4]言相通也。廟以藏主，以四時祭。寢有衣冠几杖象生之具，[5]以薦新物。秦始出寢，起於墓側，漢因而弗改，故陵上稱寢殿，起居衣服象生人之具，古寢之意也。建武以來，關西諸陵以轉久遠，但四時特牲祠；帝每幸長安謁諸陵，乃太牢祠。自雒陽諸陵至靈帝，皆以晦望二十四氣伏臘及四時祠。廟日上飯，[6]太官送用物，[7]園令、食監典省，[8]其親陵所宫人隨鼓漏理被枕，[9]具盥水，陳嚴具。[10]

［1］【今注】園寢：建在帝王墓地上的宗廟。

［2］【今注】朝：朝堂，宫室。

［3］【今注】月令有先薦寢廟：《禮記·月令》“（仲春之月）天子乃鮮羔開冰，先薦寢廟”，“（孟夏之月）天子乃以彘嘗麥，先薦寢廟”，“（仲夏之月）天子乃以雛嘗黍，羞以含桃，先薦寢廟”，“（孟秋之月）天子嘗新，先薦寢廟”，“（中秋之月）以犬嘗麻，先薦寢廟”，“（季秋之月）天子乃以犬嘗稻，先薦寢廟”，“（季冬之

月）命漁師始漁，天子親往，乃嘗魚，先薦寢廟”。凡有時令鮮品，天子先祭以宗廟，供祖先享用。

［4］【今注】詩稱寢廟弈弈：《詩·魯頌·閟宫》“松桷有舄，路寢孔碩。新廟奕奕，奚斯所作”，毛亨傳：“新廟，閔公廟也。有大夫公子奚斯者作是廟也。”案，今本《毛詩》作“新廟”，與本志所引不同。馬瑞辰《毛詩傳箋通釋》卷三一：“《毛詩》經作新廟，《文選》注引《韓詩》薛君《章句》曰‘言其新廟奕奕然盛’，是《韓詩》亦作新廟。而蔡邕《獨斷》引《頌》云‘寢廟奕奕，言相連也’，《吕氏春秋》高注及《續漢志》引亦同，又《周禮·隸僕》注引《詩》‘寢廟奕奕，相連貌’，蓋連上‘路寢孔碩’約舉其詞，猶《正義》曰‘作寢廟所以爲美者’，又曰‘寢廟廢壞’，皆以寢廟連言，非齊、魯《詩》經文或作寢廟也。”

［5］【今注】寢有衣冠几杖象生之具：寢殿中放置有衣服、帽飾、几案、手杖等廟主生時的用具。寢，帝王宗廟的後殿。

［6］【今注】皆以晦望二十四氣伏臘及四時祠廟日上飯：曹金華《後漢書稽疑》：“《校勘記》按：‘《校補》謂“廟”疑“朝”之誤。’余按：疑當‘祠廟日上飯’連讀。《明帝紀》注引《漢官儀》作‘皆以晦、望、二十四氣、三伏、社、臘及四時上飯’。”（第1383頁）案，曹説可備一解。然“廟日”或即“祠廟日”之省，本通。

［7］【今注】太官：官署名。職掌宫廷膳食，隸屬少府。東漢時，長官曰令，秩六百石。這裏指太官作爲官署負責供應園廟祠日所需用品。

［8］【今注】典省：通常省去。典，常例，常規。

［9］【今注】鼓漏：晨鼓夜漏，謂早晚。

［10］【劉昭注】蔡邕《表志》曰：“宗廟迭毁議奏，國家體（大德本、殿本‘體’前有‘大’字），班固録《漢書》，及置《韋賢傳》末。臣以聞胡廣（聞，大德本、殿本作‘問’），廣以

爲實宜在《郊祀志》，去中鬼神仙道之語，取《賢傳》宗廟事寘其中，既合孝明旨，又使祀事以類相從。”臣昭曰：國史明乎得失者也。至如孝武皇帝淫祀妄祭，舉天下而從焉，疲耗蒼生，費散國畜，後王深戒，來世宜懲，志之所取，於焉斯允。不先宗廟，誠如廣論；悉去仙道，未或易罔也。【今注】盥水：洗手潔面之水。　嚴具：即妝具，整理妝容的用具，因避東漢明帝劉莊諱改。

建武二年，立太社稷于雒陽，[1]在宗廟之右，[2]方壇，[3]無屋，有牆門而已。[4]二月、八月及臘，一歲三祠，[5]皆太牢具，使有司祠。[6]《孝經援神契》曰：[7]“社者，土地之主也。稷者，五穀之長也。”[8]《禮記》及《國語》皆謂共工氏之子曰句龍，爲后土官，能平九土，故祀以爲社。[9]烈山氏之子曰柱，能植百穀疏，自夏以上祀以爲稷，[10]至殷以柱久遠，而堯時棄爲后稷，[11]亦植百穀，故廢柱，祀棄爲稷。[12]大司農鄭玄説，古者官有大功，則配食其神。[13]故句龍配食於社，棄配食於稷。[14]郡縣置社稷，太守、令、長侍祠，[15]牲用羊豕。[16]唯州所治有社無稷，以其使官。[17]古者師行平有載社主，不載稷也。[18]國家亦有五祀之祭，[19]有司掌之，其禮簡於社稷云。[20]

［1］【今注】太社稷：天子社稷之壇，對土神和穀神的祭祀之所。《白虎通·社稷》：“王者所以有社稷何？爲天下求福報功。人非土不立，非穀不食，土地廣博，不可徧敬也。五穀衆多，不可一一祭也。故封土立社，示有土也。稷，五穀之長，故立稷而祭之也。稷者得陰陽中和之氣，而用尤多，故爲長也。”案，太，殿本作“大”。

［2］【劉昭注】馬融《周禮注》曰："社稷在右，宗廟在左。或曰，王者五社，太社在中門之外（太，殿本作'大'），惟松；東社八里，惟柏；西社九里，惟栗；南社七里，惟梓；北社六里，惟槐。"《禮·郊特牲》曰"社，祭土而主陰氣也"，王肅注曰："五行之主也，能吐生百穀者也。"馬昭曰："列爲五官，直一行之名耳，自不專主陰氣。陰氣地可以爲之主，曰五行之主也；若社則爲五行之主，何復言社稷五祀乎？土自列於五祀（於，大德本作'爲'），社亦自復有祀，不得同也。"昭又曰："土地同也，焉得有二。《書》曰'禹敷土'。又曰'句龍能平九土'。九土，九州之土。地官是五行土官之名耳。"【今注】在宗廟之右：《禮記·祭義》："建國之神位，右社稷而左宗廟。"《周禮·小宗伯》："小宗伯之職，掌建國之神位，右社稷，左宗廟。"

［3］【劉昭注】《白虎通》曰："《春秋文義》，天子社廣五丈，諸侯半之。其色東方青，南方赤，西方白，北方黑，上冒以黄土。故將封東方諸侯，取青土，苴以白茅，各取其面以爲封社，明土謹敬絜淨也。祭社有樂乎（殿本無'乎'字）？《禮記》曰：'樂之施於金石，越於聲音，用於宗廟社稷。'"《獨斷》曰："天子太社，封諸侯者取其土，苞以白茅授之，以立社其國，故謂之受茅土。漢興，唯皇子封爲王者得茅土，其他功臣以户數租入爲節，不受茅土，不立社也。"

［4］【劉昭注】《禮記》曰"天子太社，必受霜露風雨，以達天地之氣也"，盧植曰："謂無屋。"【今注】無屋有牆門而已：壇外僅有門和墻，但没有屋頂。《白虎通·社稷》："社無屋何？達天地氣。故《郊特牲》曰：'天子大社，必受霜露風雨，以達天地之氣。'"

［5］【今注】一歲三祠：一年在二月、八月和臘日祭祀三次。《白虎通·社稷》："歲再祭之何？春求秋報之義也。故《月令》仲春之月，'擇元日，命民社'。仲秋之月，'擇元日，命民社'。《援

神契》曰：‘仲春祈穀，仲秋獲禾，報社祭稷。’”案，仲春之月，二月也；仲秋之月，八月也。現實禮制較《白虎通》多一臘祭。

［6］【劉昭注】《禮記》曰“地載萬物，天垂象。取財於地，取法於天，是以尊天而親地，故教民美報焉。家主中霤而國主社，示本也”，盧植曰：“諸主祭以土地爲本也。中霤，其神后土，即句龍也。既祀於社，又祀中霤。”《古今注》曰：“建武二十一年二月乙酉，徙立社稷上東門内。”《漢舊儀》：“使者監祠，南向立，不拜也。”【今注】皆太牢具：《白虎通·社稷》：“祭社稷以三牲何？重功故也。《尚書》曰：‘乃社於新邑，牛一，羊一，豕一。’《王制》曰：‘天子社稷皆太牢，諸侯社稷俱少牢。’”

［7］【今注】孝經援神契：《孝經》緯的一種。緯書是以神秘化的語言闡釋經書的一種著作，流行於兩漢，而特盛於東漢。《隋書·經籍志》著録《孝經援神契》七卷，宋均注，後亡佚。

［8］【劉昭注】《月令章句》曰：“稷秋夏熟（殿本‘熟’前有‘乃’字），熟歷四時，備陰陽，穀之貴者。”【今注】五穀：指稻、黍（shǔ）、稷、麥、菽（shū）五種糧食作物。稻，大米。黍，黄米，性黏，可釀酒。稷，粟米，小米。麥，小麥。菽，大豆。

［9］【今注】案，“禮記及國語皆謂共工氏之子曰句龍”四句，《禮記·祭法》：“共工氏之霸九州也，其子曰后土，能平九州，故祀以爲社。”《國語·魯語》：“共工氏之伯九有也，其子曰后土，能平九土，故祀以爲社。”《左傳》昭公二十九年：“共工氏有子曰句龍，爲后土。”

［10］【今注】案，“烈山氏之子曰柱”三句，《左傳》昭公二十九年“有烈山氏之子曰柱爲稷”，杜預注：“烈山氏，神農世諸侯。”

［11］【今注】至殷以柱久遠而堯時棄爲后稷：《左傳》昭公二十九年“周弃亦爲稷”，杜預注：“弃，周之始祖，能播百穀。湯既

勝夏，廢柱而以弃代之。”

［12］【劉昭注】案《前志》，立官社以夏禹配（禹，紹興本作“爲”），王莽奏立官稷，后稷配也。

［13］【今注】大司農鄭玄説古者官有大功則配食其神：《禮記·月令》“（孟春之月）其帝大皞，其神句芒”，鄭玄注：“此蒼精之君，木官之臣，自古以來著德立功者也。大皞，宓戲氏。句芒，少皞氏之子，曰重，爲木官。”鄭玄，字康成，漢末著名經學家。傳見本書卷三五。建安中，公車徵爲大司農，未就，玄乃以病自乞還家。大司農，官名。九卿之一。職掌全國租賦收入和國家財政開支。秩中二千石。

［14］【劉昭注】《白虎通》曰：“王者所以有社稷何？爲天下求福報功。人非土不立，非穀不食。土地廣博，不可徧敬；五穀衆多，不可一一而祭。故封土立社，示有土也。稷，五穀之長，故立稷而祭之也（立，殿本作‘封’）。稷者，得陰陽中和之氣，而用又多，故稷爲長也。歲再祭之何？春求秋報也。祭社稷以三牲，重功也。天子社稷皆太牢，諸侯社稷皆少牢。王者諸侯所以俱兩社何？俱有土之君也。故《禮·三正記》曰：‘王者二社，爲天下立社曰太社，自爲立社曰王社。諸侯爲百姓立社曰國社，自爲立社曰侯社。太社爲天下報功，王社爲京師報功也。’”孔鼂云：“周祀一社一稷，漢及魏初亦一社一稷，至景初中，既立帝社二社，二社到于今是祀，而後諸儒論之，其文衆矣。”

［15］【今注】令長：一縣的最高行政長官。《漢書·百官公卿表上》：“縣令、長，皆秦官，掌治其縣。萬户以上爲令，秩千石至六百石。減萬户爲長，秩五百石至三百石。”

［16］【今注】牲用羊豖：犧牲用少牢。豖（chù），疑是“豕”之訛。豕（shǐ），猪。

［17］【今注】以其使官：州刺史最初是皇帝的使官，奉詔巡行諸郡，省察治政，黜陟能否，斷理冤獄，本無治民之任，所以不

需立壇祭稷。

［18］【劉昭注】自漢諸儒論句龍即是社主，或云是配，其議甚衆。後荀彧問仲長統以社所祭者何神也？統荅所祭者土神也。侍中鄧義以爲不然而難之，彧令統荅焉。統荅，彧且以義曰（大德本、殿本無“彧且以”三字）：“前見逮及，敢不敬對。退熟惟省，郊社之祭，國之大事，誠非學淺思薄者所宜興論重復，亦以鄧君難，事有先漸，議則既行，可謂辭而不可得，因而不可已者也。《屯》有經綸之義，《睽》有同異之辭（同異，大德本、殿本作‘異同’），歸乎建國立家（乎，大德本、殿本作‘于’），通志斷類也。意則欲廣其微以宗實，備其論以求真，先難而後易，出異而歸同乎？難曰：社祭土，主陰氣，正所謂句龍土行之官，爲社則主陰明矣，不與《記》説有違錯也？荅曰：今《記》之言社，輒與郊連，體有本末，辭有上下，謂之不錯不可得。《禮運》曰：‘政必本於天，殽以降命，命降于社之謂殽地，參於天地，並於鬼神。’又曰：‘祭帝於郊，所以定天位也；祀社於國，所以列地利也。’《郊特牲》曰：‘社所以神，地之道也。地載萬物，天垂象。取財於地，取法於天，是以尊天而親地。家主中霤，國主社，示本也。’相此之類，元尚不道配食者也。主以爲句龍，無乃失歟？難曰：信而此所言土尊，故以爲首，在於上宗伯之體，所當列上下之叙。上句當言天神、地祇、人鬼，何反先人而後地？上文如此，至下何以獨不可，而云社非句龍，當爲地哉？荅曰：此形成著體，數自上來之次言之耳，豈足懷使從人鬼之例邪（懷，大德本、殿本作“據”）？三科之祭，各指其體。今獨擿出社稷，以爲但句龍有烈山氏之子，恐非其本意也。案《記》言社土，而云何得之爲句龍，則傳雖言祀句龍爲社，亦何嫌，反獨不可謂之配食乎？《祭法》曰：‘周人禘嚳，郊稷，祖文王，宗武王。’皆以爲配食者，若復可須，謂之不祭天乎？備讀傳者則真土，獨據《記》者則疑句龍，未若交錯參伍，致其義以相成之爲善也。難

曰：再特于郊牛者，后稷配故也。‘社于新邑，牛一羊一豕一’。所以用二牲者，立社位祀句龍，緣人事之也。如此，非祀地明矣。以宫室新成，故立社耳。又曰‘軍行載社’者，當行賞罰，明不自專，故告祖而行賞，造社而行戮。二主明皆人鬼，人鬼故以告之。必若所云，當言載地主於齋車，又當言用命賞于天，不用命戮于地，非其謂也。所以有死社稷之義者，凡賜命受國，造建宫室，無不立社。是奉言所受立，不可棄捐苟免而去，當死之也。《易》句龍爲其社，傳有見文；今欲易神之相，令記附食，宜明其徵。祀國大事，不可不重。據經依傳，庶無咎悔。荅曰：郊特牲者，天至尊，無物以稱專誠，而社稷太牢者，土於天爲卑，緣人事以牢祭也。社禮今亡，并特之義未可得明也。昭告之文，皆於天地，可獨人鬼？此言則未敢取者也。郊社之次，天地之序也。今使句龍載冒其名，耦文於天，以度言之，不可謂安矣。土者，人所依以國而最近者也（國，殿本作‘固’）。故立以爲守祀，居則事之時，軍則告之以行戮，自順義也。何爲當平於社，不言用命賞于天乎？帝王兩儀之參，宇中之莫尊者也。而盛一官之臣，以爲土之貴神，置之宗廟之上，接之禘郊之次（禘郊，殿本作‘郊禘’），俾守之者有死無失，何聖人制法之參差，用禮之偏頗？其列在先王人臣之位，其於四官，爵侔班同，比之司徒，於數居二。縱復令王者不同，禮儀相變，或有尊之，則不過當。若五卿之與冢宰，此坐之上下，行之先後耳。不得同祖與社，言俱坐處尊位也。《周禮》爲禮之經，而《禮記》爲禮之傳，案經傳求索見文，在於此矣。鈞之兩者未知孰是。去本神而不祭，與貶句龍爲土配，比其輕重，何謂爲甚？經有條例，記有明義，先儒未能正，不可稱是。鈞校典籍，論本考始，矯前易故，不從常説，不可謂非。孟軻曰：‘予豈好辯哉，乃不得已也。’鄭司農之正，此之謂也。”【今注】師行平：軍隊行進。

［19］【今注】五祀：對門、户、井、竈、中霤的祭祀。《白虎

通·五祀》："五祀者，何謂也？謂門、户、井、竈、中霤也。所以祭何？人之所處出入，所飲食，故爲神而祭之。"又云："祭五祀所以歲一徧何？順五行也。故春即祭户。户者，人所出入，亦春萬物始觸户而出也。夏祭竈。竈者，火之主，人所以自養也。夏亦火王，長養萬物。秋祭門。門以閉藏自固也。秋亦萬物成熟，内備自守也。冬祭井。井者，水之生藏在地中。冬亦水王，萬物伏藏。六月祭中霤。中霤者，象土在中央也。六月亦土王也。故《月令》春言其祀户，祭先脾。夏言其祀竈，祭先肺。秋言其祀門，祭先肝。冬言其祀井，祭先腎。中央言其祀中霤，祭先心。春祀户，祭所以特先脾者何？脾者，土也。春木王煞土，故以所勝祭之也。是冬腎六月心，非所勝也，以祭何？以爲土位在中央，至尊，故祭以心。心者，藏之尊者。水最卑，不得食其所勝。"

［20］【劉昭注】五祀：門、户、井、竈、中霤也。韋昭曰："古者穴居，故名室中爲中霤也。"

漢興八年，[1]有言周興而邑立后稷之祀，於是高帝令天下立靈星祠。[2]言祠后稷而謂之靈星者，以后稷又配食星也。舊説，星謂天田星也。[3]一曰，龍左角爲天田官，主穀。[4]祀用壬辰位祠之。壬爲水，辰爲龍，就其類也。牲用太牢，縣邑令長侍祠。[5]舞者用童男十六人。[6]舞者象教田，[7]初爲芟除，[8]次耕種、芸耨、驅爵及穫刈、舂簸之形，[9]象其功也。[10]

［1］【今注】漢興八年：西漢高祖八年（前199）。

［2］【劉昭注】《三輔故事》："長安城東十里有靈星祠。"【今注】有言周興而邑立后稷之祀於是高帝令天下立靈星祠：《史記·封禪書》："或曰周興而邑郃，立后稷之祠，至今血食天下。於是高

祖制詔御史：‘其令郡國縣立靈星祠，常以歲時祠以牛。’”張守節《正義》引《漢舊儀》云：“五年，脩復周家舊祠，祀后稷於東南，爲民祈農報厥功。夏則龍星見而始雩。龍星左角爲天田，右角爲天庭。天田爲司馬，教人種百穀爲稷。靈者，神也。辰之神爲靈星，故以壬辰日祠靈星於東南，金勝爲土相也。”漢人以靈星爲天田官，亦是稷神，所以立祠祭祀，以祈求五穀豐登。

［3］【今注】天田星：天空東方蒼龍七宿角宿左側主星，即室女座ζ。《史記·天官書》“左角，李；右角，將”，司馬貞《索隱》：“李即理，理，法官也。故《元命包》云‘左角理，物以起；右角將，帥而動’。又石氏云‘左角爲天田，右角爲天門’也。”

［4］【劉昭注】張晏曰：“農祥晨見而祭也。”

［5］【劉昭注】《漢舊儀》曰：“古時歲再祠靈星。靈星，春秋之太牢禮也。”

［6］【劉昭注】服虔、應劭曰：“十六人，即古之二羽也。”【今注】舞者用童男十六人：二佾，二行，行八人。

［7］【今注】教田：作田。

［8］【今注】芟（shān）除：割除雜草。

［9］【今注】芸耨（nòu）：除草，耕種。　驅爵：驅趕鳥雀。爵，通“雀”。　穫刈（yì）：收割。　舂簸：舂穀簸糠。

［10］【劉昭注】《古今注》曰：“元和三年，初爲郡國立稷，及祠社、靈星、禮器也。”【今注】象其功：《白虎通·禮樂》：“歌者在堂上，舞在堂下何？歌者象德，舞者象功，君子上德而下功。”

縣邑常以乙未日祠先農於乙地，[1]以丙戌日祠風伯於戌地，[2]以己丑日祠雨師於丑地，[3]用羊豕。

［1］【今注】先農：上古教人農業耕種的人，後人尊之爲農神。東漢尊炎帝爲先農。　乙地：東偏南的方向。

［2］【今注】戌地：西偏北的方向。

［3］【今注】丑地：北偏東的方向。

立春之日，皆青幡幘，迎春于東郭外。[1]令一童男冒青巾，衣青衣，先在東郭外野中。迎春至者，自野中出，則迎者拜之而還，弗祭。三時不迎。[2]

［1］【今注】立春之日皆青幡幘迎春于東郭外：承上段可知，此縣邑迎春氣之禮。

［2］【今注】三時不迎：夏、秋、冬三季無迎氣之禮。

論曰：臧文仲祀爰居，[1]而孔子以爲不知。[2]《漢書·郊祀志》著自秦以來訖于王莽，[3]典祀或有未修，而爰居之類衆焉。世祖中興，蠲除非常，[4]修復舊祀，方之前事邈殊矣。[5]嘗聞儒言，三皇無文，[6]結繩以治，[7]自五帝始有書契。[8]至於三王，[9]俗化彫文，詐僞漸興，始有印璽以檢姦萌，然猶未有金玉銀銅之器也。[10]自上皇以來，[11]封泰山者，至周七十二代。[12]封者，謂封土爲壇，柴祭告天，代興成功也。[13]《禮記》所謂"因名山升中于天"者也。[14]易姓則改封者，著一代之始，[15]明不相襲也。繼世之王巡狩，則修封以祭而已。自秦始皇、孝武帝封泰山，[16]本由好僊信方士之言，[17]造爲石檢印封之事也。[18]所聞如此。雖誠天道難可度知，然其大較猶有本要。天道質誠，約而不費者也。[19]故牲有犢，[20]器用陶匏，[21]殆將無事於檢封之間，而樂難攻之石也。[22]且唯封爲改代，故曰岱宗。夏康、周宣，[23]由廢復興，不聞改封。世祖欲因孝武故封，實繼祖宗之道也。而梁松固争，以爲必改。[24]乃當夫既封之後，未有福，而松卒被誅死。雖罪由身，[25]蓋亦誣神之咎也。[26]且帝王所以能大顯于後者，實在其德加於民，不聞其在封矣。[27]言天地者莫大於《易》，《易》無六宗在中之象。若信爲天地四方所宗，是至大也。[28]而比太社，又爲失所，難以爲誠矣！

［1］【今注】臧文仲：臧孫辰，字文仲。春秋魯國人，歷事莊、閔、僖、文四公，位正卿。　祀爰居：事見《國語》。《國語·魯語上》："海鳥曰'爰居'，止於魯東門之外三日，臧文仲使國人祭之。展禽曰：'越哉，臧孫之爲政也！夫祀，國之大節也，而節，政之所成也，故慎制祀以爲國典。今無故而加典，非政之宜也。夫聖王之制祀也，法施於民則祀之，以死勤事則祀之，以勞定國則祀之，能禦大災則祀之，能捍大患則祀之。非是族也，不在祀典。昔烈山氏之有天下也，其子曰柱，能殖百穀百蔬；夏之興也，周棄繼之，故祀以爲稷。共工氏之伯九有也，其子曰后土，能平九土，故祀以爲社。黄帝能成命百物，以明民共財，顓頊能修之。帝嚳能序三辰以固民，堯能單均刑法以儀民，舜勤民事而野死，鮌障洪水而殛死，禹能以德修鮌之功，契爲司徒而民輯，冥勤其官而水死，湯以寬治民而除其邪，稷勤百穀而山死，文王以文昭，武王以武烈，去民之穢。故有虞氏禘黄帝而祖顓頊，郊堯而宗舜；夏后氏禘黄帝而祖顓頊，郊鮌而宗禹；商人禘舜而祖契，郊冥而宗湯；周人禘嚳而郊稷，祖文王而宗武王；幕，能帥顓頊者也，有虞氏報焉；杼，能帥禹者也，夏后氏報焉；上甲微，能帥契者也，商人報焉；高圉、大王，能帥稷者也，周人報焉。凡禘、郊、祖、宗、報，此五

者國之典祀也。加之以社稷山川之神，皆有功烈於民者也。及前哲令德之人，所以爲明質也；及天之三辰，民所以瞻仰也；及地之五行，所以生殖也；及九州名山川澤，所以出財用也。非是不在祀典。今海鳥至，己不知而祀之，以爲國典，難以爲仁且智矣。夫仁者講功，而智者處物。無功而祀之，非仁也；不知而不能問，非智也。今茲海其有災乎？夫廣川之鳥獸，恒知避其災也。'是歲也，海多大風，冬暖。文仲聞柳下季之言，曰：'信吾過矣，季之之言不可不法也。'使書以爲三篋。"爰居，海鳥名。

［2］【今注】孔子以爲不知：《左傳》文公二年："仲尼曰：'臧文仲其不仁者三，不知者三。下展禽，廢六關，妾織蒲，三不仁也。作虛器，縱逆祀，祀爰居，三不知也。'"知，古同"智"。

［3］【今注】漢書郊祀志：《漢書》十志之一，專門記述上古以來及至新莽時期的國家祭祀活動。　案，于，大德本作"兮"。　王莽：字巨君。傳見《漢書》卷九九。

［4］【今注】蠲（juān）除非常：廢除了非常規的祭祀活動，即類似上文所提及的祀爰居這類不應有的祭祀。

［5］【今注】方之前事邈殊矣：指與《漢書·郊祀志》中所記的祭祀相比特別不同。

［6］【今注】三皇：傳説中遠古時期的三位帝王：伏羲、神農、燧人。一説爲伏羲、神農、祝融。

［7］【今注】結繩以治：依賴繩結記録事情，進行治理。

［8］【今注】五帝：傳説中，三皇之後出現的五位遠古帝王：黄帝、顓頊、帝嚳、堯、舜。　書契：指文字。書是書寫的文字，契是刻寫的文字。

［9］【今注】三王：指夏、商、周三代。

［10］【劉昭注】臣昭曰：禹會群臣於塗山，執玉帛者萬國。故已贄不同，圓方異等。《周禮》天地四方，璧、琮、琥、璋各有其玉（玉，紹興本作"王"），而云未有其器，斯亦何哉？

［11］【今注】上皇：上古帝王。

［12］【今注】封泰山者至周七十二代：據載，古時行封禪者有七十二家。《管子·封禪》："桓公既霸，會諸侯於葵丘，而欲封禪。管仲曰：'古者封泰山，禪梁父者，七十二家。'"

［13］【今注】代興成功：告一代之王者興，治天下而功成。

［14］【今注】案，《禮記》所謂"因名山升中于天"者也，語出《禮記·禮器》。鄭玄注云："謂巡守至於方獄，燔柴祭天，告以諸侯之成功也。《孝經》説曰：'封乎泰山，考績燔燎。禪乎梁甫，刻石紀號也。'"

［15］【今注】著：體現、彰顯。

［16］【今注】秦始皇：嬴政，中國的第一位皇帝，秦王朝的建立者。紀見《史記》卷六。　孝武帝：西漢武帝劉徹，公元前141年至前87年在位。紀見《史記》卷一二、《漢書》卷六。

［17］【今注】方士：通曉方技和術數等專業知識的人。

［18］【今注】石檢印封：《白虎通·封禪》："石泥金繩，封之以印璽。"又本書《祭祀志上》："上許梁松等奏，乃求元封時封禪故事，議封禪所施用。有司奏當用方石再累置壇中，皆方五尺，厚一尺，用玉牒書藏方石。牒厚五寸，長尺三寸，廣五寸，有玉檢。又用石檢十枚，列於石傍，東西各三，南北各二，皆長三尺，廣一尺，厚七寸。檢中刻三處，深四寸，方五寸，有蓋。檢用金縷五周，以水銀和金以爲泥。王璽一方寸二分，一枚方五寸。方石四角又有距石，皆再累。枚長一丈，厚一尺，廣二尺，皆在圓壇上。其下用距石十八枚，皆高三尺，厚一尺，廣二尺，如小碑，環壇立之，去壇三步。距石下皆有石跗，入地四尺。又用石碑，高九尺，廣三尺五寸，厚尺二寸，立壇丙地，去壇三丈以上，以刻書。"

［19］【今注】約：省約、簡約。

［20］【今注】牲有犢：《禮記·王制》："祭天地之牛，角繭栗。"角如繭栗之牛，即小牛犢。祭天貴誠尚質，故用牛犢。《漢書·郊祀志下》載匡衡言，曰："（郊天）其牲用犢，其席槀稭，其

器陶匏，皆因天地之性，貴誠上質，不敢修其文也。以爲神祇功德至大，雖修精微而備庶物，猶不足以報功，唯至誠爲可，故上質不飾，以章天德。紫壇僞飾、女樂、鸞路、騂駒、龍馬、石壇之屬，宜皆勿修。”

［21］【今注】陶匏（páo）：陶製的祭器。

［22］【劉昭注】臣昭曰：玉貴五德，金存不朽。有告有文，何敗題刻（敗，大德本、殿本作“敢”）。告厥成功，難可知者。【今注】殆將無事於檢封之間而樂難攻之石也：大意是封禪講求的是以誠心祭天，形式則以質樸爲上，所以檢封、刻石這些耗工費力的事情没有必要。

［23］【今注】夏康：夏王少康。夏王太康失國，政權先後掌控在后羿、寒浞手中。少康在夏遺臣的支持下，聯合斟尋氏、斟灌氏，消滅寒浞，恢復夏朝。史稱少康中興。　周宣：周宣王，姬姓，名静，一寫作“靖”。周厲王之子。周宣王在厲王被逐，共和行政之後即位。他在位期間，内政上任用方叔、尹吉甫等賢臣，軍事上討伐玁狁、西戎等外族，使西周的國力得到一定的恢復，史稱宣王中興。

［24］【今注】案，“世祖欲因孝武故封”四句，本書《祭祀志上》：“上以用石功難，又欲及二月封，故詔松欲因故封石空檢，更加封而已。松上疏争之，以爲‘登封之禮，告功皇天，垂後無窮，以爲萬民也。承天之敬，尤宜章明。奉《圖》《書》之瑞，尤宜顯著。今因舊封，竄寄玉牒故石下，恐非重命之義。受命中興，宜當特異，以明天意’。”梁松，字伯孫，安定烏氏（今寧夏固原市）人。傳見本書卷三四。

［25］【今注】身：梁松自身。

［26］【今注】咎：罪過。

［27］【劉昭注】臣昭曰：功成道懋，天下被化，德敷世治，所以登封。封由德興，興封所以成德。昭告師天，遞以相感。若

此論可通，非乎七十二矣。

［28］【今注】案，“《易》無六宗在中之象”三句，此處論東漢安帝時以《尚書》歐陽家説“六宗”爲天地四方替换《易》説“六宗”是乾坤六子而祭祀的事情。本書《祭祀志中》：“安帝即位，元初六年，以《尚書》歐陽家説，謂六宗者，在天地四方之中，爲上下四方之宗。以元始中故事，謂六宗《易》六子之氣日、月、雷公、風伯、山、澤者爲非是。三月庚辰，初更立六宗，祀於雒陽西北戌亥之地，禮比太社也。”

贊曰：天地禋郊，[1]宗廟享祀，咸秩無文，[2]山川具止。[3]淫乃國紊，[4]典惟皇紀。肇自盛敬，孰崖厥始？

［1］【今注】禋郊：郊祭。禋，祭祀。

［2］【今注】秩：經常，常常。

［3］【今注】山川具止：關於山川的祭祀皆備。止，句末表示肯定的語氣詞。

［4］【今注】淫乃國紊：祭祀過於泛濫會造成國家的紊亂。

# 後漢書　志第十

## 天文上[1]

### 王莽三　光武十二[2]

［1］【今注】《天文志》導讀：《後漢書》之《天文》《律曆》二志，均由晉司馬彪撰寫。關於此兩志的來歷及司馬彪本人經歷，《律曆志》導讀已作了介紹。這裏僅對《後漢書·天文志》（以下簡稱《天文志）内容作簡單導讀。

《天文志》分上中下三卷，其内容爲記載異常天象及其與人間政治的比附關係。上卷載天象記録王莽三次、光武帝十二次；中卷載天象記録明帝十二次、章帝五次、和帝三十三次、殤帝一次、安帝四十六次、順帝二十三次、質帝三次；下卷載天象記録桓帝三十八次、靈帝二十次、獻帝九次，東漢朝數次隕石記録也於此卷記載。司馬彪的設想是，“紹《漢書》作《天文志》，起王莽居攝元年，迄孝獻帝建安二十五年，二百一十五載。言其時星辰之變，表象之應，以顯天戒，明王事焉”，也就是説“言星辰之變、顯天戒、明王事”，是其撰寫《天文志》的目的。

如果説《漢書》之《天文志》與《五行志》對異常天象記載的分工，還不够明確的話，到了《後漢書》分工就很明確了。五星凌犯，彗星、孛星的出現，流星、隕石的出現，載在《天文志》，交食和有關日月之事，載在《五行志》。所以《天文志》的内容也比較單一，衹載五星凌犯、彗孛、流隕、客星的出没，並不涉及人們對天的認識及星座、天文活動和天文儀器等。但是在二十四史《天文志》中，衹有本《天文志》在述及異常天象與人間政治應變的關係時最爲詳細和具體，是中國上古星占較爲集中的文獻之一。

［2］【今注】王莽三光武十二：此處義爲王莽時期有三條異常天象記録，光武帝時期有十二條異常天象記録，後二卷《天文志》中、下同此，不再説明。

《易》曰："天垂象，聖人則之。[1]庖犧氏之王天下，仰則觀象於天，俯則觀法於地。"觀象於天，謂日月星辰。觀法於地，謂水土州分。形成於下，象見于上。故曰天者北辰星，合元垂燿建帝形，運機授度張百精。[2]三階九列，二十七大夫，八十一元士，[3]斗、衡、太微、攝提之屬百二十官，二十八宿各布列，[4]下應十二子。[5]天地設位，星辰之象備矣。[6]

［1］【今注】則之：以此爲規律、法則。

［2］【今注】"天者北辰星"至"張百精"：義爲以北斗星的運行爲法，建度立元。

［3］【今注】"三階九列"至"八十一元士"：三公、九卿、二十七大夫、八十一元士，是歷代朝中的主要官員。

［4］【今注】"斗、衡"至"各布列"：斗、衡、太微、攝提，是用以定季節的主要星座，一百二十官、二十八宿，是全天星象的代表。全句是説，天上的列星與地上的列官相對應。

［5］【今注】下應十二子：子，疑爲州字之誤。言天上的二十八宿，與地上的十二州相對應。

［6］【劉昭注】《星經》曰："歲星主泰山，徐州、青州、兖

州。熒惑主霍山，楊州、荆州、交州。鎮星主嵩高山，豫州。太白主華陰山，涼州、雍州、益州。辰星主恒山，冀州、幽州、并州。歲星主角、亢、氐、房、心、尾、箕。熒惑主輿鬼、柳、七星、張、翼、軫。鎮星主東井。太白主奎、婁、胃、昴、畢、觜、參。辰星主斗、牛、女、虛、危、室、壁。琁、璣者，謂北極星也。玉衡者，謂斗九星也。玉衡第一星主徐州，常以五子日候之，甲子爲東海，丙子爲琅邪，戊子爲彭城，庚子爲下邳，壬子爲廣陵，凡五郡。第二星主益州，常以五亥日候之，乙亥爲漢中，丁亥爲永昌，己亥爲巴郡、蜀郡、牂牁，辛亥爲廣漢，癸亥爲犍爲，凡七郡。第三星主冀州，常以五戌日候之，甲戌爲魏郡、勃海，丙戌爲安平，戊戌爲鉅鹿、河間，庚戌爲清河、趙國，壬戌爲恒山，凡八郡。第四星主荆州，常以五卯日候之，乙卯爲南陽，己卯爲零陵，辛卯爲桂陽，癸卯爲長沙，丁卯爲武陵，凡五郡。第五星主兖州，常以五辰日候之，甲辰爲東郡、陳留，丙辰爲濟北，戊辰爲山陽、泰山，庚辰爲濟陰，壬辰爲東平、任城，凡八郡。第六星主揚州，常以五巳日候之，乙巳爲豫章，辛巳爲丹陽，己巳爲廬江，丁巳爲吴郡、會稽，癸巳爲九江，凡六郡。第七星爲豫州，常以五午日候之，甲午爲潁川，壬午爲梁國，丙午爲汝南，戊午爲沛國，庚午爲魯國，凡五郡。第八星主幽州，常以五寅日候之，甲寅爲玄菟，丙寅爲遼東、遼西、漁陽，庚寅爲上谷、代郡，壬寅爲廣陽，戊寅爲涿郡，凡八郡。第九星主并州，常以五申日候之，甲申爲五原、鴈門，丙申爲朔方、雲中，戊申爲西河，庚申爲太原、定襄，壬申爲上黨，凡八郡。琁、璣、玉衡占色，春青黄，夏赤黄，秋白黄，冬黑黄。此是常明；不如此者，所向國有兵殃起。凡有六十郡，九州所領，自有分而名焉。”

三皇邁化，[1]協神醇朴，謂五星如連珠，日月若合璧。[2]化由自然，民不犯慝。至於書契之興，五帝是作。[3]軒轅始受《河圖鬬苞授》，[4]規日月星辰之象，[5]故星官之書自黄帝始。至高陽氏，[6]使南正重司天，北正黎司地。[7]唐、虞之時羲仲、和仲，[8]夏有昆吾，[9]湯則巫咸，[10]周之史佚、萇弘，宋之子韋，楚之唐蔑，魯之梓慎，鄭之裨竈，魏石申夫，[11]齊國甘公，皆掌天文之官。仰占俯視，以佐時政，步變擿微，通洞密至，採禍福之原，覩成敗之勢。[12]秦燔《詩》《書》，以愚百姓，六經典籍，殘爲灰炭，星官之書，全而不毁。故《秦史》書始皇之時，彗孛大角，大角以亡，有大星與小星鬬于宫中，[13]是其廢亡之徵。

[1]【今注】三皇邁化：謂燧人氏、伏羲氏、神農氏三皇，勉力教化人民。

[2]【今注】五星如連珠日月若合璧：古人謂五星連珠、日月合璧爲吉利天象。合璧即日月合於一處，連珠即五星相連如穿珠。但實際上，相距多遠爲連珠，並未有嚴格的定義。若，大德本、殿本作“如”。

[3]【今注】書契之興五帝是作：言文字的産生，始於五帝。書契，即書寫的文字。

[4]【今注】軒轅：黄帝之號。言黄帝時授《河圖》。但《河圖鬬苞授》却是東漢緯書，作者將二者混爲一談。《河圖》是什麽，後人各有不同説法。中華本校勘記曰：“《集解》引惠棟説，謂《闓苞受》，《河圖》篇名，見李善注《文選》。‘鬬’當作‘闓’，‘授’當作‘受’……羅泌以‘鬬苞’爲黄帝臣名，非也。”

[5]【今注】規：指規範。

[6]【今注】高陽氏：顓頊帝號。

[7]【今注】南正重司天北正黎司地：言重黎爲顓頊時天文

官。司天、司地爲何義，學者間有不同理解。重黎是一人還是兩人，也有不同解釋。

［8］【劉昭注】《尚書》曰："帝在琁璣玉衡，以齊七政。"孔安國曰："在，察也。琁，美玉也。璣衡，王者正天文之器，可運轉者。七政，日月五星各異政。舜察天文，齊七政也。"【今注】羲仲和仲：唐堯、虞舜、夏禹時的天文官，是羲和的分稱。

［9］【今注】昆吾：按《國語·鄭語》韋注載，夏時，昆吾爲其同盟部落。"昆吾，祝融之孫，陸終之第一子，名樊，爲己姓，封於昆吾。"

［10］【今注】巫咸：商王太戊輔佐，一作巫戊。卜辭稱咸戊。長於星占。發明筮卜。他與伊陟協力，整飭政事，治國有方，使商中興。

［11］【劉昭注】或云石申父。【今注】石申夫：戰國魏著名天文學家，其《石氏星表》著稱於世，後世都稱石申。經近代學者錢寶琮考證，當爲石申夫之誤，學者采用其説。

［12］【今注】"仰占俯視"至"覩成敗之勢"：言觀察異常天象的出現，用以輔佐政治，作爲禍福之源、大政成敗的依據。這便是星占形成的過程。

［13］【今注】大星與小星鬬于宫中：言有大星與小星相争鬬於宫中。此處之宫，指紫微垣，它與人間的皇宫相對應。

至漢興，景、武之際，司馬談，談子遷，以世黎氏之後，爲太史令，遷著《史記》，作《天官書》。成帝時，中壘校尉劉向，廣《洪範》災條作五紀皇極之論，以參往行之事。孝明帝使班固叙《漢書》，而馬續述《天文志》。[1]今紹《漢書》作《天文志》，[2]起王莽居攝元年，迄孝獻帝建安二十五年，二百一十五載。言其時星辰之變，表象之應，以顯天戒，明王事焉。[3]

［1］【劉昭注】《謝沈書》曰："蔡邕撰建武已後，星驗著明，以續《前志》，譙周接繼其下者。"

［2］【今注】紹漢書：繼承《漢書》。

［3］【劉昭注】臣昭以張衡天文之妙，冠絶一代。所著《靈憲》《渾儀》，略具辰燿之本，今寫載以備其理焉。《靈憲》曰："昔在先王，將步天路，用之靈軌（之，中華本改作'定'，並出校勘記：'據汲本改。按：《校補》謂《張衡傳》注作"定"，"之"字誤。'可從），尋緒本元。先準之于渾體，是爲正儀立度，而皇極有逌建也，樞運有逌稽也。乃建乃稽，斯經天常。聖人無心，因兹以生心，故《靈憲》作興。曰：太素之前，幽清玄静，寂漠冥默，不可爲象，厥中惟虚（虚，大德本、殿本作'靈'），厥外惟無。如是者永久焉，斯謂溟涬，蓋乃道之根也。道根既建，自無生有。太素始萌（太，大德本作'大'），萌而未兆，并氣同色，渾沌不分。故道志之言云：'有物渾成，先天地生。'其氣體固未可得而形，其遲速固未可得而紀也。如是者又永久焉，斯爲庬鴻，蓋乃道之幹也。道幹既育，有物成體。於是元氣剖判，剛柔始分，清濁異位。天成於外，地定於内。天體於陽，故圓以動；地體於陰，故平以静。動以行施，静以合化，堙鬱構精，時育庶類，斯謂天元（天，紹興本、殿本作'太'，是；大德本不清），蓋乃道之實也。在天成象，在地成形。天有九位，地有九域；天有三辰，地有三形；有象可效，有形可度。情性萬殊，旁通感薄，自然相生，莫之能紀。於是人之精者作聖，實始紀綱而經緯之。八極之維，徑二億三萬二千三百里，南北則短減千里，東西則廣增千里。自地至天，半於八極，則地之深亦如之。通而度之，則是渾已。將覆其數，用重鉤股，懸天之景，薄地之義，

皆移千里而差一寸得之。過此而往者，未之或知也。未之或知者，宇宙之謂也。宇之表無極，宙之端無窮。天有兩儀，以儛道中。其可覩，樞星是也，謂之北極。在南者不著，故聖人弗之名焉。其世之遂，九分而減二。陽道左迴，故天運左行。有驗於物，則人氣左羸，形左繚也。天以陽迴，地以陰淳。是故天致其動，稟氣舒光；地致其静，承施候明。天以順動，不失其中，則四序順至，寒暑不減，致生有節，故品物用生。地以靈静，作合承天，清化致養，四時而後育，故品物用成。凡至大莫如天，至厚莫若地。地至質者曰地而已（中華本删前一‘地’字，並出校勘記：‘據《開元占經》及嚴輯《全後漢文》删。’可從）。至多莫若水，水精爲漢，漢用於天而無列焉，思次質也。地有山嶽，以宣其氣，精種爲星。星也者，體生於地，精成於天，列居錯跱，各有逌屬。紫宫爲皇極之居，太微爲五帝之廷。明堂之房，大角有席，天市有坐。蒼龍連蜷於左，白虎猛據於右（白，紹興本誤作‘召’，殿本誤作‘日’），朱雀奮翼於前，靈龜圈首於後（圈，殿本作‘蜷’），黄神軒轅於中。六擾既畜，而狼蚖魚鼈罔有不具。在野象物，在朝象官，在人象事，於是備矣。懸象著明，莫大乎日月。其徑當天周七百三十六分之一，地廣二百四十二分之一。日者，陽精之宗。積而成鳥，象烏而有三趾。陽之類，其數奇。月者，陰精之宗。積而成獸，象兔。陰之類，其數耦。其後有馮焉者。羿請無死之藥於西王母，恒娥竊之以奔月（恒，應作‘姮’，下文‘恒娥遂託身于月’同）。將往，枚筮之於有黄，有黄占之曰（占，大德本、殿本作‘筮’）：‘吉。翩翩歸妹，獨將西行，逢天晦芒，毋驚毋恐，後其大昌。’恒娥遂託身于月，是爲蟾蠩（蠩，殿本作‘蜍’，是）。夫日譬猶火，月譬猶水，火則外光，水則含景。故月光生於日之所照，魄生於日之所蔽，當日則光盈，就日則光盡也。衆星被燿，因水轉光。當日之衝，光常不合者，蔽於他也（他，中華本改作‘地’，並出校勘記：‘據汲本改。’

可從）。是謂闇虚。在星星微，月過則食。日之薄地，其明也。繇暗視明，明無所屈，是以望之若火。方於中天，天地同明。繇明瞻暗，暗還自奪，故望之若水。火當夜而揚光，在晝則不明也。月之於夜，與日同而差微。星則不然，强弱之差也。衆星列布，其以神著，有五列焉，是爲三十五名。一居中央，謂之北斗。動變挺占，寔司王命。四布於方，爲二十八宿。日月運行，歷示吉凶，五緯經次，用告禍福，則天心於是見矣。中外之官，常明者百有二十四，可名者三百二十，爲星二千五百，而海人之占未存焉。微星之數，蓋萬一千五百二十。庶物蠢蠢，咸得繫命。不然，何以總而理諸！夫三光同形，有似珠玉，神守精存，麗其職而宣其明；及其衰，神歇精斁，於是乎有隕星。然則奔星之所墜，至則石（至則石，中華本補作'至地則石矣'，並出校勘記：'據《開元占經》及嚴輯《全後漢文》補。'可從）。文曜麗乎天，其動者七，日、月、五星是也。周旋右回。天道者，貴順也。近天則遲，遠天則速，行則屈，屈則留回，留回則逆，逆時遲（時，殿本作'則'，是），迫於天也。行遲者覿于東，覿于東屬陽，行速者覿于西，覿于西屬陰，日與月此配合也。攝提、熒惑、地侯見晨，附于日也。太白、辰星見昏，附于月也。二陰三陽，參天兩地，故男女取焉。方星巡鎮，必因常度，苟或盈縮，不逾於次。故有列司作使，曰老子四星，周伯、王逢、芮各一，錯乎五緯之間，其見無期，其行無度，寔妖經星之所，然後吉凶宣周，其祥可盡。”蔡邕《表志》曰：“言天體者有三家：一曰《周髀》，二曰《宣夜》，三曰《渾天》。《宣夜》之學絶無師法。《周髀》數術具存，考驗天狀，多所違失，故史官不用。唯《渾天》者近得其情，今史官所用候臺銅儀，則其法也。立八尺圓體之度，而具天地之象，以正黄道，以察發斂，以行日月，以步五緯。精微深妙，萬世不易之道也。官有其器而無本書，《前志》亦闕而不論。臣求其舊文，連年不得。在東觀，以治律未竟，未及成書，案略求索。竊不自量，卒欲寢伏儀下，思惟精意，案度成數，扶以文義，潤以道術，著成篇章。罪惡無狀，投畀有北，灰滅雨絶，世路無由。宜博問群臣，下及巖穴，知《渾天》之意者，使述其義，以裨《天文志》。撰建武以來星變彗孛占驗著明者續其後。”

王莽地皇三年十一月，有星孛于張，東南行五日不見。孛星者，惡氣所生，爲亂兵，[1]其所以孛德。孛德者，亂之象，不明之表。[2]又參然孛焉，兵之類也，故名之曰孛。孛之爲言，猶有所傷害，有所妨蔽。或謂之彗星，所以除穢而布新也。[3]張爲周地。星孛于張，東南行即翼、軫之分。翼、軫爲楚，是周、楚地將有兵亂。[4]後一年正月，光武起兵舂陵，[5]會下江、新市賊張卬、王常及更始之兵亦至，[6]俱攻破南陽，斬莽前隊大夫甄阜、屬正梁丘賜等，殺其士衆數萬人。更始爲天子，都雒陽，西入長安，敗死。光武興於河北，復都雒陽，居周地，除穢布新之象。

[1]【劉昭注】《星占》曰：“其國内外用兵也。”

[2]【今注】孛德者亂之象不明之表：古代將無尾之彗星稱爲孛。此處將孛字的含義釋爲混亂之象，爲帝皇不能明辨是非之表現。

[3]【劉昭注】宋均注《鉤命決》曰“彗，五彗也。蒼則王侯破，天子苦兵。赤則賊起，强國恣。黄則女害色，權奪於后妃。白則將軍逆，二年兵大作。黑則水精賊，江河決，賊處處起”也。《韓揚占》曰：“其象若竹彗、樹木條，長短無常。其長大見久，災深；短小見不久，災狹。”《晏子春秋》曰：“齊景公睹彗星，使伯常騫攘之。晏子曰：‘不可。此天教也。日月之氣，風雨不時，

彗星之出，天爲民之亂見之。’”又一曰：“景公彗星出而泣，晏子問之。公曰：‘寡人聞之，彗星出，其所向之國君當之。今彗星出而向吾國，我是以悲。’晏子曰：‘君之行義固應（固應，中華本改作“回邪”，並出校勘記：“盧校云‘固應’譌，據本書改‘回邪’。今據改。”可從），無德於國。穿開池（開，殿本作“陂”，是），則欲其深以廣也，爲臺榭則欲其高且大也。賦斂如撝奪，誅戮如仇讎。自是觀之，孛又將出。彗星之出，庸何巨乎（巨，殿本作“懼”，是）?’”案（案，大德本、殿本誤作“果”）：如晏子之言，孛之與彗，如似匪同。【今注】所以除穢而布新也：從星占學來説，彗星見，通常都有除舊布新、改朝换代之説。此處除穢布新，含義也相同。穢者，政治上的污穢也。

［4］【今注】案，張爲周地、翼軫爲楚，均爲天上星宿與地上州郡區域相對應在星占上的應用。據《漢書·地理志》分野之説，二十八宿與地名的配合爲：角、亢、氐爲韓，房、心爲宋，尾、箕爲燕，斗爲吴，牛、女爲粵，虚、危爲齊，室、壁爲衞，奎、婁爲魯，昴、畢爲趙，觜、參爲魏，井、鬼爲秦，柳、星、張爲周，翼、軫爲楚。由對比可知，二者是相對應的。

［5］【今注】舂陵：縣名。治所在今湖北棗陽市南。屬南陽郡。係光武帝起兵伐王莽之地。

［6］【今注】案，卬，紹興本誤作“卯”。

四年六月，漢兵起南陽，至昆陽。莽使司徒王尋、司空王邑將諸郡兵，號曰百萬衆，已至者四十二萬人；能通兵法者六十三家，皆爲將帥，持其圖書器械。軍出關東，牽從群象虎狼猛獸，放之道路，以示富强，用怖山東。至昆陽山，作營百餘，圍城數重，或爲衝車以橦城，[1]爲雲車高十丈以瞰城中，弩矢雨集，城中負户而汲。[2]求降不聽，請出不得。二公之兵自以必克，不恤軍事，不協計慮。[3]莽有覆敗之變見焉。晝有雲氣如壞山，[4]墮軍上，軍人皆厭，所謂營頭之星也。占曰："營頭之所墮，其下覆軍，流血三千里。"[5]是時光武將兵數千人赴救昆陽，奔擊二公兵，并力猋發，[6]號呼聲動天地，虎豹驚怖敗振。會天大風，飛屋瓦，雨如注水。二公兵亂敗，自相賊，[7]就死者數萬人。競赴溍水，死者委積，[8]溍水爲之不流。殺司徒王尋。軍皆散走歸本郡。王邑還長安，莽敗，俱誅死。營頭之變，覆軍流血之應也。

［1］【今注】案，橦，不可讀，應作"撞"。

［2］【今注】負户而汲：背負門板取水，以禦弓矢。户，一扇門。

［3］【今注】不協計慮：不考慮協作。

［4］【今注】有雲氣如壞山：有雲氣象山崩。

［5］【劉昭注】《袁山松書》曰："怪星晝行，名曰營頭，行振大誅也。"【今注】"營頭之所墮"至"流血三千里"：《開元占經·雲氣雜占》"兵氣"曰："黑雲氣，如壞山墮軍上，名曰營頭之氣，其軍必敗散。"又"軍營氣"曰："或黑氣如壞山，墮軍上者，軍必敗。"

［6］【今注】并力猋（biāo）發：協力疾發。

［7］【今注】自相賊：自相殘殺。

［8］【今注】委積：堆積，形容死人之多。

四年秋，太白在太微中，燭地如月光。太白爲兵，太微爲天廷。太白贏而北入太微，[1]是大兵將入天子廷也。是時莽遣二公之兵至昆陽，已爲光武所破。莽又拜九人爲將軍，皆以虎爲號。九虎將軍至華陰，皆爲漢將鄧曄、李松所破。進攻京師，倉將軍韓臣至長門。十月戊申，漢兵自宣平城門入。二日己酉，城中少年朱弟、張魚等數千人起兵攻莽，燒作室，[2]斧敬法闥。[3]商人杜吴殺莽漸臺之上，校尉公賓就斬莽首。[4]大兵蹈藉宫廷之中。仍以更始入長安，赤眉賊立劉盆子爲天子，皆以大兵入宫廷，是其應也。[5]

[1]【今注】蠃：快速。

[2]【今注】案，燒作室，中華本於"室"下補"門"字，並出校勘記："《校補》謂案前書《莽傳》作'燒作室門'，此脱'門'字。今據補。"可從。

[3]【今注】斧敬法闥：殺敬法闥。敬法闥，人名。

[4]【今注】案，公賓就，中華本校勘記曰："《校補》引柳從辰説，謂《袁紀》及荀悦《漢紀》皆作'公孫賓就斬莽首'，與班、范、本志異。"

[5]【今注】是其應也：太白爲兵象，今太白犯太微，象徵兵犯皇宫，故曰應驗。

光武[1]建武九年七月乙丑，金犯軒轅大星。[2]十一月乙丑，金又犯軒轅。[3]軒轅者，後宫之官，[4]大星爲皇后，金犯之爲失勢。[5]是時郭后已失勢見疏，[6]後廢爲中山太后，[7]陰貴人立爲皇后。

[1]【劉昭注】《古今注》曰："建武六年九月丙戌（中華本校勘記曰：'是年九月丁酉朔，無丙戌，當有譌'），月犯太微西

藩。十一月辛亥，月犯軒轅。七年九月庚子，土入鬼中。"《漢史》："鎮星逆行輿鬼，女主貴親有憂。"巫咸曰："有土功事。"是歲太白經太微。八年四月辛未，月犯房第二星，光芒不見。九年正月乙卯（正，大德本、殿本作"四"），金犯婁南星。甲子，月犯軒轅第二星，壬寅（中華本校勘記曰：'盧校謂上有甲子，此當是"丙寅"'），犯心大星。七月戊辰，月並犯昴。《黄帝星占》："土犯鬼，皇后有憂，失亡其勢。"《河圖》："月犯房，天子有憂，四足之蟲多死。"《漢史》曰："其國有憂，將軍死。"又案《嚴光傳》，光與帝卧，足加帝腹上，太史奏客星犯帝坐甚急。

［2］【今注】金：金星。　犯：侵犯。孟康曰："七寸以内，光芒相及也。"韋昭曰："自下往觸之曰犯。"故犯有兩個特點：一是行星接近恒星達七寸以内，光芒相及，纔能稱犯；二是行星由下往上接近恒星纔稱爲犯。這個定義，來源於人間以下犯上之義。據王玉民考定，中國古代特有的以丈、尺、寸表示弧長單位，1 尺相當於 1 度，1 丈相當於 10 度。　軒轅大星：即軒轅十四，獅子座 α 星。

［3］【劉昭注】孟康曰："犯，七寸以内光芒相及也。"韋昭曰："自下往觸之曰犯。"

［4］【今注】軒轅者後宫之官：軒轅星座，爲以後宫命名的星官。後宫，即皇帝家的後院家屬。此處的官爲天上的星官，星座之義。這是因爲中國星座大多以官職命名，故稱星座爲星官。

［5］【今注】金犯之爲失勢：金犯軒轅大星，象徵皇后受到了侵犯，喪失了位置。

［6］【今注】案，已失勢見疏，大德本闕"失"字。

［7］【今注】後廢爲中山太后：是時光武帝皇后已見疏遠，至建武十七年（41）果然被廢。因其子劉輔爲中山王，故稱中山太后。

十年三月癸卯，[1]流星如月，從太微出，入北斗魁、第六星，[2]色白。旁有小星射者十餘枚，滅則有聲如雷，食頃止。[3]流星爲貴使，[4]星大者使大，星小者使小。太微天子廷，北斗魁主殺。星從太微出，抵北斗魁，是天子大使將出，有所伐殺。[5]十二月己亥，大流星如缶，出柳西南，行入軫。[6]且滅時，分爲十餘，如遺火狀。須臾有聲，隱隱如雷。柳爲周，軫爲秦、蜀。大流星出柳入軫者，是大使從周入蜀。是時光武帝使大司馬吴漢發南陽卒三萬人，乘船泝江而上，擊蜀白帝公孫述。[7]又命將軍馬武、劉尚、郭霸、岑彭、馮駿平武都、巴郡。十二年十月，漢進兵擊述從弟衛尉永，遂至廣都，殺述女壻史興。威虜將軍馮駿拔江州，[8]斬述將田戎。吴漢又擊述大司馬謝豐，斬首五千餘級。臧宫破涪，殺述弟大司空恢。十一月丁丑，漢護軍將軍高午刺述洞胸，其夜死。明日，漢入屠蜀城，誅述大將公孫晃、延岑等，所殺數萬人，夷滅述妻宗族萬餘人以上。是大將出伐殺之應也。[9]其小星射者，及如遺火分爲十餘，皆小將隨從之象。有聲如雷隱隱者，兵將怒之徵也。

［1］【今注】案，十年三月癸卯，經考證，該年三月丁未朔，三月無癸卯。當有誤。

［2］【今注】入北斗魁第六星：流星先入斗魁，後達斗第六星，第六星在斗柄，爲開陽。參見“北斗、文昌、三臺與大熊座對應圖”。

［3］【劉昭注】孟康曰：“流星，光跡相連也，絶跡而去爲

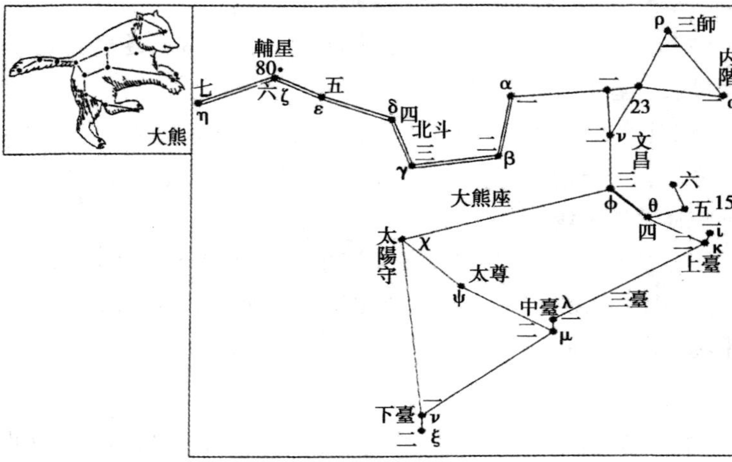


北斗、文昌、三臺與大熊座對應圖

（北斗一、二、三、四組成斗魁，五、六、七爲斗柄。以下注文，還將涉及文昌、三臺星）

飛也。”

［4］【今注】流星爲貴使：按星占觀念，流星爲天帝的使者，流星入没之處，爲天使到達之地，爲應驗之地。

［5］【劉昭注】《古今注》曰：“正月壬戌，月犯心後星。閏月庚辰，火入輿鬼，過軫北。庚申，月在斗（中華本校勘記曰：‘此注繫於建武十年三月之後，查建武十年無閏，十一年閏三月，辛未朔，有庚辰、庚寅而無庚申，注有譌。’），赤如丹者也。”

［6］【今注】案，出柳西南行入軫，中華本校勘記認爲“軫”當作“井”，章惠康、易孟醇主編《後漢書今注今譯》之陳美東《天文志》注譯指出，軫在柳之東南，方向反了，當有誤。但陳美東注將軫改爲井鬼方向也不合，一爲西南，一爲西北（岳麓書社1998年版）。且天象記録不能爲適應星占作隨意改動。以點於西南

下方爲是。入軫者，大使由楚地向西入蜀之應。

［7］【劉昭注】臣昭曰：述雖以白承黄，而此遂號爲白帝，於文繁長，書例未通。

［8］【今注】案，威虜將軍馮駿拔江州，中華本校勘記曰："殿本《考證》齊召南謂《公孫述傳》作'破虜將軍'，《光武紀》又作'威虜將軍馮峻'。"

［9］【今注】是大將出伐殺之應也：言光武十年兩次大流星，第一次應驗在大使出帝宫，第二次應驗在大使出行的方向，由周地出南陽，西入蜀地。

十二月年正月[1]己未，[2]小星流百枚以上，或西北，或正北，或東北，二夜止。[3]六月戊戌晨，小流星百枚以上，四面行。小星者，庶民之類。流行者，移徙之象也。或西北，或東北，或四面行，皆小民流移之徵。是時西北討公孫述，[4]北征盧芳。匈奴助芳侵邊，漢遣將軍馬武、騎都尉劉納、閻興軍下曲陽、臨平、呼沱，以備胡。匈奴入河東，中國未安，米穀荒貴，民或流散。後三年，吴漢、馬武又徙鴈門、代郡、上谷、關西縣吏民六萬餘口，置常關、居庸關以東，[5]以避胡寇。是小民流移之應。[6]

［1］【劉昭注】《古今注》曰："丁丑，月乘軒轅大星。"

［2］【今注】案，己未，經考證，十二年正月丙午朔，無己未，此處干支有誤。

［3］【劉昭注】《古今注》曰："二月辛亥，月入氐，暈珥圍角、亢、房。"【今注】二夜：《隋書·天文志》曰："夜，有甲、乙、丙、丁、戊。"《初學記》引《漢舊儀》曰"五夜：甲夜、乙

夜、丙夜、丁夜、戊夜”。二夜即乙夜，亦即二更。

［4］【今注】案，是時西北討公孫述，中華本校勘記曰：“《集解》引張永祚説，謂公孫述在西南，‘北’字疑譌。”

［5］【今注】案，常關，中華本補作“常山關”，並出校勘記：“據盧校補。”可從。

［6］【劉昭注】《古今注》曰：“其年七月丁丑，月犯昴頭兩星。八月辛酉，水見東方翼分。九月甲午，火犯輿鬼。十月丁卯，大星流（中華本校勘記曰：‘建武十二年九月壬戌朔，無甲午，十月壬辰朔，無丁卯，注有譌。’），有光，發東井西行，聲隆隆。十三年二月乙卯，火犯輿鬼西北。”《黄帝占》曰：“熒惑守輿鬼，大人憂。”一曰貴人當之。巫咸曰：“水見翼，多火災。”石氏曰：“爲旱。”《郗萌占》曰：“流星出東井，所之國大水。”【今注】小民流移之應：此爲光武帝十二年（36）正月出現的流星雨記録，未記載輻射點方位。星占學家將衆多的流星比喻爲小民流散遷移之象。

十五年正月丁未，彗星見昴，[1]稍西北行入營室，犯離宫，[2]三月乙未，[3]至東壁滅，見四十九日。彗星爲兵入除穢，昴爲邊兵，彗星出之爲有兵至。十一月，定襄都尉陰承反，太守隨誅之。盧芳從匈奴入居高柳，至十六年十月降，上璽綬。一曰，昴星爲獄事。是時大司徒歐陽歙以事繫獄，踰歲死。營室，天子之常宫；離宫，妃后之所居。彗星入營室，犯離宫，是除宫室也。[4]是時郭皇后已疏，至十七年十月，遂廢爲中山太后，立陰貴人爲皇后，除宫之象也。[5]

［1］【劉昭注】炎長三丈。《韓揚占》曰：“在昴，大國起兵

也。”【今注】彗星見昴：《開元占經》引巫咸曰：“彗星出昴，大臣爲亂，君弱臣强，邊兵大起，天子憂之，人民悖恐，國有憂主。”由於昴爲胡人之星，今彗犯見昴，當有邊兵，應在下文匈奴入居高柳。

［2］【劉昭注】《韓揚占》曰：“彗出營室、東壁之間，爲兵起也。”【今注】入營室犯離宫：營室、離宫，爲帝后、妃居處，今彗星犯之，有掃除后、妃之象，故下文應驗在郭皇后被廢上。

［3］【今注】案，三，大德本、殿本作“二”。

［4］【今注】案，除，紹興本誤作“際”。

［5］【劉昭注】《古今注》曰：“十六年四月，土星逆行。十七年三月乙未（中華本校勘記曰：‘建武十七年三月丙申朔，乙未爲二月晦，注有譌。’），火逆行，從東門入太微，到執法星東，己酉，南出端門。十八年十二月壬戌，月犯木星。十九年閏月戊申，火逆（火，大德本誤作‘日’），從氐到亢。二十一年七月辛酉，月入畢。二十三年三月癸未，月食火星。”郗萌曰：“熒惑逆行氐爲失火。”

三十年閏月甲午，[1]水在東井二十度，生白氣，[2]東南指，炎長五尺，爲彗，東北行，至紫宫西藩止，五月甲子不見，凡見三十一日。水常以夏至放於東井，閏月在四月，尚未當見而見，是贏而進也。東井爲水衡，水出之爲大水。[3]是歲五月及明年，郡國大水，壞城郭，傷禾稼，殺人民。白氣爲喪，有炎作彗，彗所以除穢。紫宫，天子之宫，彗加其藩，除宫之象。[4]後三年，光武帝崩。[5]

［1］【今注】案，閏月甲午，陳美東考證認爲，據下文“閏月

在四月”，則閏月爲庚辰朔，確有甲午日。陳垣《中西回史日曆》推爲閏三月，無甲子，陳垣表誤。

［2］【今注】水在東井二十度生白氣：閏月甲午日，水星在東井二十度，這時附近出現白氣，後顯現出彗星。

［3］【今注】水衡：管理水事之官。　水出之爲大水：按照星占家的觀點，夏至水星出現在東井，爲有大水灾之年。理由是東井爲水事，水星亦對應於水，兩水相犯，必有水灾。

［4］【劉昭注】《荆州星經》曰：“彗在東井，國大人死。七十日主當之（主，殿本誤作‘五’），五十日相當之，三十日兵將當之。”

［5］【今注】“白氣爲喪”至“光武帝崩”：言彗星有除舊布新之象。紫宫西藩即紫微垣西垣的上丞、少衛、上衛、少輔、上輔、少尉、右樞諸星，爲帝皇權政的象徵，今彗尾掃之，應驗在光武帝將駕崩之上。

三十一年七月[1]戊午，火在輿鬼一度，入鬼中，出尸星南半度，十月己亥，犯軒轅大星。又七日間有客星，[2]炎二尺所，[3]西南行，至明年二月二十二日，在輿鬼東北六尺所滅，凡見百一十三日。[4]熒惑爲凶衰，輿鬼尸星主死亡，[5]熒惑入之爲大喪。軒轅爲後宫。七星，周地。客星居之爲死喪。其後二年，光武崩。[6]

［1］【劉昭注】《古今注》曰：“戊申，月犯心後星。”

［2］【今注】案，又七日間有客星，中華本改“日”作“星”，並出校勘記：“據盧校改。按：盧云‘日’譌，李殿學據下文改。”可從。

［3］【今注】炎二尺所：光炎約計二尺長。所，約計。

［4］【劉昭注】輿鬼五星，天府也。《黄帝占》曰："輿鬼，天目也，朱雀頭也，中央星如粉絮，鬼爲變害，故言。一名天尸，斧鉞，或以病亡，或以誅斬。火刻金（刻，殿本作'尅'，是），天以制法。其西南一星，主積布帛；西北一星，主積金玉；東北一星，主積馬；東南一星，主積兵，一曰主領珠錢。"郗萌曰："輿鬼者，参之尸也，弧射狼，誤中参左肩，舉尸之東井治，留尸輿鬼，故曰天尸。鬼之爲言歸也。"又《占》："月、五星有入輿鬼，大臣誅，有干鏚乘質者（鏚，殿本作'鉞'，是），君貴人憂，金玉用，民人多疾，從南入爲男子，從北入爲女，從西入爲老人，從東入爲丁壯。棺木倍價。"

［5］【今注】輿鬼尸星：輿鬼四星中有積尸氣，即此處所説尸星。

［6］【今注】其後二年光武崩：光武帝三十一年（55）七月，火星犯輿鬼。據星占觀念，火星即熒惑，爲凶喪之象，犯輿鬼，也應在死喪，這表明光武帝要駕崩了。同時，七星間有客星，至明年二月在輿鬼，其後二年光武帝崩。這段文字附在三十一年十月火星犯軒轅後，時間含糊其辭，從"後二年光武崩"記載可知，此客星當見於光武帝建武三十一年（55）十月。

中元[1]二年八月丁巳，火犯太微西南角星，[2]相去二寸。十月戊子，[3]大流星從西南東北行，聲如雷。火犯太微西南角星，爲將相。後太尉趙憙、司徒李訢坐事免官。大流星爲使。中郎將竇固、揚虚侯馬武、揚鄉侯王賞將兵征西也。

［1］【劉昭注】《古今注》曰："元年三月甲寅，月犯心

後星。”

［2］【今注】火犯太微西南角星：即犯太微西藩上將星，也即獅子座α星。

［3］【今注】十月戊子：中元二年（57）十月庚寅朔，無戊子，當有誤。

# 後漢書　志第十一



## 天文中

明十二　章五　和三十三　殤一　安四十六　順二十三　質三

孝明永平元年四月丁酉，流星大如斗，起天市樓，[1]西南行，光照地。流星爲外兵，西南行爲西南夷。是時，益州發兵，擊姑復蠻夷、大牟、替滅陵，[2]斬首傳詣雒陽。[3]

[1]【今注】流星大如斗起天市樓：流星出現在市樓星處。市樓星由六星組成，在天市垣内。《開元占經》引甘德曰："樓星，監市斗，食嗇夫。"《合誠圖》曰："天樓，主市賈。"故市樓星是天市垣内主持商易的官員。

[2]【今注】案，益州發兵擊姑復蠻夷大牟替滅陵，這段文字，中華本中間無標點，不解其義。前注者也不作標點和注解。今注者以爲，姑復蠻夷、大牟，均爲西南夷之一種，至於替滅陵，含義不明，據上下文義，亦當爲西南夷之一種。姑復縣，因建於姑復人居地而得名，地處雲南永勝縣境内。故標點當爲"益州發兵，擊

姑復蠻夷、大牟、替滅陵”。大牟，大德本、殿本作“太牟”。滅，大德本、殿本作“滅”。

［3］【劉昭注】《古今注》曰：“閏九月辛未，火在太微左執法星所，光芒相及。十一月辛未，土逆行，乘東井北軒轅第二星。二年十二月戊辰，月食火星。”《黄帝星經》曰：“出入井，爲人主。一曰陽爵禄事（陽，中華本改作‘賜’，並出校勘記：‘盧校謂“陽”疑“賜”字之譌。按：今輯本《開元占經》作“賜”。今據改。’可從）。”

三年六月丁卯，彗星出天船北，[1]長二尺所，稍北行至亢南，[2]百三十五日去。[3]天船爲水，彗出之爲大水。是歲伊、雒水溢，到津城門，壞伊橋；郡七縣三十二皆大水。

［1］【今注】天船：《開元占經》引石申曰：“天船九星，在大陵北，河中。”《開元占經》引郗萌曰：“天船，天將軍兵船也。”

［2］【今注】稍北行至亢南：陳美東認爲亢宿在天船的東南方，甚遠，不應言北行，應校改作東南行。（參見章惠康、易孟醇主編《後漢書今注今譯》之《天文志》）此説大謬。天船近北極，天船越過北極是到達亢宿的最近綫路。若天船向東南行，須繞過南極，作真正的長途旅行了。衹需稍稍瀏覽天球儀，就不會出這種低級錯誤。

［3］【今注】案，百三十五日去，中華本改“百”作“見”，並出校勘記：“《校補》引錢大昭説，謂本紀章懷注引伏侯《古今注》作‘彗長三尺許，見三十五日乃去’。此‘百’字疑當作‘見’。今據改。”可從。

四年八月辛酉，客星出梗河西北，指貫索，[1]七十日去。梗河爲胡兵。至五年十一月，北匈奴七千騎入五原塞，十二月又入雲中，至原陽。貫索，貴人之牢。其十二月，陵鄉侯梁松，坐怨望，懸飛書，誹謗朝廷，下獄死，[2]妻子家屬徙九真。

［1］【今注】案，客星出梗河西北指貫索，中華本標點爲“客星出梗河，西北指貫索”，有誤，爲不明白梗河星與貫索星相互方位所致，以往注釋人也未做出糾正。梗河近大角星，貫索在天市西北，故貫索在梗河東。因此，位於梗河的客星，不可能“西北指貫索”。正確的標點爲：“客星出梗河西北，指貫索。”今改正。客星，據字義爲作客之星。即不常出現、位置不固定、可以移動、光度亦可變化之星，客星是異常之星，出現常常會帶來灾難。據實際記載分析，客星主要是指新星、超新星和變星，也包括部分彗星、流星。此處之客星有尾，能移動，顯然是彗星。

［2］【今注】案，陵鄉侯梁松坐怨望懸飛書誹謗朝廷下獄死，中華本缺校點，之後校注人也未作點注。此處當作如下句讀：“陵鄉侯梁松，坐怨望，懸飛書，誹謗朝廷，下獄死。”

七年正月戊子，流星大如杯，從織女西行，光照地。織女，天之真女，[1]流星出之，女主憂。其月癸卯，光烈皇后崩。[2]

［1］【今注】織女天之真女：織女星，爲天后之正出，爲天后所生，故流星犯織女星，女主即皇后有憂慮，並進而導致皇后崩。真，同“正”。參見“四川成都東漢墓石棺牽牛織女圖（拓片）”。

［2］【劉昭注】《古今注》曰：“三月庚戌，客星光氣二尺所，

四川成都東漢墓石棺牽牛織女圖（拓片）

在太微左執法南端門外，凡見七十五日。"

八年六月壬午，長星出柳、張三十七度，[1]犯軒轅，刺天船，陵太微，[2]氣至上階，[3]凡見五十六日去。柳，周地。是歲多雨水，郡十四傷稼。[4]

［1］【今注】長星出柳張三十七度：長星，彗星星名之一，指有長尾之星。三十七度，指長星向北行三十七度，進犯軒轅。古人形容彗尾之長，通常都以丈、尺等長度單位表示，而不用度數。可知此三十七度非指彗尾之長。

［2］【今注】犯軒轅刺天船陵太微：此處犯、刺、陵，均爲異常天體距星官的狀態。陵即凌，欺凌之義。《乙巳占》"占例"曰："犯者，月及五星，同在列宿之位，光曜自下侵犯之象，七寸以下爲犯。""凌者，以小而逼大，自下而犯上，直往而凌，凌，小辱大之象。""刺者，傍過，光芒刺之。"

［3］【今注】上階：指三臺六星中的上臺二星。

［4］【劉昭注】《古今注》曰："十二月戊子，客星出東方。"

九年正月戊申，客星出牽牛，長八尺，歷建星至房南，[1]滅，見至五十日。[2]牽牛主吳、越，房、心爲宋。後廣陵王荆與沈涼、楚王英與顔忠各謀逆，事覺，皆自殺。廣陵屬吴，彭城古宋地。[3]

［1］【劉昭注】《古今注》曰："歷斗、建、箕、房，過角、亢至翼，芒東指。"

［2］【劉昭注】《郗萌占》曰："客星舍房，左右群臣有吞藥死者。"又占"有奪地"。

［3］【劉昭注】《古今注》曰："十年七月甲寅，月犯歲星。十一年六月壬辰，火犯土星。"

十三年閏月丁亥，火犯輿鬼，爲大喪，質星爲大臣誅戮。[1]其十二月，[2]楚王英與顔忠等造作妖謀反，[3]事覺，英自殺，忠等皆伏誅。[4]

［1］【劉昭注】晋灼曰："鬼五星，其中白者爲質。"【今注】火犯輿鬼爲大喪質星爲大臣誅戮：輿鬼四星，南方朱雀之第二宿。《開元占經》引石申曰："此四星有變，則占其所主也。中央色白，如粉絮者，所謂積尸氣也。一曰天尸，故主死喪，主祠事也。一曰鈇鑕，故主法，主誅斬。"參見"西安交大漢墓中的鬼宿星象圖"。

［2］【今注】案，十二月，中華本校勘記曰："《集解》引洪亮吉説，謂'十二月'宜作'十一月'。"

［3］【今注】案，造作妖謀反，中華本於"妖"下補"書"字，並出校勘記："據盧校補。"可從。

［4］【劉昭注】《古今注》曰："十一月，客星出軒轅四十八日。十二月戊午，月犯木星。"

十四年正月戊子，客星出昴，六十日，在軒轅右

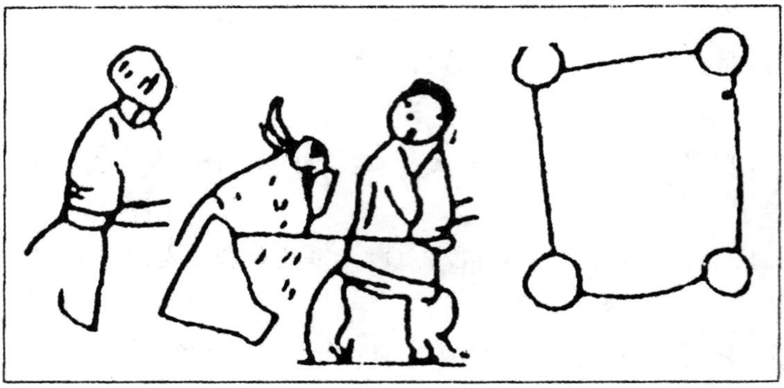

西安交大漢墓中的鬼宿星象圖

（圖中兩人抬着一物，似死人狀，對應與鬼爲死亡的占語。旁邊四顆星，對應與鬼星座。質星即積尸氣，當在四星中間，没有標出，也對應爲誅斬的占語）

角稍減。[1]昴主邊兵。[2]後一年，漢遣奉車都尉顯親侯竇固、駙馬都尉耿秉、騎都尉耿忠、開陽城門候秦彭、太僕祭肜，將兵擊匈奴。一曰，軒轅右角爲貴相，昴爲獄事，客星守之爲大獄。是時考楚事未訖，[3]司徒虞延與楚王英黨，[4]與黄初、公孫弘等交通，皆自殺，或下獄伏誅。

［1］【今注】軒轅右角：《開元占經》引石申曰："軒轅一名昏昌星，而龍蛇形。凡十七星。南端明者，女主也，母也；女主北六尺一星，夫人也，屏也，上將也；北六尺一星，次夫人也，妃也，次將也；北六尺一星，次妃也；其次，皆次妃也；女主南三尺，星不明者，女御也；御西南丈所一星，大明也，太后宗也；御東南丈所一星，少明也，皇后宗也。"可見軒轅南端最亮一星名女主；女主前不明小星曰御女；女主西星曰大明，又作大民，爲太后宗屬；

女主東一星曰少明，亦作少民，爲皇后屬。軒轅右角即西角，爲大明星，即軒轅十五。陳美東注爲右角爲軒轅一（參見章惠康、易孟醇主編《後漢書今注今譯》之《天文志》，岳麓書社 1998 年版），誤。

軒轅對應於獅子的頭部和前腿，太微右垣和五帝座對應於後腿和尾部，黄道正從軒轅大星和左右執法通過。由此可以判斷五星在黄道附近的凌犯狀態。參見“軒轅星、太微右垣與獅子座對應圖”。



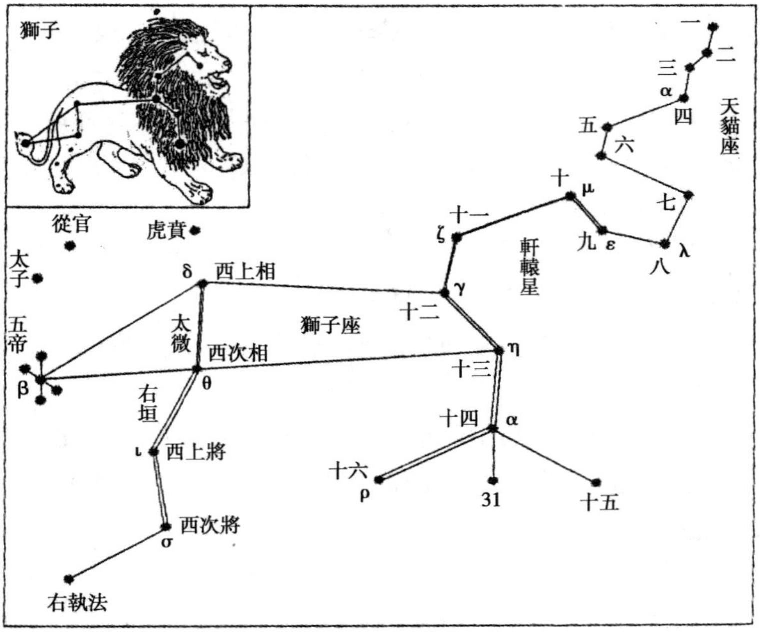


軒轅星、太微右垣與獅子座對應圖

［2］【今注】昴主邊兵：《春秋緯》曰：“昴爲旄頭，房衡位，主胡星，陰之象。”由昴主胡星，衍生爲主邊兵。案，主，大德本誤作“王”。

［3］【今注】考楚事：考問楚王謀反之事。

［4］【今注】案，楚王英黨，中華本“黨”字下無逗號，應逗斷。

十五年十一月乙丑，太白入月中，爲大將戮、人主亡，不出三年。後三年，孝明帝崩。

十六年正月丁丑，歲星犯房右驂，[1]北第一星不見，辛巳乃見。[2]房右驂爲貴臣，歲星犯之爲見誅。是後司徒邢穆，坐與阜陵王延交通，[3]知逆謀自殺。

［1］【今注】歲星犯房右驂：歲星犯房宿右驂星。《晉書·天文志》曰：“房四星……南星曰左驂，次左服，次右服，次右驂。”即房右驂爲房四星中最北的一顆星。

［2］【劉昭注】《石氏星經》曰：“歲星守房，良馬出厩。”《古今注》曰：“正月丁未，月犯房。”

［3］【今注】案，中華本“交通”下無逗號，應逗斷。

四月癸未，太白犯畢。畢爲邊兵。[1]後北匈奴寇，入雲中，至咸陽。[2]使者高弘發三郡兵追討，無所得。太僕祭肜坐不進，[3]下獄。

［1］【今注】畢爲邊兵：《春秋緯》曰：“畢罕車，爲邊兵。”《西官候》曰：“畢大星，邊將軍也。星動，有芒角，邊將有急。”

［2］【今注】案，後北匈奴寇入雲中至咸陽，中華本補改作“後北匈奴寇邊，入雲中，至漁陽”，並出校勘記：“據盧校補改。按：盧云‘寇’下當有‘邊’字。‘咸’當作‘漁’，何焯以《南匈奴傳》校改。”可從。

［3］【今注】案，中華本“坐不進”下無逗號，應逗斷。

十八年六月己未，彗星出張，長三尺，轉在郎將，南入太微，皆屬張。張，周地，爲東都。太微，天子廷。彗星犯之爲兵喪。其八月壬子，孝明帝崩。[1]

[1]【今注】孝明帝崩：言彗星出張，入太微，應驗在明帝崩上。東漢的都城洛陽在周地。周地出了異常天象，就當應驗在漢室。彗星主掃除，除舊布新，改朝换代，彗星更犯太微，太微爲帝宫，均應在皇帝本身，故有明帝崩。

孝章建初元年，正月丁巳，太白在昴西一尺。八月庚寅，彗星出天市，長二尺所，稍行入牽牛三度，積四十日稍滅。太白在昴爲邊兵，彗星出天市爲外軍，[1]牽牛爲吴、越。是時蠻夷陳縱等及哀牢王類反，[2]攻蕉唐城。[3]永昌太守王尋走奔楪榆，安夷長宋延爲羌所殺。[4]以武威太守傅育領護羌校尉，馬防行車騎將軍，征西羌。又阜陵王延與子男魴謀反，大逆無道，得不誅。[5]廢爲侯。

[1]【今注】彗星出天市爲外軍：彗星出現在天市垣，爲外國有兵。《開元占經》引石申曰："彗星犯天市，所犯者誅。"《開元占經》引巫咸曰："彗星出天市，豪傑内外俱起，執令者死，大臣有誅。"此處占辭應驗在外軍，不常用。

[2]【今注】案，是時蠻夷陳縱等及哀牢王類反，中華本於"類"下補"牢"字，並出校勘記曰："《南蠻傳》'陳縱'作'陳從'。又按：《西南夷傳》'類'下有'牢'字，今據補。"可從。

[3]【今注】案，蕉唐城，中華本改作"嶲唐城"，並出校勘記："殿本《考證》齊召南謂按文當作'嶲唐城'，嶲唐，永昌郡屬

縣也。又《集解》引惠棟説，謂‘焦’《西南夷傳》作‘巂’，當從傳。今據改。”可從。

［4］【今注】案，安夷長宋延，中華本校勘記曰：“《西南夷傳》‘宋延’作‘宗延’。”

［5］【今注】得不誅：赦免不死。

二月九日[1]甲寅，流星過紫宮中，長數丈，散爲三，滅。十二月戊寅，彗星出婁三度，長八九尺，稍入紫宮中，百六日稍滅。流星過、入紫宮，皆大人忌。後四年六月癸丑，明德皇后崩。[2]

［1］【劉昭注】《古今注》曰：“甲申，金入斗魁（中華本校勘記曰：‘建初二年九月乙未朔，無甲申，注有譌’）。”【今注】案，二月九日，中華本改作“二年九月”，並出校勘記：“殿本《考證》李良裘謂案書日例惟甲子，此兼言‘九日’，訛也。上書‘八月庚寅彗星出天市’，此不應更紀二月事。且上書‘元年正月丁巳’，則二月九日安得爲甲寅乎？下云‘十二月戊寅彗星出’，考《章帝紀》在建初二年，此‘二月九日’乃‘二年九月’之譌也。又《集解》引洪亮吉説略同。今據改。”可從。

［2］【劉昭注】《古今注》曰：“五年二月戊辰（中華本校勘記曰：‘建初五年二月庚辰朔，無戊辰，注有譌’），木、火俱在參，五月戊寅（五月，大德本、殿本作‘三月’），木、水在東井。六年七月丁酉，夜有流星起軒轅，大如拳，歷文昌，餘氣正白句曲，西如文昌，久久乃滅。”《黄帝星經》曰：“木守東井，有土功之事。一曰大水。”郗萌曰：“歲星守參，后當之。熒惑守，大人當之。”【今注】明德皇后崩：此占應在流星過紫宮上，按通常占辭，異常天象犯紫宮，大都應驗於執政者。

元和元年四月丁巳，[1]客星晨出東方，在胃八度，長三尺，歷閣道入紫宫，[2]留四十日滅。閣道、紫宫，天子之宫也。客星犯入留久，爲大喪。後四年，孝章帝崩。

[1]【今注】案，元和元年四月丁巳，中華本改"元年"作"二年"，並出校勘記："據盧校改。按：章帝崩於章和二年，下云'後四年章帝崩'，自元和二年至章和二年，相距恰四年也。"可從。

[2]【今注】閣道：星占上聯繫紫宫與離宫的御道。《開元占經》引石申曰："閣道六星，在王良東。閣道與王良星，對應於西方的仙后座。"

孝和永元元年，正月辛卯，有流星起參，長四丈，[1]有光，色黄白。[2]二月，流星起天棓，[3]東北行三丈所，滅，色青白。壬申，夜有流星起太微東蕃，長三丈。三月[4]丙辰，流星起天津。[5]壬戌，有流星起天將軍，[6]東北行。[7]參爲邊兵，[8]天棓爲兵，太微天廷，天津爲水，天將軍爲兵，流星起之皆爲兵。其六月，漢遣車騎將軍竇憲、執金吾耿秉，與度遼將軍鄧鴻出朔方，並進兵臨私渠北鞮海，[9]斬虜首萬餘級，獲生口牛馬羊百萬頭。日逐王等八十一部降，凡三十餘萬人。追單于至西海。是歲七月，又雨水漂人民，是其應。[10]

[1]【劉昭注】《古今注》曰："大如拳，起參東南。"

[2]【劉昭注】《古今注》曰："癸亥，鎮在參（中華本校勘記曰：'注繫永元元年正月之後，查是年正月戊子朔，無癸亥，注有譌'）。又有流星大如桃，色赤，起太微東蕃。"石氏曰："鎮守參，有土功事。"

[3]【今注】天棓：《開元占經》引石申曰："天棓五星，大女床東北。"又曰："天之武備也。棓者大杖，所以打賊也。"棓，棒之異寫。

[4]【劉昭注】《古今注》曰："戊子，土在參。"

[5]【劉昭注】《古今注》曰："星大如桃，起天津，東至斗，黄白頻有光。"【今注】天津：天津九星，在女宿以北銀河之中，相當於西方的天鵝座。津，渡口。

[6]【今注】案，壬戌有流星起天將軍，中華本校勘記曰："永元元年三月丁亥朔，無壬戌，志文有譌。"

[7]【劉昭注】《古今注》曰："色黄，無光。"

[8]【今注】參爲邊兵：《開元占經》引《黄帝》曰："參應七將。中央三小星，曰伐之都尉也，主胡、鮮卑、戎、狄之國。"故

牛、女、虎、昴諸星圖

（其中右面牽牛人上三星，對應於牛郎即河鼓星。
左下四星爲女宿。左上七星爲昴宿，星中白兔對應於月亮。
中間白虎指西方，虎背三星對應參，虎頭三星對應觜）

曰主邊兵。參見“牛、女、虎、昴諸星圖”。

［9］【今注】私渠北鞮海：一作私渠比鞮海，簡稱私渠海，在今蒙古國杭愛山西麓。

［10］【劉昭注】《古今注》曰：“十一月壬申，鎮星在東井。”石氏曰：“天下水，其大出，流殺人。”【今注】雨水漂人民：人民在雨水中漂流。這是流星起天津之應。

二年正月乙卯，金、木俱在奎，丙寅，水又在奎。[1]奎主武庫兵，[2]三星會又爲兵喪。辛未，水、金、木在婁，亦爲兵，又爲匿謀。[3]二月丁酉，有流星大如桃，起紫宮東蕃，西北行五丈稍滅。[4]四月丙辰，[5]有流星大如瓜，起文昌東北，西南行至少微西滅。有頃音如雷聲，已而金在軒轅大星東北二尺所。[6]八月丁未，有流星如雞子，起太微西，東南行四丈所，消。十月癸未，有流星大如桃，起天津，西行六丈所，消。十一月辛酉，有流星大如拳，起紫宮，西行到胃，消。

［1］【劉昭注】巫咸曰：“辰守奎，多水火災，亦爲旱。”《古今注》曰：“土在東井。”

［2］【今注】奎主武庫兵：奎宿十六星，爲西方白虎之第一宿。《佐助期》曰：“奎主武庫。”《石氏贊》曰：“奎主軍。”又曰：“奎主庫兵”。

［3］【劉昭注】郗萌曰：“辰守婁，有兵兵罷，兵起（中華本於‘兵起’上補‘無兵’二字，並出校勘記：‘盧校謂“兵起”上脱“無兵”二字，《通考》有。今據補。’可從）。”巫咸、石氏云：“多火災。”《古今注》曰：“丙寅，水在奎，土在東井，金在婁，木、火在昴。”

［4］【劉昭注】《古今注》曰："三月甲子，火在亢南端門第一星南。乙亥，金在東井。"

［5］【今注】案，四月丙辰，中華本校勘記曰："永元二年四月辛巳朔，無丙辰，志文有譌。"

［6］【劉昭注】《古今注》曰："丁丑，火在氐東南星東南（中華本校勘記曰：'注繫於永元二年四月之後，查是年四月辛巳朔，無丁丑，注有譌'）。"

三年九月丁卯，有流星大如雞子，起紫宫，西南至北斗柄間消。[1]紫宫天子宫，文昌、少微爲貴臣，天津爲水，北斗主殺。流星起歷紫宫、文昌、少微、天津。[2]文昌爲天子使出，有兵誅也。竇憲爲大將軍，憲弟篤、景等皆卿、校尉，憲女弟壻郭舉爲侍中、射聲校尉，[3]與衛尉鄧疊母元俱出入宫中，謀爲不軌。至四年六月丙寅發覺，[4]和帝幸北宫，詔執金吾、五校勒兵屯南、北宫，閉城門，捕舉。舉父長樂少府璜及疊，疊弟步兵校尉磊，母元，皆下獄誅。憲弟篤、景等皆自殺。金犯軒轅，女主失勢。[5]竇氏被誅，太后失勢。[6]

［1］【劉昭注】《星紫宫占》曰："有流星出紫宫，天子使也。色赤言兵，色白言義（義，殿本作'喪'，是），色黄言吉，色青言憂，色黑言水。出皆以所之野命東、西、南、北。"

［2］【今注】案，流星起歷紫宫文昌少微天津，此句應改作"流星起紫宫，歷文昌、少微、天津"。

［3］【今注】案，憲女弟壻郭舉爲侍中射聲校尉，中華本校勘記曰："《竇憲傳》作'憲女壻'，《通鑑》同，此云'憲女弟壻'，未詳孰是。"

[4]【今注】案，至四年六月丙寅發覺，中華本改“丙寅”作“丙辰”，並出校勘記：“《集解》引洪亮吉説，謂案《和帝紀》云庚申幸北宫，詔收捕憲黨，則此志‘丙寅’應作‘丙辰’爲是。又案下《五行志》，丙辰地震，後五日詔收憲，丙辰至庚申正五日。今據改。”可從。

[5]【今注】金犯軒轅女主失勢：金星犯軒轅星，應在女主失勢。指前載永元二年（90）四月丙辰“金在軒轅大星”。

[6]【今注】竇氏被誅太后失勢：以上三段所載異常天象，均與竇氏有關。竇氏中重要人物竇憲，字伯度，扶風平陵（今陝西咸陽市西北）人。章帝建初二年（77），妹立爲皇后，被任命爲郎，遷侍中、虎賁中郎將，和帝即位，竇太后臨朝，憲以侍中操縱朝政。永元元年，以車騎將軍出塞，擊破北匈奴，拜大將軍，封武陽侯。弟篤、景等被封爲郾侯、汝陰侯等，權傾朝野。永元四年，和帝誅滅竇氏兄弟，故曰“竇氏被誅，太后失勢”。

五年[1]四月癸巳，太白、熒惑、辰星俱在東井。[2]七月壬午，歲星犯軒轅大星。九月，金在南斗魁中。[3]火犯房北第一星。[4]東井，秦地，爲法。三星合，内外有兵，[5]又爲法令及水。金入斗口中，爲大將將死。火犯房北第一星，爲將相。其六年正月，司徒丁鴻薨。[6]七月水，大漂殺人民，傷五穀。許侯馬光有罪自殺。[7]九月，行車騎將軍事鄧鴻、越騎校尉馮柱發左右羽林、北軍五校士及八郡跡射、烏桓、鮮卑，合四萬騎，與度遼將軍朱徽、護烏桓校尉任尚、中郎將杜崇征叛胡。[8]十二月，車騎將軍鴻坐追虜失利，下獄死；度遼將軍徽、中郎將崇皆抵罪。

［1］【劉昭注】《古今注》曰："正月甲戌，月乘歲星。"

［2］【劉昭注】巫咸曰："太白守井，五穀不成。"《黄帝經》曰："五星及客星守井，皆爲水。"石氏曰："爲旱。"又曰："太白入東井，留一日以上乃占，大臣當之，期三月，若一年，遠五年。"《古今注》曰："木在輿鬼。"

［3］【劉昭注】爲水。石氏曰："爲旱。"【今注】金在南斗魁

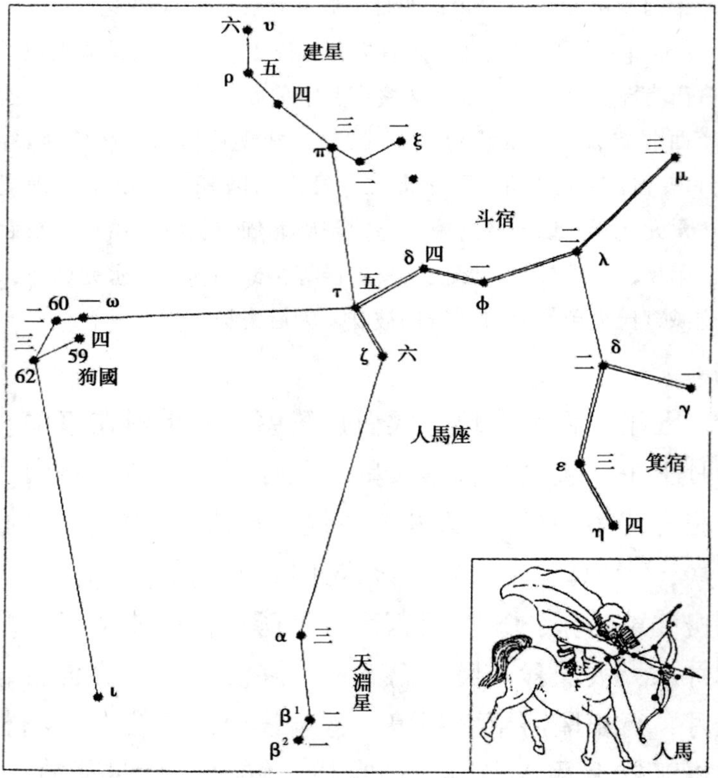


箕、斗、建星與人馬座對應圖

（斗宿六星，形狀與北斗類似，其六、五、四、一爲斗魁，二、三爲斗柄，斗柄指向西北。一、六爲斗口，向下。故《詩經》咏箕、斗詩曰："西柄之揭"，"不可以挹酒漿"）

中：金星運行到斗宿的斗魁之中。斗宿又名南斗，北方七宿中的第一宿。計有六星。其中斗宿一、四、五、六組成斗魁。參見“箕、斗、建星與人馬座對應圖”。

［4］【今注】房北第一星：房右驂。

［5］【今注】三星合内外有兵：《漢書·天文志》曰：“水、木、火三合於東井，占曰‘外内有兵與喪，改立王公。’”又曰：“金木水三合於張，占曰‘外内有兵與喪，改立王公。’”故此處三星聚合的占辭與《漢書·天文志》一致。

［6］【劉昭注】《古今注》曰：“六年六月丁亥，金在東井。閏月己丑，流星大如桃，起參北，西至參肩南，稍有光。”

［7］【今注】案，“七月水”至“許侯馬光有罪自殺”，中華本校勘記曰：“《校補》謂案本書《和紀》，永元六年七月有旱無水，《五行志》亦不載是年七月水。又馬光自殺，紀屬二月，亦不在七月。”實際上，這段文字與以上永元元年重複，故“七月水，大漂殺人民，傷五穀”當删除。

［8］【今注】案，與度遼將軍朱徵，中華本校勘記曰：“《集解》引錢大昕説，謂《和帝紀》《匈奴傳》俱作‘朱徽’。”

七年正月丁未，有流星起天津，入紫宮中滅。色青黄，有光。二月癸酉，金、火俱在參。[1]戊寅，金、火俱在東井。[2]八月甲寅，水、土、金俱在軫。[3]十一月甲戌，[4]金、火俱在心。[5]十二月己卯，[6]有流星起文昌，入紫宮消。丙辰，火、金、水俱在斗。流星入紫宮，金、火在心，皆爲大喪。[7]三星合軫爲白衣之會，[8]金、火俱在參、東井，皆爲外兵，有死將。三星俱在斗，有戮將，若有死相。[9]八年四月樂成王黨，七月樂成王宗，[10]皆薨。將兵長史吴棽坐事徵下獄誅。[11]十月，北海王威自殺。十二月，陳王羨薨。其九年閏月，皇太后竇氏崩。遼東鮮卑反，太守祭參不追虜，徵下獄誅。[12]九月，司徒劉方坐事免官，自殺。隴西羌反，遣執金吾劉尚行征西將軍事，越騎校尉節鄉侯趙世發北軍五校、黎陽、雍營及邊胡兵三萬騎，征西羌。

[1]【劉昭注】《巫咸占》曰："熒惑守参，多火災。"《海中占》曰："爲旱。太白守参，國有反臣。"郗萌曰"有攻戰伐國"也。

[2]【劉昭注】郗萌曰："熒惑守井，百川皆滿。太白又從舍，蓋二十日流國。"又曰："雜糴貴。又將相死。"

[3]【劉昭注】《春秋緯》曰："五星有入軫者，皆爲兵大起。"《巫咸占》曰："五星入軫者，司其出日而數之，期二十日皆爲兵發。司始入處之率一日期，十日軍罷。"《石氏星經》曰："辰星守軫，歲水。"郗萌曰："鎮星出入留舍軫六十日不下，必有大喪。"《春秋緯》曰："太白入軫，兵大起。"郗萌曰："太白守軫，必有死王。"

[4]【今注】案，十一月甲戌，據陳垣《中西回史日曆》，該月無甲戌。

[5]【劉昭注】《雒書》曰："太白守心，後九年大飢。"

[6]【今注】案，十二月己卯，據陳垣《中西回史日曆》，該月無己卯。中華本校勘記曰："下云丙辰，則'己卯'乃'乙卯'之譌。"

[7]【今注】金火在心皆爲大喪：大喪即天子崩。《開元占經》引郗萌曰："太白乘熒惑，軍敗；隨熒惑，軍憂；下有空國，死主。"占語亦大致相同。

［8］【今注】三星合軫爲白衣之會：星占家均習慣稱大喪爲白衣會。

［9］【今注】三星俱在斗有戮將若有死相：三行星會合於斗宿，將有被殺的將軍或死去的丞相。

［10］【今注】案，樂成王宗，中華本校勘記曰："《校補》引錢大昭説，謂'宗'傳作'崇'。"

［11］【劉昭注】《古今注》曰："八年九月辛丑，夜有流星，大如拳，起婁。"

［12］【今注】案，遼東鮮卑反太守祭參不追虜徵下獄誅，各本無"反"字，不可讀，中華本於"鮮卑"下補"反"字，並出校勘記："《集解》引錢大昕説，謂參考《鮮卑傳》，當作'鮮卑寇肥如，遼東太守祭參不追虜，徵下獄誅'。按：《校補》謂此'卑'下脱'反'字耳。遼東鮮卑者，鮮卑之種别。本書《鮮卑傳》載參沮敗事，亦原作'遼東鮮卑'。上已言遼東，則'太守'上自不必更出'遼東'字，史例然也。今依校補補'反'字。"今從補。

十一年五月丙午，流星大如瓜，起氐，西南行，稍有光，白色。[1]占曰："流星白，爲有使客，[2]大爲大使，小亦小使。疾期疾，遲亦遲。[3]大如瓜爲近小，行稍有光爲遲也。又正王日，邊方有受王命者也。"[4]明年二月，蜀郡旄牛徼外夷，白狼、樓薄種，王唐繒等，率種人口十七萬歸義内屬。[5]賜金印紫綬錢帛。

［1］【劉昭注】《古今注》曰："六月庚辰，月入畢中。"

［2］【今注】流星白爲有使客：流星是白色的，爲有使者、來客的象徵。當然，流星還有其他顔色，如黄色等，則應驗於其他

休咎。

［3］【今注】疾期疾遲亦遲：流星運動速度快的，應驗的日期快，慢的應驗亦慢。

［4］【今注】正王日邊方有受王命者：流星於正王日出現，將有邊境之王受封。正王日，指五行用事日的土王日、水王日、木王日、金王日、火王日。

［5］【今注】案，"蜀郡旄牛"至"歸義内屬"，中華本長句無點斷，文義不明。今標點如正文。白狼、樓薄，均爲蜀郡徼外的夷人，即西南夷的一種，其王唐繒等人，率領種人十七萬内附歸降。

十二年十一月癸酉，夜有蒼白氣，長三丈，起天園，[1]東北指軍市，[2]見積十日。占曰："兵起，十日期歲。"明年十一月，遼東鮮卑二千餘騎寇右北平。

［1］【今注】天園：天園十三星，在胃宿、天苑南，爲天帝果園。

［2］【今注】軍市：在參宿之南，爲軍中市場。

十三年[1]十一月乙丑，軒轅第四星間有小客星，[2]色青黄。軒轅爲後宫，星出之，爲失勢。其十四年六月辛卯，陰皇后廢。[3]

［1］【劉昭注】《古今注》曰："正月辛未，水乘輿鬼。十二月癸巳，犯軒轅大星。"

［2］【今注】軒轅第四星：即軒轅四。

［3］【劉昭注】《古今注》曰："十四年正月乙卯，月犯軒轅，在太微中。二月十日丁酉（中華本校勘記曰：'"十日"二字當

衍。既書丁酉，不當更書某日，且永元十四年二月壬申朔，丁酉爲二十六日，非十日也’），水入太微西門。十一月丁丑（中華本校勘記曰：‘永元十四年十一月戊戌朔，無丁丑，注有譌’），有流星大如拳，起北斗魁中，北至閣道，稍有光，色赤黄，須臾西北有雷聲。”



十六年四月丁未，紫宫中生白氣如粉絮。戊午，客星出紫宫西行至昴，[1]五月壬申滅。七月庚午，水在輿鬼中。[2]十月辛亥，流星起鉤陳，[3]北行三丈，有光，色黄。白氣生紫宫中，爲喪。客星從紫宫西行至昴爲趙。[4]輿鬼爲死喪。鉤陳爲皇后，[5]流星出之爲中使。[6]後一年，元興元年十月二日，[7]和帝崩。殤帝即位一年，又崩。無嗣。鄧太后遣使者迎清河孝王子即位，是爲孝安皇帝，是其應也。清河，趙地也。

[1]【今注】案，出，大德本、殿本誤作“從”。

[2]【劉昭注】《黄帝占》曰：“辰星犯鬼，大臣誅，國有憂。”郗萌曰：“多蝗蟲。”

[3]【今注】鉤陳：鉤陳六星與北極天樞五星，並爲太微垣内主要星官。

[4]【今注】昴爲趙：按分野説，昴屬趙。

[5]【今注】鉤陳爲皇后：《史記·天官書》曰：“後勾四星，末大星正妃，餘三星後宫之屬。”後勾四星，爲鈎陳主星，其中大星勾陳一，即爲正妃皇后，也即現代的北極星。

[6]【今注】流星出之爲中使：皇帝派出爲大使，皇后派出爲中使。

[7]【今注】案，十月二日，中華本改作“十二月”，並出校

勘記："據《集解》引錢大昕、洪亮吉説改。"可從。

元興元年二月庚辰，[1]有流星起角、亢五丈所。四月辛亥，有流星起斗，東北行到須女。七月己巳，有流星起天市五丈所，光色赤。閏月辛亥，水、金俱在氐。[2]流星起斗，東北行至須女。須女，燕地。天市爲外軍。水、金會爲兵誅。其年，遼東貊人反，鈔六縣，發上谷、漁陽、右北平、遼西、烏桓討之。

［1］【今注】案，元興元年二月庚辰，中華本校勘記曰："是月乙酉朔，無庚辰，志文有譌。"據陳垣《中西回史日曆》，元興元年二月無庚辰，下文閏九月也無辛亥，當有誤。

［2］【劉昭注】巫咸曰："辰星守氐，多水災。"《海中占》曰："天下大旱，所在不收。"《荆州星占》曰："太白守氐，國君大哭。"

孝殤帝延平元年正月丁酉，金、火在婁。金、火合爲爍，[1]爲大人憂。[2]是歲八月辛亥，孝殤帝崩。

［1］【今注】金火合爲爍：熔化金屬爲爍。金星有金屬特性，火星有火的特性，金火相遇，故合爲爍。有炎熱乾旱之義，故下文有"爲大人憂"語。

［2］【劉昭注】《古今注》曰："七月甲申，月在南斗中。"

孝安永初元年五月戊寅，熒惑逆行守心前星。[1]八月戊申，客星在東井、弧星西南。[2]心爲天子明堂，熒惑逆行守之，爲反臣。[3]客星在東井，爲大水。[4]是時，安帝未臨朝，鄧太后攝政，鄧騭爲車騎將軍，弟弘、悝、閶皆以校尉封侯，秉國勢。司空周章意不平，與王尊、叔元茂等謀，欲閉宫門，捕將軍兄弟，誅常侍鄭衆、蔡倫，刧刺尚書，廢皇太后，封皇帝爲遠國王。事覺，章自殺。東井、弧皆秦地。是時羌反，斷隴道，漢遣騭將左右羽林、北軍五校及諸郡兵征之。是歲郡國四十一縣三百一十五雨，[5]水四瀆溢，傷秋稼，壞城郭，殺人民，是其應也。[6]

[1]【劉昭注】《韓揚占》曰（揚，殿本作'楊'）："多火災。一曰地震。"檢其年十八郡地震，明年漢陽火。【今注】守心前星：火星守候在心宿上面的星。心前星，即心宿一，天蝎座α。

[2]【今注】弧星：又稱弧矢九星，在天狼東南。

[3]【劉昭注】《雒書》曰："熒惑守心，逆臣起。"《黄帝占》曰："逆行守心二十日，大臣亂。"

[4]【劉昭注】《荆州經》曰："客星干犯東井，則大臣誅。"

[5]【今注】案，是歲郡國四十一縣三百一十五雨水四瀆溢，中華本逗號在"水"後，無"雨水"之説，逗號當在"雨"字之後，或曰"瀆"字衍。

[6]【今注】是其應也：是永初元年（107）八月客星在東井之應。

二年正月戊子，太白晝見。[1]

[1]【劉昭注】《古今注》曰："四月乙亥（中華本校勘記曰：'注繫永初二年下，查永初二年四月丙申朔，無乙亥，注有

謁’），月入南斗魁中。八月己亥（中華本校勘記曰：‘是年八月甲子朔，無己亥，注有謁’），熒惑出入太微端門（太，大德本

明《祥異賦》中的太白晝見圖像

誤作‘大’）。”【今注】太白晝見：太白爲金星的異名。金星是太陽系五大行星之一。除太陽、月亮外，它是天空中最亮的星。金星是内行星，故有時爲晨星，有時爲昏星。上古時甚至還誤認爲是兩顆星，故有晨有啓明、昏有長庚之説。正因爲是内行星，它離開太陽的最大角度不能超過 48 度。故衹有早晚在東方或西方見到它。離開東西方地平綫衹能在四十餘度範圍之内。衹有當太陽從地平綫升起後，金星的位置才能越出東西方地平四十餘度以上。但太陽升

起以後，金星的光芒又爲日光所掩，又隱没不見了，故人們所見到的金星，通常都是不能經天，即不能在中天見到它。若在中天見到它，這是違反常理的。但正是由於金星十分明亮，有時在太陽升起後或日落前的特殊環境下也能在天空見到金星，這時金星若處於大距時，就有可能出現於中天了，古人將這也看作異常天象，稱之爲“太白經天”，或稱爲“太白晝見”。參見“明《祥異賦》中的太白晝見圖像”。



三年正月庚戌，月犯心後星。[1]己亥，太白入斗中。[2]十二月，彗星起天菀南，東北指，長六七尺，色蒼白。太白晝見，爲强臣。[3]是時鄧氏方盛，月犯心後星，不利子。心爲宋。[4]五月丁酉，沛王牙薨。[5]太白入斗中，爲貴相凶。[6]天菀爲外軍，彗星出其南爲外兵。[7]是後使羌、氐討賊李貴，又使烏桓擊鮮卑，又使中郎將任尚、護羌校尉馬賢擊羌，皆降。

［1］【劉昭注】《河圖》曰：“亂臣在旁。”【今注】心後星：心宿下方的一顆星。

［2］【劉昭注】《古今注》曰：“三月壬寅，熒惑入輿鬼中。五月丙寅（中華本校勘記曰：‘注繫永初三年下，查永初三年五月庚寅朔，無丙寅，注有譌’），太白入畢中。”《石氏經》曰：“太白守畢，國多任刑也（任，大德本、殿本作‘淫’，是）。”

［3］【劉昭注】《前志》曰：“太白晝見，强國弱，小國强，女主昌。”【今注】太白晝見爲强臣：太白白晝出現，爲朝中有專權的大臣。君爲日，臣爲星，星與日争光，故有强臣。

［4］【今注】心爲宋：按分野理論，宋地爲心宿的分野。

［5］【今注】案，沛王牙薨，中華本改“牙”作“正”，並出

校勘記："《集解》引惠棟説，謂'牙'當作'正'，傳寫誤也。今據改。按：沛王正，沛獻王輔之孫，謚節。"可從。沛國治相縣（今安徽濉溪縣西北），漢屬宋地，故應驗在月犯心。

［6］【劉昭注】臣昭案：楊厚對曰"以爲諸王子多在京師，容有非常，宜亟發遣還本國"，太后從之，星尋滅不見。以斯而言，太白入之，災在貴相。

［7］【今注】天菀爲外軍彗星出其南爲外兵：彗星起天苑南，爲外兵。天菀即天苑。《春秋緯》曰："彗星入天苑，都護反。"都護爲邊將，故曰爲外兵。又《開元占經》引司馬彪《天文志》曰："孝安永初三年十二月乙亥，彗起天苑南，東北指，長六七丈，色倉。天苑爲外兵起，是後羌兵討賊，杜季貢又使烏丸擊鮮卑，又使中郎將任尚護羌校尉，馬賢擊虜，皆降之。"兩處説法文字有差異，可互爲參閲。

四年[1]六月甲子，[2]客星大如李，蒼白，芒氣長二尺，西南指上階星。癸酉，太白入輿鬼。指上階，爲三公。後太尉張敏免官。[3]太白入輿鬼，爲將凶。後中郎將任尚坐贓千萬，檻車徵，棄市。[4]

［1］【劉昭注】《古今注》曰："二月丙寅，月犯軒轅大星。"

［2］【今注】案，甲子，大德本、殿本作"丙子"。

［3］【今注】案，後太尉張敏免官，中華本補作"後太尉張禹、司空張敏皆免官"，並出校勘記："據盧校依《御覽》八七五補。"可從。

［4］【劉昭注】《韓楊占》曰（楊，紹興本、殿本作"揚"）："太白入輿鬼，亂臣在内。"臣昭以占爲明堂（堂，各本無此字，不可讀，中華本補，並出校勘記："據盧校補。"今從補），豈任尚所能感也。

五年六月辛丑，太白晝見，經天。[1]元初元年三月癸酉，熒惑入輿鬼。二年九月辛酉，熒惑入輿鬼中。三年三月，熒惑入輿鬼中。五月丙寅，太白入畢口。[2]七月甲寅，歲星入輿鬼。閏月己未，太白犯太微左執法。十一月甲午，客星見西方，己亥，在虚、危南，至胃、昴。[3]四年正月丙戌，歲星留輿鬼中。[4]乙未，太白晝見丙上。[5]四月壬戌，太白入輿鬼中。[6]己巳，辰星入輿鬼中。[7]五月己卯，辰星犯歲星。六月丙申，[8]熒惑入輿鬼中，戊戌，犯輿鬼大星。九月辛巳，太白入南斗口中。[9]五年三月丙申，鎮星犯東井鉞星。[10]五月庚午，辰星犯輿鬼質星。丙戌，太白犯鉞星。六年四月癸丑，太白入輿鬼。[11]六月丙戌，熒惑在輿鬼中。[12]丁卯，鎮星在輿鬼中。[13]辛巳，太白犯左執法。自永初五年到永寧，七年之中，[14]太白一晝見經天，再入輿鬼，一守畢，再犯左執法，入南斗，犯鉞星。熒惑五入輿鬼。鎮星一犯東井鉞星，一入輿鬼。歲星、辰星再入輿鬼。凡五星入輿鬼中，皆爲死喪。熒惑、太白甚犯鉞、質星爲誅戮。斗爲貴將。執法爲近臣。客星在虚、危爲喪，[15]爲哭泣。[16]昴、畢爲邊兵，又爲獄事。至建光元年三月癸巳，鄧太后崩；五月庚辰，太后兄車騎將軍騭等七侯皆免官，自殺，是其應也。

[1]【劉昭注】《春秋漢含孳》曰："陽弱，辰逆，太白經天。"注云："陽弱，君柔不堪。"《鉤命決》曰："天失仁，太白經天。"

［2］【劉昭注】《黄帝占》曰："大攻（大，大德本、殿本作'火'，是），近期十五日，遠期四十日。"又曰："大臣當之，亂國易王（王，紹興本、大德本、殿本作'主'）。"

［3］【劉昭注】郗萌曰："客星入虚，大人當之。"又曰："客星守危，强臣執國命，在后族。又且大風，有危敗。"《黄帝星經》曰："客星入守若出危，大飢，民食貴。"【今注】案，客星見西方己亥在虚危南至胃昴，中華本標點爲"客星見西方，己亥在虚、危，南至胃、昴"。胃、昴不在虚、危南，而在正東，故當標點如正文。

［4］【劉昭注】《石氏經》曰："歲星入留輿鬼五十日不下，民有大喪；百日不下，民半死。"《黄帝經》曰："守鬼十日，金錢散諸侯。"郗萌曰："五穀多傷，民以飢死者無數。"【今注】歲星留輿鬼中：《文耀鉤》曰："歲星所居久，其國有厚德。"鬼之分野爲關中，按占理當應驗在關中大熟上。

［5］【今注】丙上：丙位在午位之東15度左右。

［6］【劉昭注】《石氏占》："太白入鬼，一曰病在女主，一曰將戮死。"

［7］【劉昭注】郗萌曰："以罪誅大臣。一曰后疾。一曰大人憂。"

［8］【今注】案，自"六月丙申"以下記日干支，有多處與陳垣表不合，當有失誤，陳表也有待驗證。

［9］【劉昭注】《黄帝經》曰："大人當之，國易政。"【今注】南斗口中：斗宿魁口之處。

［10］【今注】東井鉞星：鉞星爲東井附座，位於井口右上角，星占學上，據星名當應驗在刀兵之上。

［11］【劉昭注】郗萌曰："太白守輿鬼，疾在女主。"

［12］【劉昭注】《黄帝經》曰："熒惑犯守鬼，國有大喪，有女喪，大將有死者。"《荆州星占》曰："熒惑犯鬼，忠臣戮死，不

出一年中。”

［13］【劉昭注】《黄帝經》曰：“鎮入鬼中，大臣誅。”《海中》、石氏曰：“大人憂。”

［14］【今注】案，七，大德本、殿本作“十”，是。

［15］【今注】虚危爲喪：虚宿和危宿，都應驗在死喪之上。

［16］【劉昭注】《星占》曰：“不一年，遠期二年。”【今注】爲哭泣：虚、危既爲死喪，故在其傍又設哭星和泣星，以增加其義。



延光[1]二年八月己亥，熒惑出太微端門。[2]三年二月辛未，太白犯昴。[3]五月癸丑，太白入畢。[4]九月壬寅，鎮星犯左執法。[5]四年，太白入輿鬼中。[6]六月壬辰，太白出太微。九月甲子，太白入斗口中。十一月，客星見天市。熒惑出太微，爲亂臣。太白犯昴、畢，爲近兵，[7]一曰大人當之。鎮星犯左執法，有誅臣。太白入輿鬼中，爲大喪。太白出太微，爲中宫有兵；入斗口，爲貴將相有誅者。[8]客星見天市中，爲貴喪。是時大將軍耿寶、中常侍江京、樊豐、小黄門劉安與阿母王聖、聖子女永等并構譖太子保，并惡太子乳母男、厨監邴吉。三年九月丁酉，廢太子爲濟陰王，以北鄉侯懿代。殺男、吉，徙其父母妻子日南。[9]四年三月丁卯，安帝巡狩，從南陽還，道寢疾，至葉崩，閻后與兄衛尉顯、中常侍江京等共隱匿，不令群臣知上崩，遣司徒劉喜等分詣郊廟，告天請命，載入北宫。庚午夕發喪，尊閻氏爲太后。北鄉侯懿病薨，京等又不欲立保，白太后，更徵諸王子擇所立。中黄門孫程、王國、王康等十九人，共合謀誅顯、京等，立保爲天子，是爲孝順皇帝。皆姦人强臣狂亂王室，其於死亡誅戮，兵起宫中，是其應。[10]

［1］【劉昭注】《古今注》曰："元年四月丙午（中華本校勘記曰：'延光元年四月乙亥朔，無丙午，注有譌'），太白晝見。"

［2］【今注】太微端門：太微垣之南門，左右樞之間。案，太，大德本誤作"大"。

［3］【劉昭注】《石氏星占》："太白守昴，兵從門闕入，主人走。"郗萌曰："不有亡國，必有謀主。"又云："入昴，大赦。"

［4］【劉昭注】郗萌曰："太白入畢口（大德本、殿本無'口'字），馬馳人走。"又曰："有中喪。"

［5］【今注】左執法：其與右執法爲太微垣南門左右兩邊的執法官。

［6］【劉昭注】《古今注》曰："四月甲辰入。"

［7］【今注】案，爲近兵，中華本改"近"作"邊"，並出校勘記："據盧校改。"可從。

［8］【今注】入斗口爲貴將相有誅者：太白入斗宿中口，應在將相有誅。《開元占經》引《韓揚占》曰："南斗第一星上將，第二星相，第三星妃，第四星太子，第五星第六星天子。"故曰入斗口"將相有誅者"。

［9］【今注】日南：午中日影在南之地，實指嶺南之地。

［10］【劉昭注】《古今注》曰："永建元年二月甲午，客星入太微。五月甲子，月入斗。"《李氏家書》曰："時天有變氣，李郃上書諫曰：'臣聞天不言，縣象以示吉凶，挺災變異以爲譴誡。昔齊桓公遭虹貫牛、斗之變，納管仲之謀，令齊去婦，無近妃宫。桓公聽用，齊以大安。趙有尹史，見月生齒，齕畢大星，占有兵變（占，殿本誤作"古"）。趙君曰："天下共一畢，知爲何國

也?”下史於獄。其後公子牙謀弑君，血書端門，如史所言。乃月十三日，有客星氣象彗孛，歷天市、梗河、招摇、槍、棓，十六日入紫宫，迫北辰，十七日復過文昌、泰陵，至天船、積水間，稍微不見。客星一占曰：“魯星歷天市者爲穀貴，梗河三星備非常，泰陵八星爲凶喪，紫宫、北辰爲至尊。”如占，恐宫廬之内有兵喪之變，千里之外有非常暴逆之憂。魯星不得過歷尊宿，行度從疾，應非一端，恐復有如王阿母母子賤妾之欲居帝旁秏亂政事者。誠令有之，宜當抑遠，饒足以財。王者權柄及爵禄，人天所重慎，誠非阿妾所宜干豫，天故挺變，明以示人。如不承慎，禍至變成，悔之靡及也。’”

孝順永建二年二月癸未，太白晝見三十九日。[1]閏月乙酉，[2]太白晝見東南維四十一日。八月乙巳，熒惑入輿鬼。太白晝見，爲强臣。熒惑爲凶。[3]輿鬼爲死喪。質星爲誅戮。是時中常侍高梵、張防、將作大匠翟酺、尚書令高堂芝、僕射張敦、尚書尹就、郎姜述、楊鳳等，及兖州刺史鮑就、使匈奴中郎張國、金城太守張篤、敦煌太守張朗，[4]相與交通，漏泄，就、述棄市，梵、防、酺、芝、敦、鳳、就、國皆抵罪。又定遠侯班始尚陰城公主堅得，鬬争殺堅得，坐要斬馬市，同産皆棄市。[5]

[1]【劉昭注】《古今注》曰：“丁巳，月犯心（中華本校勘記曰：‘注繫永建二年二月下，查永元二年二月丁丑朔，無丁巳，注有譌’），七月丁酉，犯昴。”

[2]【今注】案，閏月乙酉，中華本校勘記曰：“永建二年閏六月乙巳朔，無乙酉，志文有譌。”

［3］【今注】熒惑爲凶：《洪範五行傳》曰："熒惑於五常爲禮，辨上下之節於五事，爲視明察善惡之事也。禮虧視失逆夏令，則熒惑爲旱灾、爲饑、爲疾、爲亂、爲死喪、爲賊、爲妖言大怪也。"故簡言之爲凶。

［4］【今注】案，使匈奴中郎張國，中華本於"郎"下補"將"字，並出校勘記："據盧校補。"可從。

［5］【劉昭注】《古今注》曰："其年九月戊寅，有白氣，廣三尺，長十餘丈，從北落師門南至斗。三年二月癸未（中華本校勘記曰：'永建三年二月辛丑朔，無癸未，注有譌'），月犯心後星。六月甲子，太白晝見。四年二月癸丑，月犯心後星。五年閏月庚子，太白晝見。六年，彗星出於斗、牽牛，滅於虛、危。虛、危爲齊，牽牛吴、越，故海賊浮於會稽，山賊捷於濟南。五年夏，熒惑守氐，諸侯有斬者，是冬班始腰斬馬市。"【今注】同産皆棄市：同輩兄弟都斬首示衆。

六年四月，熒惑入太微中，犯左、右執法西北方六寸所。十月乙卯，太白晝見。十二月壬申，客星芒氣長二尺餘，西南指，色蒼白，在牽牛六度。客星芒氣白爲兵。牽牛爲吴、越。後一年，會稽海賊曾於等千餘人燒句章，殺長吏，又殺鄞、鄮長，取官兵，拘殺吏民，攻東部都尉；揚州六郡逆賊章何等稱將軍，犯四十九縣，大攻略吏民。[1]

［1］【今注】案，攻，大德本、殿本作"劫"，是。

陽嘉元年閏月戊子，[1]客星氣白，廣二尺，長五丈，起天菀西南。主馬牛，爲外軍，色白爲兵。[2]是時，敦煌太守徐白使疏勒王盤等兵二萬人入于寘界，[3]虜掠斬首三百餘級。烏桓校尉耿曄使烏桓親漢都尉戎末瘣等出塞，[4]鈔鮮卑，斬首，獲生口財物；鮮卑怨恨，鈔遼東、代郡，殺傷吏民。是後，西戎、北狄爲寇害，以馬牛起兵，馬牛亦死傷於兵中，至十餘年乃息。[5]



[1]【劉昭注】臣昭案：郎顗表云“十七日己丑”。

[2]【今注】主馬牛爲外軍色白爲兵：天苑爲天帝牧場，故客星犯之爲馬牛，又爲外軍，客星呈白色爲兵象。

[3]【今注】案，敦煌太守徐白，中華本校勘記曰：“《集解》引惠棟説，謂《西域傳》‘白’作‘由’。”

[4]【今注】案，戎末瘣，中華本校勘記曰：“《集解》引惠棟説，謂《鮮卑傳》‘末’作‘朱’。”

[5]【劉昭注】臣昭案：《郎顗傳》，陽嘉元年，太白與歲星合於房、心。二年，熒惑失度，盈縮往來，涉歷輿鬼，環繞軒轅。《古今注》曰：“二年四月壬寅（中華本校勘記曰：‘陽嘉二年四月辛未朔，無壬寅，注有譌’），太白晝見，五月癸巳（中華本校勘記曰：‘陽嘉二年五月庚子朔，無癸巳，注有譌’），又晝見，十一月辛未（中華本校勘記曰：‘陽嘉二年十一月戊戌朔，無辛未，注有譌’），又晝見。十二月壬寅（中華本校勘記曰：‘陽嘉二年十二月丁卯朔，無壬寅，注有譌’），月犯太白。三年十二月辛未，太白晝見。四月乙卯（中華本校勘記曰：‘“四月乙卯”不當置於“十二月辛未”之後，或“四月”上脱“四年”二字，然陽嘉三年四月乙丑朔，四年四月庚申朔，皆無乙卯，注顯有譌’），太白、熒惑入輿鬼。永和元年正月丁卯（正，大德本、殿本作‘五’），太白犯牽牛大星。”

永和二年五月戊申，太白晝見。八月庚子，熒惑犯南斗。斗爲吴。[1]明年五月，吴郡太守行丞事羊珍與越兵弟葉、吏民吴銅等二百餘人起兵反，[2]殺吏民，燒官亭民舍，攻太守府。太守王衡距守，吏兵格殺珍等。又江賊蔡伯流等數百人攻廣陵、九江，[3]燒城郭，殺都長。[4]

[1]【劉昭注】《黄帝經》曰："不善年，國有亂，有憂。"《海中占》："爲多火災。一曰旱。"《古今注》曰："九月壬午（中華本校勘記曰：'注繫於永和二年下，查永和二年九月丙午朔，無壬午，注有譌'），月入畢口中。"

[2]【今注】案，吴郡太守行丞事羊珍與越兵弟葉吏民吴銅等，中華本校勘記曰："《順帝紀》作'吴郡丞羊珍'，'太守'字當衍。"可從。越兵弟葉，具體情況不明。

[3]【今注】案，江賊，中華本補作"九江賊"，並出校勘記："《集解》引錢大昕説，謂《順帝紀》作'九江賊'，此脱'九'字。今據補。按：盧文弨云文法不順，紀云'攻郡界及廣陵'，得之。"可從。

[4]【今注】案，殺都長，中華本補作"殺江都長"，並出校勘記："據《集解》引錢大昕説補。按：《順帝紀》有'江'字。"可從。

三年二月辛巳，太白晝見，戊子，在熒惑西南，光芒相犯。[1]辛丑，有流星大如斗，從西北東行，長八九尺，色赤黄，有聲隆隆如雷。三月壬子，太白晝見。六月丙午，太白晝見。八月[2]乙卯，太白晝見。閏月甲寅，辰星入輿鬼。己酉，熒惑入太微。乙卯，太白晝見。[3]太白者，將軍之官，又爲西州。[4]晝見，陰盛，與君争明。[5]熒惑與太白相犯，爲兵喪。流星爲使，聲隆隆，怒之象也。辰星入輿鬼，爲大臣有死者。熒惑入太微，亂臣在廷中。是時，大將軍梁商父子秉勢，故太白常晝見也。其四年正月，祀南郊，夕牲，中常侍張逵、蘧政、陽定、内者令石光、尚方令傅福等與中常侍曹騰、孟賁争權，[6]白帝言騰、賁與商謀反，矯詔命收騰、賁，賁自解説，順帝寤，解騰、賁縛。逵等自知事不從，各奔走，或自刺，解貂蟬投草中逃亡，皆得免。其六年，征西將軍馬賢擊西羌於北地謝姑山下，[7]父子爲羌所没殺，是其應也。

[1]【今注】"太白晝見"至"光芒相犯"：太白與熒惑同時晝見，相遇於七寸之内。

[2]【劉昭注】《古今注》曰："己酉，熒惑入太微。"

[3]【劉昭注】《古今注》曰："十二月丁卯，月犯軒轅大星。"

[4]【今注】太白者將軍之官又爲西州：吴龔《天官星占》曰："太白位在西方，白帝之子，大將之象。"《開元占經》引石申曰："太白主秋，主西維，主金，主兵。"故曰將軍之官，爲西州。西州者，西方之疆界也。

[5]【今注】與君争明：臣與天子争明，即争權。

[6]【今注】案，陽定，中華本改作"楊定"，並出校勘記："據《集解》引錢大昕説改。"可從。内者令，殿本誤作"内署令"。

[7]【今注】案，謝姑山，據《順帝紀》《西羌傳》，應作"射姑山"。

四年七月壬午，熒惑入南斗犯第三星。[1]五年四月戊午，太白晝見。八月己酉，熒惑入太微。斗爲貴相，爲揚州，熒惑犯入之爲兵喪。其六年，大將軍商薨。九江、丹陽賊周生、馬勉等起兵攻没郡縣。梁氏又專權於天廷中。

［1］【今注】南斗第三星：即斗宿三。

六年二月丁巳，彗星見東方，長六七尺，色青白，西南指營室及墳墓星。[1]丁丑，彗星在奎一度，長六尺，癸未昏見[2]西北，歷昴、畢，甲申，在東井，遂歷輿鬼、柳、七星、張，光炎及三臺，至軒轅中滅。[3]營室者，天子常宫。墳墓主死。彗星起而在營室、墳墓，不出五年，天下有大喪。後四年，孝順帝崩。昴爲邊兵，又爲趙。羌周馬父子後遂爲寇。又劉文刲清河相射暠，欲立王蒜爲天子，暠不聽，殺暠，王閉門距文，官兵捕誅文，蒜以惡人所刲，廢爲尉氏侯，又徙爲犍陽都鄉侯，薨，[4]國絶。歷東井、輿鬼爲秦，皆羌所攻鈔。炎及三臺，爲三公。是時，太尉杜喬及故太尉李固爲梁冀所陷入，坐文書死。及至注、張爲周，[5]滅於軒轅中爲後宫。其後懿獻后以憂死，梁氏被誅，是其應也。

［1］【劉昭注】《郗萌占》曰："彗星出而中營室，天下亂，易政，以五色占之吉凶。"

［2］【劉昭注】《河圖》曰："彗星出貫奎，庫兵悉出，禍在强侯、外夷，胡應逆首謀也。"

[3]【劉昭注】《古今注》曰："五月庚寅，太白晝見。十一月甲午，太白晝見。"

[4]【今注】案，蒜以惡人所刦廢爲尉氏侯又徙爲犍陽都鄉侯薨，中華本校勘記曰："清河王蒜坐貶爲尉氏侯，不得云廢，文有譌。《集解》引洪頤煊説，謂《桓帝紀》《清河孝王傳》並云蒜坐貶爲尉氏侯，徙桂陽，自殺。"

[5]【今注】注張爲周：注星、張宿爲周，即注、張的分野爲周地。注，《天官書》曰："柳爲鳥注。"即注爲柳宿。

漢安[1]二年，正月己亥，太白晝見。五月丁亥，辰星犯輿鬼。[2]六月乙丑，熒惑光芒犯鎮星。七月甲申，太白晝見。辰星犯輿鬼爲大喪。熒惑犯鎮星爲大人忌。[3]明年八月，孝順帝崩，孝沖[4]明年正月又崩。

[1]【劉昭注】《古今注》曰："元年二月壬午（中華本校勘記曰：'漢安元年二月庚戌朔，無壬午，注有譌'），歲星在太微中。八月癸丑，月犯南斗，入魁中。"

[2]【劉昭注】《古今注》曰："丙辰，月入斗中（注繫於漢安二年五月之後，查漢安二年五月癸酉朔，無丙辰，注有譌）。"

[3]【今注】熒惑犯鎮星爲大人忌：熒惑犯鎮星，即火星犯土星爲天子有灾咎。《開元占經》引石申曰："填星與火合，大人惡之。"此處占語，正與石氏相合。

[4]【劉昭注】《古今注》曰："建康元年九月己亥，太白晝見。"《韓揚占》曰："天下有喪。一曰有白衣之會。"

孝質本初元年，[1]三月癸丑，熒惑入輿鬼，四月辛巳，太白入輿鬼，皆爲大喪。五月庚戌，太白犯熒惑，爲逆謀。[2]閏月一日，孝質帝爲梁冀所鴆，崩。

[1]【劉昭注】《古今注》曰："三月丁丑（三，中華本改作'二'，並出校勘記：'據盧校依《通鑑目録》改。按：是年二月丁巳朔，有丁丑，三月丙戌朔，無丁丑。'可從），月入南斗。"

[2]【今注】太白犯熒惑爲逆謀：逆謀，謀爲逆亂。《荆州占》曰："熒惑與太白相犯，大戰。太白在熒惑南，南國敗；在熒惑北，北國敗。"又曰："熒惑太白相犯，爲逆謀。"二家占語均相一致。

# 後漢書　志第十二

## 天文下

桓三十八　靈二十[1]　獻九　隕石

[1]【今注】案，二，大德本誤作“一”。

孝桓建和元年八月壬寅，熒惑犯輿鬼質星。二年二月辛卯，熒惑行在輿鬼中。三年五月己丑，太白行入太微右掖門，[1]留十五日，出端門。丙申，熒惑入東井。八月己亥，鎮星犯輿鬼中南星。[2]乙丑，彗星芒長五尺，見天市中，東南指，色黄白，九月戊辰不見。熒惑犯輿鬼爲死喪，質星爲戮臣，入太微爲亂臣。鎮星犯輿鬼爲喪。彗星見天市中爲質貴人。[3]至和平元年十二月甲寅，[4]梁太后崩，梁冀益驕亂矣。

[1]【今注】右掖門：《黄帝占》曰：“太微，天子之宫，西蕃四星，南北列。南端第一星爲上將，北間爲太陽西門，門北一星爲次將，北間爲中華西門，門北一星爲次相，北間爲太陰西門，北端一星爲上相。東蕃四星，南北列。南端第一星爲上相，北間爲太陽

東門，門北一星爲次相，北間爲中華東門，門北一星爲次將，北間爲太陰東門，北端一星爲上將。南蕃兩星，東西列，其西星，爲右執法，其東星，爲左執法。爲廷尉尚書之象。兩執法之間，太微天廷端門也。右執法西間，爲右掖門。左執法之東，爲左掖門。”參見“唐《天地瑞祥志》中的太微垣諸門示意圖”。

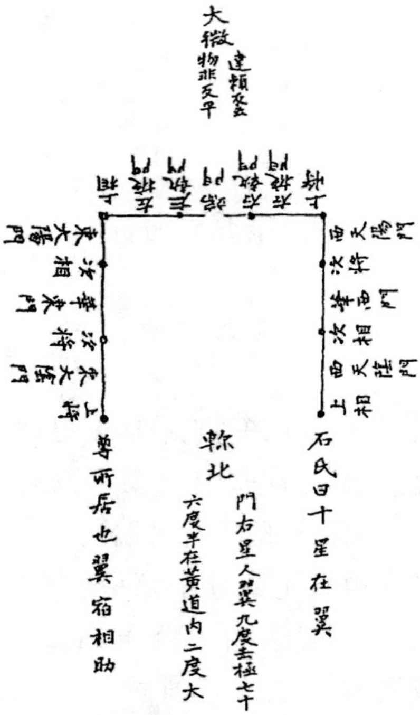


唐《天地瑞祥志》中的太微垣諸門示意圖

（圖中右邊的西天陽門、西天陰門當爲西太陽門、西太陰門之誤。在星占家看來，異常天象進入這些門，便是帝王及其政權受到侵犯的徵兆）

［2］【今注】犯輿鬼中南星：即犯鬼宿之南星。鬼宿共四星，無中星。

[3]【今注】彗星見天市中爲質貴人：彗星見天市中，爲貴人憂。案，中華本删“質”字，並出校勘記：“據盧校改。”可從。

[4]【今注】案，十二月，中華改作“二月”，並出校勘記：“《集解》引錢大昕説，謂《桓帝紀》在二月，此衍‘十’字。今據删。”可從。

元嘉元年二月戊子，太白晝見。永興二年閏月丁酉，太白晝見。時上幸後宫采女鄧猛，明年，封猛兄演爲南頓侯。後四歲，梁皇后崩，梁冀被誅，猛立爲皇后，恩寵甚盛。

永壽元年三月丙申，鎮星逆行入太微中，七十四日去左掖門。[1]七月己未，辰星入太微中，八十日去左掖門。八月己巳，熒惑入太微，二十一日出端門。太微，天子廷也。鎮星爲貴臣妃后，[2]逆行爲匿謀。辰星入太微爲大水，一曰後宫有憂。[3]是歲雒水溢至津門，南陽大水。[4]熒惑留入太微中，又爲亂臣。是時梁氏專政。九月己酉，晝有流星長二尺所，色黄白。癸巳，熒惑犯歲星，爲奸臣謀，大將戮。[5]

[1]【今注】去左掖門：黄道横過左右執法星，故五星衹能犯左右掖門和端門，與其他無關。

[2]【今注】鎮星爲貴臣妃后：鎮星即土星，象徵貴臣、妃、后。有犯即貴臣、妃、后憂。

[3]【今注】辰星入太微爲大水一曰後宫有憂：水星有二解，一爲水，二爲後宫，故言。

[4]【今注】雒水溢至津門南陽大水：此爲辰入太微之應驗。

[5]【今注】爲奸臣謀大將戮：此爲熒惑犯歲星之應驗。

二年六月甲寅，[1]辰星入太微，遂伏不見。辰星爲水，爲兵，爲妃后。八月戊午，太白犯軒轅大星，爲皇后。其三年四月戊寅，熒惑入東井口中，爲大臣有誅者。其七月丁丑，太白犯心前星，爲大臣。後二年四月，[2]懿獻皇后以憂死。大將軍梁冀使太倉令秦宮刺殺議郎邴尊，又欲殺鄧后母宣，事覺，桓帝收冀及妻壽襄城君印綬，皆自殺。誅諸梁及孫氏宗族，或徙邊。是其應也。

[1]【今注】案，二年六月甲寅，中華本校勘記曰："永壽二年六月丁巳朔，無甲寅，志文有譌。"

[2]【今注】案，四月，中華本改作"七月"，並出校勘記："《集解》引洪亮吉説，謂'四月'應作'七月'，志譌。今據改。"可從。

延熹四年三月甲寅，[1]熒惑犯輿鬼質星。五月辛酉，客星在營室，稍順行，生芒長五尺所，至心一度，轉爲彗。熒惑犯輿鬼質星，大臣有戮死者。[2]五年十月，南郡太守李肅坐蠻夷賊攻盜郡縣，取財物一億以上，入府取銅虎符，肅背敵走，不救城郭；又監黎陽謁者燕喬坐贓，重泉令彭良殺無辜，皆棄市。京兆虎牙都尉宋謙坐贓，下獄死。[3]客星在營室至心作彗，爲大喪。後四年，鄧后以憂死。[4]

[1]【今注】案，延熹四年三月甲寅，中華本校勘記曰："延熹四年三月己未朔，無甲寅，志文有譌。"

［2］【今注】熒惑犯輿鬼質星大臣有戮死者：熒惑犯鬼宿中的積尸氣，應驗於有大臣被誅上。熒惑爲死喪，積尸氣爲誅殺，故有此占。

［3］【今注】宋謙坐贓下獄死：應驗於客星犯心，大臣死上。案，宋謙，中華本校勘記曰："《集解》引錢大昕説，謂《桓帝紀》'宋謙'作'宗謙'。"

［4］【今注】鄧后以憂死：因鄧氏專權，導致鄧后憂死。應驗於客星在營室。營室，后妃之宫，客星犯之，后妃有憂。



六年十一月丁亥，太白晝見。是時鄧后家貴盛。

七年七月戊辰，[1]辰星犯歲星。八月庚戌，熒惑犯輿鬼質星。庚申，歲星犯軒轅大星。十月丙辰，太白犯房北星。[2]丁卯，辰星犯太白。十二月乙丑，熒惑犯軒轅第二星。辰星犯歲星爲兵。熒惑犯質星有戮臣。歲星犯軒轅爲女主憂。太白犯房北星爲後宫。其八年二月，太僕南鄉侯左勝以罪賜死，[3]勝弟中常侍上蔡侯悺、北鄉侯黨皆自殺。癸亥，皇后鄧氏坐執左道廢，遷于祠宫死，[4]宗親侍中沘陽侯鄧康、河南尹鄧萬、越騎校尉鄧弼、虎賁中郎將安鄉侯鄧魯、侍中監羽林左騎鄧德、右騎鄧壽、昆陽侯鄧統、淯陽侯鄧秉、議郎鄧循皆繫暴室，[5]萬、魯死，康等免官。又荆州刺史芝、交阯刺史葛祗皆爲賊所拘略，桂陽太守任胤背敵走，皆棄市，熒惑犯輿鬼質星之應也。[6]

［1］【今注】案，七年七月戊辰，中華本校勘記曰："延熹七年七月庚午朔，無戊辰，志文有譌。"

［2］【今注】太白犯房北星：房北星，即房右驂。

［3］【今注】案，太僕南鄉侯左勝，中華本校勘記曰："《集解》引錢大昕説，謂'左勝'《桓帝紀》《宦者傳》俱作'左稱'。《趙岐傳》作'左勝'，與此同。"

［4］【今注】案，遷于祠宫死，中華本改"祠"作"桐"，並出校勘記："《集解》引陳景雲説，謂'祠'當作'桐'，和帝陰皇后廢遷桐宫事見皇后紀，可互證也。今據改。"可從。

［5］【今注】案，河南尹鄧萬，中華本校勘記曰："《集解》引錢大昕説，謂'萬'下脱'世'字，蓋唐人避諱去之。"　案，安鄉侯鄧魯，中華本改作"安陽侯鄧會"，並出校勘記："《集解》引錢大昕説，謂據皇后紀，'安鄉'當作'安陽'。據《桓帝紀》及皇后紀，'魯'當作'會'。今據改。"可從。下文"萬、魯死"之"魯"亦應作"會"。

［6］【今注】皆棄市熒惑犯輿鬼質星之應也：熒惑犯質星，應驗於大臣有戮死者，致使鄧黨剪滅。

八年五月癸酉，太白犯輿鬼質星。壬午，熒惑入太微右執法。閏月己未，太白犯心前星。十月癸酉，歲星犯左執法。十一月戊午，歲星入太微，犯左執法。九年正月壬辰，歲星入太微中，五十八日出端門。六月壬戌，太白行入輿鬼。七月乙未，熒惑行輿鬼中，犯質星。九月辛亥，熒惑入太微西門，積五十八日。永康元年正月庚寅，熒惑逆行入太微東門，留太微中，百一日出端門。七月丙戌，太白晝見經天。太白犯心前星，太白犯輿鬼質星有戮臣。熒惑入太微爲賊臣。[1]太白犯心前星爲兵喪。[2]歲星入太微犯左執法，將相有誅者。歲星入守太微五十日，占爲人主。太白、熒惑入輿鬼，皆爲死喪，又犯質星爲戮臣。熒惑留太微中百一日，占爲人主。[3]太白晝見經天爲兵，憂在大人。其九年十一月，太原太守劉瓆、南陽太守成瑨皆坐殺無辜，荆州刺史李隗爲賊所拘，尚書郎孟瓃坐受金漏言，皆棄市。永康元年十二月丁丑，桓帝崩，太傅陳蕃、大將軍竇武、尚書令尹勳、黄門令山冰等皆枉死，太白犯心，熒惑留守太微之應也。[4]



［1］【今注】案，太，殿本誤作“大”。

［2］【今注】太白犯心前星爲兵喪：《開元占經》引石申曰：“心三星，帝座。大星者天子也。”《開元占經》引太史公曰：“心三星，上星太子星，星不明，太子不得代；下星庶子星，星明，庶子代後。”又《海中占》曰：太白“犯太子，太子不得代。”

［3］【今注】熒惑留太微中百一日占爲人主：熒惑爲灾星，久留帝宫，咎在帝身。故曰“占爲人主。”

［4］【今注】太白犯心熒惑留守太微之應也：太白犯心，咎在帝座；熒惑留守太微，危及帝宫，均咎及帝身，故應在桓帝崩駕。

孝靈帝建寧元年六月，太白在西方，入太微，犯西蕃南頭星。[1]太微，天廷也。太白行其中，宫門當閉，大將被甲兵，大臣伏誅。其八月，太傅陳蕃、大將軍竇武謀欲盡誅諸宦者；其九月辛亥，[2]中常侍曹節、長樂五官史朱瑀覺之，矯制殺蕃、武等，家屬徙日南比景。[3]

［1］【今注】西蕃南頭星：指右執法星。

［2］【今注】案，其九月辛亥，中華本校勘記曰：“《集解》引洪亮吉説，謂‘辛亥’《靈紀》作‘丁亥’。”

［3］【今注】日南比景：日南郡中午日影無影處。日南，指日南郡。比景，夏至中午無日影之地。比即相鄰、相近，日影落在附近。

熹平元年十月，熒惑入南斗中。占曰："熒惑所守爲兵亂。"斗爲吴。其十一月，會稽賊許昭聚衆自稱大將軍，昭父生爲越王，攻破郡縣。

二年四月，有星出文昌，入紫宫，蛇行，有首尾無身，[1]赤色，有光照垣牆。八月丙寅，太白犯心前星。辛未，[2]白氣如一匹練，衝北斗第四星。[3]占曰："文昌爲上將貴相。[4]太白犯心前星，爲大臣。"後六年，司徒劉群爲中常侍曹節所譖，下獄死。[5]白氣衝北斗爲大戰。明年冬，揚州刺史臧旻、丹陽太守陳寅，[6]攻盜賊苴康，斬首數千級。

［1］【今注】有首尾無身：流星斷爲兩節。

［2］【今注】案，"八月丙寅"至"辛未"，中華本校勘記曰："熹平二年八月丁丑朔，無丙寅、辛未，志文有譌。"

［3］【今注】北斗第四星：指北斗四天權。

［4］【今注】文昌爲上將貴相：《史記·天官書》曰："斗魁戴匡六星，曰文昌宫。"《開元占經》引陳卓曰："文昌，一星上將，大將軍也；二曰次將，尚書也；三曰貴相，太常也；四曰司中，司隸也；五曰司怪，太史也；六曰大理，廷尉也。"故文昌象徵朝中主要執政大臣。

［5］【今注】案，劉群，中華本改作"劉郃"，並出校勘記："《集解》引錢大昕説，謂案熹平之世，司徒無下獄死者。惟光和二年劉郃以謀誅宦官下獄死，'群'當爲'郃'之譌也。自熹平二

年至光和二年，相距恰六載。又引惠棟説，謂‘群’本紀作‘郃’。今據改。”可從。

[6]【今注】案，丹陽太守陳寅，中華本校勘記曰：“《集解》引惠棟説，謂《靈帝紀》‘寅’作‘夤’。”

光和元年四月癸丑，流星犯軒轅第二星，東北行入北斗魁中。八月，彗星出亢北，入天市中，長數尺，稍長至五六丈，赤色，經歷十餘宿，八十餘日，乃消於天苑中。[1]流星爲貴使，軒轅爲内宫，北斗魁主殺。流星從軒轅出抵北斗魁，是天子大使將出，有伐殺也。至中平元年，黄巾賊起，上遣中郎將皇甫嵩、朱儁等征之，斬首十餘萬級。彗除天市，天帝將徙，帝將易都。至初平元年，獻帝遷都長安。

[1]【今注】案，苑，紹興本、大德本、殿本誤作“菀”。天苑，星官名。屬昴宿，共十六星。

三年冬，彗星出狼、弧，東行至于張乃去。張爲周地，彗星犯之爲兵亂。後四年，京都大發兵擊黄巾賊。

五年四月，熒惑在太微中，守屏。[1]七月，彗星出三臺下，[2]東行入太微，至太子、幸臣，[3]二十餘日而消。十月，歲星、熒惑、太白三合於虚，相去各五六寸。如連珠。占曰：“熒惑在太微爲亂臣。”是時中常侍趙忠、張讓、郭勝、孫璋等，[4]並爲姦亂。彗星入太微，天下易主。至中平六年，宫車晏駕。歲星、熒惑、太白三合於虛爲喪。虛，齊也。明年，琅邪王據薨。

［1］【今注】熒惑在太微中守屏：屏，即内屏四星，黄道從附近通過，故熒惑守之。

［2］【今注】三臺下：即三臺星中的下臺二星。

［3］【今注】太子、幸臣：指太微垣中帝座北的太子星、幸臣星。

［4］【今注】案，郭勝，中華本校勘記曰："《集解》引惠棟説，謂《袁紀》'勝'作'脈'。"

光和中，國皇星東南角去地一二丈，如炬火狀，十餘日不見。占曰："國皇星爲内亂，外内有兵喪。"[1]其後黄巾賊張角燒州郡，朝廷遣將討平，斬首十餘萬級。中平六年，宫車晏駕，大將軍何進令司隸校尉袁紹私募兵千餘人，陰跱雒陽城外，竊呼并州牧董卓使將兵至京都，共誅中官，對戰南、北宫闕下，死者數千人，燔燒宫室，遷都西京。及司徒王允與將軍吕布誅卓，卓部曲將郭汜、李傕旋兵攻長安，公卿百官吏民戰死者且萬人。天下之亂，皆自内發。

［1］【今注】國皇星爲内亂外内有兵喪：《史記·天官書》曰："國皇星，大而赤，狀類南極，所出，其下起兵，兵彊；其衝不利。"可見國皇星爲超新星之類的異常天體。

中平二年十月癸亥，客星出南門中，[1]大如半筵，五色喜怒稍小，至後年六月消。占曰："爲兵。"至六年，司隸校尉袁紹誅滅中官，大將軍部曲將吴匡攻殺車騎將軍何苗，死者數千人。

［1］【今注】客星出南門中：中國古代的南門有二，一是角宿之南的南門二星，二是井宿南北的南河戍和北河戍，也稱南門。《夏小正》所載"南門正"就是指後者。而前者之南門，當爲三國時陳卓整理三家星表後確定。注者以爲，此處之南門正是指井宿附近之南門。實際上，角宿南之南門星在黄河中下游是很難見到的，又何況其附近的客星了。此當爲超新星爆發記録。

三年四月，熒惑逆行守心後星。十月戊午，月食心後星。占曰："爲大喪。"後三年而靈帝崩。

五年二月，彗星出奎，逆行入紫宫，後三出，六十餘日乃消。六月丁卯，客星如三升椀，[1]出貫索西南，行入天市，[2]至尾而消。占曰："彗除紫宫，天下易主。客星入天市，爲貴人喪。"明年四月，宫車晏駕。中平中夏，[3]流星赤如火，長三丈，起河鼓，入天市，抵觸宦者星，色白，長二三丈，後尾再屈，食頃乃滅，狀似枉矢。[4]占曰："枉矢流發，其宫射，所謂矢當直而枉者，操矢者邪枉人也。"中平六年，大將軍何進謀盡誅中官，中官覺，[5]於省中殺進；[6]俱兩破滅，天下由此遂大壞亂。

［1］【今注】三升椀：能裝三升物品大小的碗。椀，同"碗"。

［2］【今注】案，出貫索西南行入天市，中華本標點爲"出貫索，西南行入天市"。由於天市垣在貫索東南，所以如此標點有誤，

當作正文中標點法。

［3］【今注】中平中夏：中平年間的夏天。中平，東漢靈帝劉宏年號（184—189）。

［4］【今注】狀似枉矢：枉矢，尾曲蛇行的流星。《史記·天官書》曰：“枉矢，類大流星，蛇行而倉黑，望之如有毛羽然。”參見“古代文獻中的流星分類圖”。

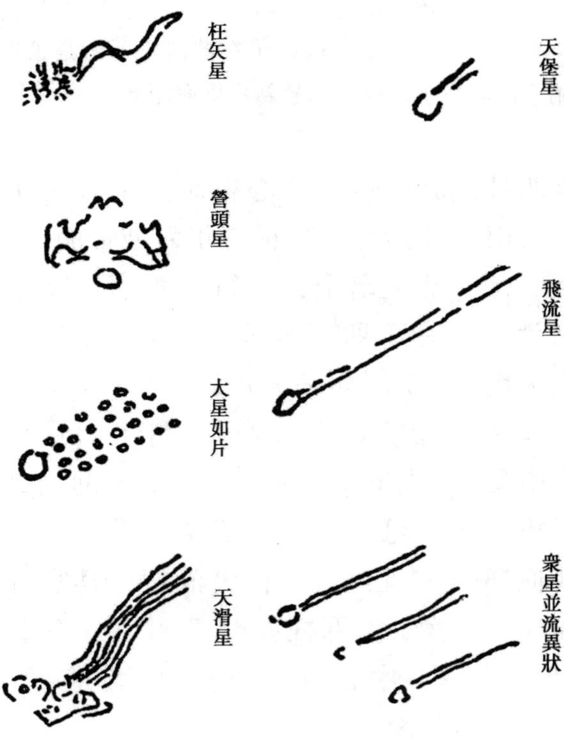


古代文獻中的流星分類圖

（志文中所載枉矢星、營頭星等形狀，這裏都繪有相應的示意圖形）

［5］【今注】案，底本無“中官覺”三字，不可讀，中華本

補，並出校勘記："盧校謂脱'中官覺'三字，《通考》有。今據補。按：汲本重'中官'二字，脱'覺'字。"今從補。

［6］【今注】省中：禁宫之中。

六年八月丙寅，太白犯心前星，戊辰犯心中大星。其日未冥四刻，[1]大將軍何進於省中爲諸黄門所殺。己巳，車騎將軍何苗爲進部曲將吴匡所殺。

［1］【今注】未冥四刻：未暗前四刻。

孝獻初平三年九月，[1]蚩尤旗見，[2]長十餘丈，色白，出角、亢之南。占曰："蚩尤旗見，則王征伐四方。"[3]其後丞相曹公征討天下且三十年。

［1］【今注】案，三，大德本、殿本作"二"，是。《獻紀》"蚩尤旗見"事情亦繫於二年。

［2］【今注】蚩尤旗：彗星的一種，後曲似旗。《史記·天官書》曰："蚩尤之旗，類彗而後曲，象旗。見則王者征伐四方。"

［3］【今注】案，王，殿本作"主"。

四年十月，孛星出兩角間，[1]東北行入天市中而滅。占曰："彗除天市，天帝將徙，帝將易都。"[2]是時上在長安，後二年東遷，明年七月，至雒陽，其八月，曹公迎上都許。

［1］【今注】兩角間：彗星出現於角、宿兩星之間。

［2］【今注】帝將易都：據占辭，彗星掃天市，國家將遷都，

以應天市交易之義。

建安五年十月辛亥，有星孛于大梁，[1]冀州分也。時袁紹在冀州。其年十一月，紹軍爲曹公所破。七年夏，紹死，後曹公遂取冀州。

[1]【今注】有星孛于大梁：彗星出現於大梁星次。大梁，西方第二個星次，包括胃宿、昴宿、畢宿。對應於魏都開封，一説大梁趙之分野，故有此占語。

九年十一月，有星孛于東井輿鬼，[1]入軒轅太微。十一年正月，星孛于北斗，首在斗中，尾貫紫宫，及北辰。[2]占曰："彗星掃太微宫，人主易位。"其後魏文帝受禪。

[1]【今注】案，九年十一月有星孛于東井輿鬼，中華本校勘記曰："《集解》引洪亮吉説，謂《獻紀》作'十月'。"

[2]【今注】首在斗中尾貫紫宫及北辰：這裏將彗星的分布狀態描述得很具體，頭在北斗星處，身處紫宫之中，尾及北極星附近。

十二年十月辛卯，有星孛于鶉尾，[1]荆州分也，時荆州牧劉表據荆州，時益州從事周群以荆州牧將死而失土。[2]明年秋，表卒，以小子琮自代。曹公將伐荆州，琮懼，舉軍詣公降。

[1]【今注】鶉尾：南方第三個星次，包括翼宿和軫宿。

[2]【今注】案，時益州從事周群以荆州牧將死而失土，中華本删補爲“益州從事周群以爲荆州牧將死而失土”，並出校勘記：“《校補》謂案文‘時’字衍，‘以’下脱‘爲’字。今據删補。”可從。

十七年十二月，有星孛于五諸侯。周群以爲西方專據土地者，皆將失土。[1]是時益州牧劉璋據益州，漢中太守張魯別據漢中，韓遂據涼州，宋建別據枹罕。[2]明年冬，曹公遣偏將擊涼州。十九年，獲宋建；韓遂逃于羌中，病死。其年秋，璋失益州。二十年秋，公攻漢中，[3]魯降。

[1]【今注】“孛于五諸侯”至“皆將失土”：五諸侯，在東井北，近北河戍星。彗星見五諸侯，將應驗在益州、梁州失去土地上。

[2]【今注】案，宋建別據枹罕，中華本改“宋”作“宗”，並出校勘記：“殿本《考證》謂何焯校本‘宋’改‘宗’。今據改。”可從。下文“宋建”亦應作“宗建”。

[3]【今注】案，公攻漢中，殿本於“公”上有“曹”字，是。

十八年秋，歲星、鎮星、熒惑俱入太微，逆行留守帝坐百餘日。占曰：“歲星入太微，人主改。”

二十三年三月，孛星晨見東方二十餘日，夕出西方，犯歷五車、東井、五諸侯、文昌、軒轅、后妃、太微，鋒炎指帝坐。占曰：“除舊布新之象也。”[1]

[1]【今注】案，以上歲星、鎮星、熒惑入太微，彗星犯太微、帝座，都應驗於除舊布新、更改帝位之上。

殤帝延平元年九月乙亥，隕石陳留四。[1]《春秋》僖公十六年，隕石于宋五，《傳》曰隕星也。董仲舒以爲從高反下之象。或以爲庶人惟星，隕，民困之象也。[2]

[1]【今注】隕石：以上均以年代記録天象，不分種類，但無隕石記録。以下專載東漢兩條隕石紀録。似與以上分類不協調。隕石是從宇宙空間穿過地球大氣層落到地面上的天然固態物體，又稱隕星。隕星有石質和鐵質兩種，中國古代常有發現和記録。《史記·天官書》就有隕石的記載："星墜至地，則石也。河濟之間，時有墜星。"

[2]【今注】隕民困之象也：隕星，爲人民困乏之象。這僅是星占家對隕星現象的一種解釋，更多的則與戰事相聯繫。《史記·天官書》曰："天狗狀如大奔星，有聲。其下至地，類狗。千里破軍殺將。"《春秋緯》則説："大奔星有聲，望之如火光，見則破軍，四方相射。又近驗前代邊將敗績，多有奔星墜其營中。"《晉書·天文志》則記載得更明確："蜀後主建興十三年，諸葛亮帥大衆伐魏，屯於渭南。有長星赤而芒角，自東北西南流，投亮營，三投再還，往大還小。占曰：'兩軍相當，有大流星來走軍上，及墜軍中者，皆破敗之徵也。'九月，亮卒於軍，焚營而退。群帥交怨，多相誅殘。"奔星墜入諸葛亮軍營，必有破軍殺將。諸葛亮死後，蜀軍在敗退中自相殘殺，正應驗在占辭上。

桓帝延熹七年三月癸亥，[1]隕石右扶風一，鄠又隕石二，皆有聲如雷。

［1］【今注】案，延熹七年三月癸亥，中華本校勘記曰："延熹七年三月壬申朔，無癸亥，志文有譌。"

# 後漢書　志第十三



## 五行一[1]

貌不恭　淫雨　服妖　雞禍　青眚　屋自壞　訛言　旱　謠　狼食人

［1］【今注】案，《五行志》始自班固《漢書》，以五行（木、火、土、金、水）、五事（貌、言、視、聽、思）和皇極三大類來統攝各種災異現象，這三大類都源自《尚書·洪範》。《洪範》提出了治國大法的核心在於天賜的“九疇”，即九項神聖法則：“初一曰五行；次二曰敬用五事；次三曰農用八政；次四曰協用五紀；次五曰建用皇極；次六曰乂用三德；次七曰明用稽疑；次八曰念用庶徵；次九曰嚮用五福，威用六極。”其中“五行”是水、火、木、金、土，“水曰潤下，火曰炎上，木曰曲直，金曰從革，土爰稼穡。潤下作鹹，炎上作苦，曲直作酸，從革作辛，稼穡作甘”。潤下、炎上等是五行的屬性，鹹、苦、酸、辛、甘是由屬性派生出來的五味。“五事”指貌、言、視、聽、思五種行爲舉止和心理活動，“貌曰恭，言曰從，視曰明，聽曰聰，思曰睿。恭作肅，從作乂，明作哲，聰作謀，睿作聖”。恭、從、明、聰、睿是君主日常行爲的規範，肅、乂、哲、謀、聖是遵守規範後達到的效果。“建用皇極”指君王須以中道建立天子之位。因此，任何事物、現象，衹要違背了五行、五事、皇極的原則，必爲災異。在此觀念基礎

上，漢儒發展出了《洪範五行傳》，專門解説《洪範》，進而又衍生出不少對《洪範五行傳》的解説之書，如許商的《五行傳記》、劉向的《洪範五行傳論》、劉歆的《五行傳説》，等等。《漢書·五行志》是糅合了《洪範》原始感應説、古老的月令傳統、京房《易》學、漢代《春秋》學等諸多思想而成之先秦至於西漢末年的災異大全。後世史書遂沿用這一志書體例，但在具體的結構上又有變化。《漢書·五行志》五行、五事、皇極分述，不相統屬，《晉書·五行志》《隋書·五行志》的結構與之相同。本書《五行志》將五行與五事併在一起，以五行統攝五事，固定以木—貌、金—言、火—視、水—聽、土—思的方式搭配，《宋書·五行志》是這種結構中最爲齊整的，《南齊書·五行志》雖不齊整，但也可以看得出是這種搭配方式。就層級而言，《漢書·五行志》先引“經”（《洪範》），次引“傳”（《洪範五行傳》），再引“説”（漢儒對於《洪範五行傳》的各種解説），最後是具體實例，有四個層級。本書《五行志》不引“經”而直接引《五行傳》，“傳曰”下的“説曰”時有時無，代之以具體的事例解釋，“説曰”不像《漢書》那樣是專門作爲層級的一項出現，而是成爲解説實例的依據。因此基本是兩層結構：傳（《洪範五行傳》）——事例，比起班固大大簡化。比較兩種體例結構，可以明顯感覺到，魏晉以後《五行傳》成了《五行志》最基本的理論來源。

《五行傳》説及其占應，[1]《漢書·五行志》録之詳矣。[2]故泰山太守應劭、給事中董巴、散騎常侍譙周[3]並撰建武以來災異。[4]今合而論之，以續《前志》云。[5]

[1]【今注】五行傳：即《洪範五行傳》。傳爲西漢伏生或夏侯始昌所撰，闡發《尚書·洪範》中的陰陽五行大義，並經劉向、

劉歆等人進一步詮釋，將《洪範》的“五行”“五事”“皇極”等與“災異”結合起來，建構了一套標準的陰陽五行系統。該書所確立的災異歸類方法、災異學思想，深刻地影響了歷代正史《五行志》的編撰。

［2］【今注】漢書五行志：班固撰，共五卷，上卷談“五行”，主要記録各種災害；中之上、中之下和下之上三卷講“五事”，記録各種異象；下之下是“皇極”，記録日月星辰的變異。其内容既講陰陽五行災異，又記録了天象和自然災害史等各項資料。

［3］【劉昭注】《蜀志》曰：“周宇允南，巴西西充國人也。治《尚書》，兼通諸經及圖緯。州郡辟請皆不應。耽古篤學，誦讀典籍，欣然獨笑，以忘寢食。蜀亡，魏徵不至。”【今注】應劭：字仲遠，汝南南頓（今河南項城市西）人。東漢靈帝時期，舉孝廉出身，起家車騎將軍掾吏。舉高第，累授泰山太守。後投奔袁紹，最終病逝於鄴城。撰有《漢官儀》和《風俗通》，並爲《漢書》做過《音義集解》。傳見本書卷四八。　董巴：三國時魏國官吏，任給事中博士騎都尉。曾與辛毗等人進言勸以魏代漢。撰有《大漢輿服志》。　蜀志：此處引自陳壽《三國志》卷四二《蜀書·譙周傳》。案，曹金華《後漢書稽疑》指出劉昭摘引此條時有錯漏删減，且“‘治《尚書》’前脱去‘父字榮始’五字，遂將‘治《尚書》’迄於‘皆不應’之十七字訛爲譙周事迹”（中華書局2014年版，第1419頁）。　西充國：縣名。東漢時改充國縣爲西充國縣，屬巴西郡，治所在今四川閬中市木蘭鄉。　圖緯：圖讖和緯書。《文選》蔡邕《郭有道碑文》：“遂考覽六經，探綜圖緯。”李善注：“圖，河圖也。緯，六經及《孝經》皆有緯也。”　辟請：即辟聘，指徵聘、徵召。應劭《風俗通·十反·太尉沛國劉矩》：“而叔方雅有高問，遠近偉之，州郡辟請，未嘗答命，往來京師，委質通門。”

［4］【今注】建武：東漢光武帝劉秀年號（25—56）。

[5]【今注】以續前志：《前志》指《漢書·五行志》。班固《漢書》始創《五行志》，記載了先秦至西漢的災異，本志則意圖接續《漢書·五行志》，繼續記載東漢時期的災異。

《五行傳》曰："田獵不宿，[1]飲食不享，[2]出入不節，[3]奪民農時，[4]及有姦謀，[5]則木不曲直。"[6]謂木失其性而爲災也。又曰："貌之不恭，是謂不肅。[7]厥咎狂，[8]厥罰恒雨，[9]厥極惡。[10]時則有服妖，[11]時則有龜孽，[12]時則有雞禍，[13]時則有下體生上之痾，[14]時則有青眚、青祥，[15]惟金沴木。"[16]説云：氣之相傷謂之沴。[17]

[1]【劉昭注】鄭玄注《尚書大傳》曰："不宿，不宿禽也。角主天兵。《周禮》四時習兵，因以田獵。《禮志》曰：'天子不合圍，諸侯不掩群。過此則暴天物，爲不宿禽。'角南有天庫、將軍、騎官。"《漢書音義》曰："遊田馳騁，不反宫室。"【今注】鄭玄：字康成，北海高密（今山東高密市西南）人。通《京氏易》《公羊春秋》。又從張恭祖學《周禮》《左氏春秋》《古文尚書》。後事馬融，博通群經。學成而歸聚徒講學，弟子千人。東漢桓帝時受黨禍禁錮，杜門修業。玄以古文經學爲主，兼采今文經説，自成一家，著《毛詩箋》，注《周易》《尚書》《三禮》《論語》。傳見本書卷三五。　角主天兵：角，星宿名，二十八星宿之一。二十八宿是指分布在天赤道及黄道附近的二十八個星座，包括東方青龍七宿：角、亢、氐、房、心、尾、箕；北方玄武七宿：斗、牛、女、虚、危、室、壁；西方白虎七宿：奎、婁、胃、昴、畢、觜、參；南方朱雀七宿：井、鬼、柳、星、張、翼、軫。古代天文學中以人事比附星象，二十八宿各司其職，反映了"天人合一"的思想。角

宿象徵天神之兵。《晉書·天文志上》："角二星爲天闕，其間天門也，其内天庭也。故黄道經其中，七曜之所行也。左角爲天田，爲理，主刑；其南爲太陽道。右角爲將，主兵；其北爲太陰道。" 禮志：指《禮記·王制》，該篇主要闡述君主治理天下的規章制度。 天庫將軍騎官：皆星名。天庫又稱庫樓，《隋書·天文志》"庫樓十星……一曰天庫，兵車之府也。"《史記·天官書》："房南衆星曰騎官。" 漢書音義：書名。爲《漢書》做音義注解的注釋書。史載《漢書音義》有多部，不知此處是何人所撰。

［2］【劉昭注】鄭玄曰："享，獻也。《禮志》曰：'天子諸侯，無事則歲三田：一爲乾豆，二爲賓客，三爲充君之庖。'《周禮》獸人，冬獻狼，夏獻麋，春秋獻獸物，此獻禮之大略也。"注《五行》稱"鄭玄曰"，皆出注《大傳》也。《漢書音義》曰："無獻享之禮。"【今注】三田：古代天子、諸侯每年田獵三次，稱爲三田。《禮記·王制》："天子諸侯，無事則歲三田。"孔穎達疏："天子諸侯無事者，謂無征伐出行喪凶之事，則一歲三時田獵，獵在田中，又爲田除害，故稱田也。"

［3］【劉昭注】鄭玄曰："角爲天門，房有三道，出入之象也。"【今注】天門：指東方七宿角宿中兩星之間所形成的門户。《晉書·天文志上》："角二星爲天闕，其間天門也，其内天庭也。" 三道：星辰運行的三條軌道。《七緯·尚書緯·尚書運期授》："房，四表之道。"宋均注："四星間有三道，日月五星所從出入也。"李大瑛曰："《天鏡經》：'天有四表。四表者，房星也。三道者，房間三道。南間爲上道，中央爲中道，秋間爲下道。'"

［4］【劉昭注】鄭玄曰："房、心，農時之候也。季冬之月，命農師計耦耕事，是時房、心晨中。《春秋傳》曰：'辰爲農祥，后稷之所經緯也。'"【今注】房：星宿名。二十八宿之一。古時以爲主車馬，故稱之爲"天駟""房駟"。《史記·天官書》："房爲府，曰天駟。其陰，右驂。" 心：星宿名。二十八宿之一。《史

記·天官書》："心爲明堂，大星天王，前後星子屬。"　春秋傳：即《春秋左氏傳》。　后稷：周朝的先祖。傳説姜嫄踐天帝足迹，懷孕生子，因曾棄而不養，故名之爲"棄"。虞舜命爲農官，教民耕稼，稱爲"后稷"。《詩·大雅·生民》："載生載育，時維后稷。"

［5］【劉昭注】鄭玄曰："亢爲朝廷，房、心爲明堂，謀事出政之象。"【今注】亢：星宿名。二十八宿之一。《史記·天官書》："亢爲疏廟。"《索隱》引《元命包》曰："亢四星爲廟廷。"

［6］【劉昭注】鄭玄曰："君行此五者，爲逆天東宫之政。東宫於地爲木，木性或曲或直，人所用爲器也。無故生不暢茂，多折槁，是爲木不曲直。木、金、水、火、土謂之五材，《春秋傳》曰：'天生五材，民並用之。'其政逆則神怒，神怒則材失性，不爲民用。其他變異皆屬沴，沴亦神怒。凡神怒者，日、月、五星既見適于天矣（適，殿本作'謫'）。"《洪範》："木曰曲直。"孔安國曰："木可以揉曲直。"【今注】洪範：《尚書》篇名。《漢書·五行志》曰："禹治洪水，賜《雒書》，法而陳之，《洪範》是也。"該篇歷來被古代政治家視作治國大法，其核心在於天賜之"九疇"："初一曰五行；次二曰敬用五事；次三曰農用八政；次四曰協用五紀；次五曰建用皇極；次六曰乂用三德；次七曰明用稽疑；次八曰念用庶徵；次九曰嚮用五福，威用六極。"　孔安國：字子國。孔子後裔，受《詩》於申公，受《尚書》於伏生。西漢武帝時爲博士，官至諫大夫、臨淮太守。傳見《漢書》卷五八。

［7］【劉昭注】鄭玄曰："肅，敬也。君貌不恭，則是不能敬其事也。"《洪範》曰："貌曰恭。"

［8］【劉昭注】鄭玄曰："君臣不敬，則倨慢如狂。"《方儲對策》曰："君失制度，下不恭承，臣恣淫慢。"【今注】方儲對策：書名。方儲，字聖明。習孟氏《易》，精圖讖，善天文。東漢章帝建初舉賢良方正，對策第一，其對策後來編撰成書。傳見謝承《後

漢書》卷六。

[9]【劉昭注】鄭玄曰："貌曰木，木主春，春氣生；生氣失則踰其節，故常雨也。"《管子》曰："冬作土功，發地藏，則夏多暴雨，秋雨霖不止。"《淮南子》曰："金不收則多淫雨。"【今注】管子：書名。託名管子所著，成書於戰國至秦漢時期，内容龐雜，含法家、儒家、道家、陰陽家、名家、兵家和農家等觀點。《漢書·藝文志》將其列入子部道家類，《隋書·經籍志》將其列入法家類，《四庫全書總目》將其列入子部法家類。　淮南子：書名。西漢淮南王劉安及其門客收集史料集體編寫而成。其繼承先秦黄老思想，並綜合了諸子百家學説。《漢書·藝文志》將其歸入"雜家"，《隋書·經籍志》列入縱横類，《四庫全書總目》歸入"雜家"，屬於子部。

[10]【劉昭注】孔安國曰："醜陋。"

[11]【劉昭注】鄭玄曰："服，貌之飾也。"

[12]【劉昭注】鄭玄曰："龜蟲之生於水而游於春者，屬木。"

[13]【劉昭注】鄭玄曰："雞畜之有冠翼者也，屬貌。"《洪範傳》曰："妖者，敗胎也，少小之類，言其事之尚微也。至孽，則牙孽也，至乎禍則著矣。"

[14]【劉昭注】鄭玄曰："痾，病也，貌氣失之病也。"《漢書音義》曰："若梁孝王之時，牛足反出背上也。此下欲伐上之禍。"

[15]【劉昭注】鄭玄曰："青，木色也。眚生於此，祥自外來也。"

[16]【劉昭注】鄭玄曰："沴，殄也。凡貌、言、視、聽、思心，一事失，則逆人之心，人心逆則怨，木、金、水、火、土氣爲之傷。傷則衝勝來乘殄之，於是神怒人怨，將爲禍亂。故五行先見變異，以譴告人也。及妖、孽、禍、痾、眚、祥皆其氣類，

暴作非常，爲時怪者也。各以物象爲之占也。”【今注】沴：惡氣，指無形世界的怪異，屬“氣”的範疇。《漢書·五行志中之上》引“説”曰：“氣相傷，謂之沴。沴猶臨莅，不和意也。”　貌言視聽思心：即五事，《洪範》所言“九疇”之一。《尚書·洪範》：“五事：一曰貌，二曰言，三曰視，四曰聽，五曰思。貌曰恭，言曰從，視曰明，聽曰聰，思曰睿。恭作肅，從作乂，明作哲，聰作謀，睿作聖。”　衝勝：衝，動摇、湧摇。《説文·水部》：“沖，湧摇也。”勝，《説文·力部》：“任也。從力朕聲。”　妖孽禍痾眚祥：古代士人階層對於世界呈現的怪異現象的描述用語，按照由低到高的級别，程度逐漸加深。《漢書·五行志中之上》引“説”曰：“凡草物之類謂之妖。妖猶夭胎，言尚微。蟲豸之類謂之孽。孽則牙孽矣。及六畜，謂之旤，言其著也。及人，謂之痾。痾，病貌，言寖深也。甚則異物生，謂之眚；自外來，謂之祥。祥猶禎也。”妖用於描述草物之類的怪異，是最低層次，其中又分兩種情況：“草”和“物”。孽用於描述蟲豸之類的怪異，層次比妖稍高。所謂“蟲豸”是指除了家畜以外的動物，有足爲蟲，無足爲豸。禍用於描述六種家畜的怪異，層次又比孽稍高，包括雞禍、犬禍、羊禍、豕禍（彘禍）、牛禍和馬禍，這種排列方式是和《易》相對應的：巽—雞、兑—犬、離—羊、坎—豕（彘）、坤—牛、乾—馬。痾用於描述人的怪異，包括下體生上之痾、口舌之痾、目痾、耳痾、心腹之痾和下人伐上之痾。眚、祥一般連用，描述生物界以外的有形世界的怪異，主要根據顔色來判斷：木—青、金—白、火—赤、水—黑、土—黄。

［17］【劉昭注】《尚書大傳》曰：“凡六沴之作，歲之朝，月之朝，日之朝，則后王受之。歲之中，月之中，日之中，則正卿受之。歲之夕，月之夕，日之夕，則庶民受之。”鄭玄曰：“自正月盡四月爲歲之朝，自五月盡八月爲歲之中，自九月盡十二月爲歲之夕。上旬爲月之朝，中旬爲月之中，下旬爲月之夕。平旦至

食時爲日之朝，隅中至日跌爲日之中（日跌，殿本作‘日昳’，‘跌’通‘昳’），晡時至黄昏爲日之夕。受之，受其凶咎也。”《大傳》又云：“其二辰以次相將，其次受之。”鄭玄曰：“二辰謂日、月也。假令歲之朝也，日、月中則上公受之，日、月夕則下公受之；歲之中也，日、月朝則孤卿受之，日、月夕則大夫受之；歲之夕也，日、月朝則上士受之，日、月中則下士受之。其餘差以尊卑多少，則悉矣。”《管子》曰：“明王有四禁：春無殺伐，無割大陵，伐大木（木，殿本作‘本’，誤），斬大山，行大火，誅大臣，收穀賦錢；夏無遏水，達名川，塞大谷，動土功，射鳥獸；秋無赦過，釋罪，緩刑；冬無爵賞禄，傷伐五藏。故春政不禁，則五穀不成；夏政不禁，則草木不榮；秋政不禁，則姦邪不勝；冬政不禁，則地氣不藏。四者俱犯，則陰陽不和，風雨不時，火流邑，大風飄屋，折樹木，地草夭，冬雷，草木夏落，而秋蟲不藏，宜死者生，宜蟄者鳴，多螣蟇蟲也。六畜不蕃，民多夭死，國貧法亂，逆氣下生。故曰臺榭相望者，亡國之廡也；馳車充國者，追寇之馬也；翠羽朱飾者，斬生之斧也；五采纂組者，蕃功之室也。明王知其然（王，當作‘主’，中華本徑改），故遠而不近，能去此取彼，則主道備也（主，大德本、殿本作‘王’，是）。”《續漢書》曰：“建武二年，尹敏上疏曰：‘六沴作見，若是供御，帝用不差，神則大喜，五福乃降，用章于下。若不供御，六罰既侵，六極其下。明供御則天報之福，不供御則禍災至。欲尊六事之體，則貌、言、視、聽、思、心之用，合六事之揆以致乎太平（合，大德本作“治”），而消除轗軻孽害也。’”【今注】六沴：沴，服虔注云：“害也。”六氣不和，氣不和而相傷爲沴。平旦：天亮的時候。古人根據天色把夜半以後分爲雞鳴、昧旦、平旦三階段，昧旦指天將亮而未亮的時間，平旦指天亮的時間。　食時：古人“朝食”（吃早飯）之時，即7至9時。　隅中：將午之時，即9至11時。　日跌：太陽偏西之時，即每天13至15時。

晡時：傍晚吃飯的時刻，即 15 至 17 時。　黄昏：太陽已落，天未黑的時候，19 至 21 時。　大陵：大的墳陵。　蟄：動物入冬藏伏土中，不飲不食。干寶《搜神記》卷一二："蟲土閉而蟄，魚淵潛而處。"　螣蟗：兩種害蟲。《詩·小雅·大田》："去其螟螣，及其蟊賊。"毛傳："食心曰螟，食葉曰螣。"又《古今韻會舉要》卷二八："蟆，蟲名。山南多饒此物，如蚊而小，攢聚映日，齧人作痕。"　六畜：馬、牛、羊、雞、狗、豬。《左傳》昭公二十五年："爲六畜、五牲、三犧，以奉五味。"杜預注："馬、牛、羊、雞、犬、豕。"　六罰：恒雨、恒陽、恒奥、恒寒、恒風、恒陰。　六極：六種人世困戹之事，是君王用以懲治爲惡者的手段。《尚書·洪範》："六極：一曰凶短折，二曰疾，三曰憂，四曰貧，五曰惡，六曰弱。"孔穎達疏："六極，謂窮極惡事有六。"　轗軻：坎坷，路不平。《樂府古辭·滿歌行》："轗軻世間，何有何亡。"

建武元年，赤眉賊率樊崇、逢安等共立劉盆子爲天子。[1]然崇等視之如小兒，百事自由，初不恤録也。[2]後正旦至，君臣欲共饗，既坐，酒食未下，群臣更起，亂不可整。時大司農楊音案劍怒曰：[3]"小兒戲尚不如此！"其後遂破壞，安等皆誅死。[4]唯音爲關内侯，[5]以壽終。

［1］【今注】赤眉：新莽時期的農民起義軍，以樊崇爲首。爲與王莽軍隊區别，將眉塗成赤紅色，故稱"赤眉"。《漢書》卷九九下《王莽傳下》："赤麋聞之，不敢入界。"顔師古曰："麋，眉也。以朱塗眉，故曰赤眉。古字通用。"　樊崇：字細君。王莽天鳳五年（18）率百餘人起事於莒，得饑民擁護大破王莽軍。所部發展至十餘萬，號赤眉軍，爲統帥。更始三年（25）擁立劉盆子，進軍長安，推翻劉玄政權。東漢光武帝建武三年（27）爲劉秀所困，

敗降。力圖再起，被殺。　逢安：字少子。王莽天鳳五年，樊崇起事，安起兵回應，爲赤眉軍首領之一。劉玄更始二年，與崇等進兵關中，後擁立劉盆子爲帝，任左大司馬。光武帝建武三年，與樊崇、劉盆子等降漢。後圖再起，被殺。　劉盆子：西漢城陽王劉章之後。傳見本書卷一一。

[2]【今注】恤録：予以撫恤，並記其功。《漢書》卷九九上《王莽傳上》："孝武皇帝恤録軍功，裂三萬户以封衞青，青子三人，或在繦褓，皆爲通侯。"

[3]【今注】大司農楊音：赤眉軍首領之一。初從劉玄，後擁立劉盆子爲帝，任大司農，入長安。光武帝建武三年爲劉秀所圍，隨樊崇、劉盆子降漢。由於楊音在長安時對劉秀叔父劉良有恩，因賜爵關内侯，卒於鄉里。

[4]【今注】案，紹興本、大德本、殿本"安"前有"崇"字，當據補。

[5]【今注】關内侯：爵名。秦漢時設置二十等爵制，關内侯排第十九。《史記》卷九《吕太后本紀》："諸中宦者令丞皆爲關内侯。"《集解》引如淳曰："列侯出關就國，關内侯但爵其身，有加異者，與關内之邑，食其租税也。《風俗通義》曰'秦時六國未平，將帥皆家關中，故稱關内侯'。"此處指楊音。

光武崩，[1]山陽王荆哭不哀，[2]作飛書與東海王，[3]勸使作亂。明帝以荆同母弟，[4]太后在，[5]故隱之。後徙王廣陵，[6]荆遂坐後謀反自殺也。[7]

[1]【今注】光武：東漢開國皇帝劉秀，公元25年至57年在位。紀見本書卷一。

[2]【今注】山陽王荆：東漢光武帝劉秀之子劉荆，建武十五年（39）封爲山陽公，兩年後被封爲山陽王。後徙封廣陵王。傳見

本書卷四二。

［3］【今注】飛書：匿名的書信。本書卷一〇上《皇后紀上》："八年，乃作飛書以陷竦。"李賢注："飛書，若今匿名書也。"　東海王：東漢光武帝劉秀長子劉彊。郭后所生，立爲皇太子。郭后廢，彊不自安，請出就藩國，封爲東海王。傳見本書卷四二。

［4］【今注】明帝：東漢明帝劉莊，公元 57 年至 75 年在位。紀見本書卷二。

［5］【今注】案，太，殿本作"大"，二字通。

［6］【今注】廣陵：劉荆的封國，治所在今江蘇揚州市。本書卷四二《光武十王傳》："時西羌反，荆不得志，冀天下因羌驚動有變，私迎能爲星者與謀議。帝聞之，乃徙封荆廣陵王，遣之國。"

［7］【今注】案，後，大德本、殿本作"復"，是。

章帝時，[1]竇皇后兄憲以皇后甚幸於上，[2]故人人莫不畏憲。憲於是强請奪沁水長公主田，[3]公主畏憲，與之，憲乃賤顧之。後上幸公主田，覺之，問憲，憲又上言借之。上以后故，但譴敕之，不治其罪。後章帝崩，竇太后攝政，憲秉機密，忠直之臣與憲忤者，憲多害之，其後憲兄弟遂皆被誅。

［1］【今注】章帝：東漢章帝劉炟，公元 75 年至 88 年在位。紀見本書卷三。

［2］【今注】竇皇后兄憲：即竇憲，字伯度，竇融曾孫。傳見本書卷二三。

［3］【今注】沁水長公主：劉致，東漢明帝之女。本書卷一〇下《皇后紀下・附皇女》："皇女致，三年封沁水公主，適高密侯鄧乾。"章帝時竇憲恃寵，嘗侵奪其園田，而公主畏勢，不敢計較。後帝責憲，使還公主園田。

桓帝時，[1]梁冀秉政，[2]兄弟貴盛自恣，好驅馳過度，至於歸家，猶馳驅入門，百姓號之曰"梁氏滅門驅馳"。後遂誅滅。

［1］【今注】桓帝：東漢桓帝劉志，公元146年至167年在位。紀見本書卷七。

［2］【今注】梁冀：字伯卓，安定烏氏（今寧夏固原市東南）人。傳見本書卷三四。

和帝永元十年、[1]十三年、十四年、十五年，皆淫雨傷稼。[2]安帝元年四年秋，[3]郡國十淫雨傷稼。[4]

［1］【今注】和帝：東漢和帝劉肇，公元88年至105年在位。紀見本書卷四。　永元：東漢和帝劉肇年號（89—105）。

［2］【劉昭注】《古今注》曰："光武建武六年九月，大雨連月，昔稼更生（昔，大德本、殿本作'苗'，是），鼠巢樹上。十七年，雒陽暴雨，壞民廬舍，壓殺人，傷害禾稼。"【今注】淫雨：久雨。《禮記·月令》："行秋令，則天多沉陰，淫雨蚤降。"鄭玄注："淫，霖也，雨三日以上爲霖。"　古今注：書名。三卷，晉崔豹撰。崔豹，字正熊，一作正能，晉惠帝時官至太傅。該書一百九十多則，對古代各類事物進行解説詮釋，内容包羅萬象，其具體内容分爲八類：輿服一，都邑二，音樂三，鳥獸四，魚蟲五，草木六，雜注七，問答釋義八。

［3］【今注】安帝：東漢安帝劉祜，公元106年至125年在位。紀見本書卷五。　案，元年，"年"當作"初"，中華本據黄山《後漢書校補》改。元初即東漢安帝劉祜年號（114—120）。

［4］【劉昭注】《方儲對策》曰："雨不時節，妄賞賜也。"

【今注】雨不時節：下雨不合時宜也不符節律。《國語·晉語八》："夫德廣遠而有時節，是以遠服而邇不遷。"韋昭注："作之有時，動之有序。"

永寧元年，[1]郡國三十三淫雨傷稼。

[1]【今注】永寧：東漢安帝劉祜年號（120—121）。

建光元年，[1]京都及郡國二十九淫雨傷稼。是時羌反久未平，[2]百姓屯戍，不解愁苦。

[1]【今注】建光：東漢安帝劉祜年號（121—122）。

[2]【今注】羌反：兩漢時期居於隴西、漢陽、金城塞外西羌部落的反叛。本書卷八七《西羌傳》："建光元年春，馬賢率兵召盧忽斬之，因放兵擊其種人，首虜二千餘人，掠馬牛羊十萬頭，忍良等皆亡出塞。"

延光元年，[1]郡國二十七淫雨傷稼。[2]

[1]【今注】延光：東漢安帝劉祜年號（122—125）。

[2]【劉昭注】案本傳陳忠奏，以爲王侯二千石爲女使伯榮獨拜車下，柄在臣妾。【今注】陳忠：字伯始，陳寵之子。傳見本書卷四六。　伯榮：東漢安帝劉祜的乳母王盛之女。本書《陳忠傳》載："時帝數遣黄門常侍及中使伯榮往來甘陵，而伯榮負寵驕蹇，所經郡國莫不迎爲禮謁。"李賢注："伯榮，帝乳母王聖女也。"

二年，郡國五連雨傷稼。

順帝永建四年，[1]司隸、荆、豫、兖、冀部淫雨傷稼。[2]

[1]【今注】順帝：東漢順帝劉保，公元125年至144年在位。紀見本書卷六。　永建：東漢順帝劉保年號（126—132）。

[2]【今注】司隸：州名。下轄河南、河内、河東、弘農、京兆、馮翊、扶風。轄境約相當於今陝西關中與商洛地區及山西、河南部分地區。　荆：州名。下轄南陽、南郡、江夏、零陵、桂陽、武陵、長沙。轄境約相當於今湘、鄂二省及豫、桂、黔、粤的一部分。　豫：州名。下轄潁川、汝南、梁國、沛國、陳國、魯國。轄境約當今淮河以北、伏牛山以東豫東、皖北地。　兖：州名。下轄陳留、東郡、東平、任城、泰山、濟北、山陽、濟陰。轄境約當今山東西部及河南東部。　冀：州名。下轄魏郡、鉅鹿、常山、中山、安平、河間、清河、趙國、勃海。轄境約當今河北中南部、山東西端和河南北端。

六年，冀州淫雨傷稼。

桓帝延熹二年夏，[1]霖雨五十餘日。是時，大將軍梁冀秉政，[2]謀害上所幸鄧貴人母宣，[3]冀又擅殺議郎邴尊。[4]上欲誅冀，懼其持權日久，威勢强盛，恐有逆命，害及吏民，密與近臣中常侍單超等圖其方略。[5]其年八月，冀卒伏罪誅滅。[6]

[1]【今注】延熹：東漢桓帝劉志年號（158—167）。

[2]【今注】大將軍：官名。位在三公之下，爲將軍最高稱號，多由貴戚擔任，統兵征戰並掌握政權，位重權高。本書《百官志一》："將軍，不常置。本注曰：掌征伐背叛。比公者四：第一大

將軍，次驃騎將軍，次車騎將軍，次衛將軍。又有前、後、左、右將軍。”劉昭注引蔡質《漢儀》曰：“漢興，置大將軍、驃騎，位次丞相，車騎、衛將軍、左、右、前、後，皆金紫，位次上卿。典京師兵衛，四夷屯警。”

［3］【今注】鄧貴人母宣：鄧香之妻、桓帝皇后鄧猛女之母，後改嫁梁紀。本書卷三四《梁冀傳》：“初，掖庭人鄧香妻宣生女猛，香卒，宣更適梁紀。梁紀者，冀妻壽之舅也。壽引進猛入掖庭，見幸，爲貴人，冀因欲認猛爲其女以自固，乃易猛姓爲梁。”

［4］【今注】議郎：官名。負責顧問應對。　邴尊：東漢桓帝皇后鄧猛女的姐夫，曾擔任過議郎，後被梁冀派刺客暗殺。本書《梁冀傳》：“時猛姊壻邴尊爲議郎，冀恐尊沮敗宣意，乃結刺客於偃城，刺殺尊，而又欲殺宣。”

［5］【今注】中常侍：官名。皇帝寵幸近臣，掌顧問應對，東漢時多由宦官擔任。　單超：河南（今河南洛陽市）人。宦官。桓帝初爲中常侍，幫助桓帝誅滅梁冀及宗親黨羽，封新豐侯，爲“五侯”之一，後拜車騎將軍。傳見本書卷七八。

［6］【劉昭注】案，《公沙穆傳》，永壽元年霖雨，大水，三輔以東莫不湮沒（三，大德本作“二”，誤）。【今注】公沙穆：字文乂，北海膠東（今山東平度市）人。習《韓詩》《公羊春秋》，尤善推步之術。曾隱居東萊山，後舉孝廉，遷繒相。再遷弘農令。桓帝永壽元年（155），三輔以東霖雨成災，穆預告百姓移居高地，得免水害。位至遼東屬國都尉。傳見本書卷八二下。　永壽：東漢桓帝劉志年號（155—158）。

靈帝建寧元年夏，[1]霖雨六十餘日。是時大將軍竇武謀變廢中官。[2]其年九月，長樂五官史朱瑀等共與中常侍曹節起兵，[3]先誅武，交兵闕下，敗走，追斬武兄弟，死者數百人。[4]

[1]【今注】靈帝：東漢靈帝劉宏，公元168年至189年在位。紀見本書卷八。　建寧：東漢靈帝劉宏年號（168—172）。

[2]【今注】竇武：字游平，扶風平陵（今陝西咸陽市西北）人。竇融的玄孫。其長女爲桓帝皇后，封槐里侯，拜城門校尉。桓帝崩，竇武立靈帝，更封聞喜侯，拜大將軍，輔朝政。後與陳藩等謀誅宦官曹節、王甫等，事泄自殺。傳見本書卷六九。

[3]【今注】長樂五官史：官名。長樂宮的管理官員。《資治通鑑》卷五六《漢紀》孝靈皇帝建寧元年九月："典中書者先以告長樂五官史朱瑀，瑀盜發武奏。"胡三省注："長樂，太后宮也。太后宮有女尚書五人，五官史主之。"史，殿本作"吏"。　朱瑀：靈帝時宦官，任長樂宮五官史，管理長樂宮。曾參與曹節等矯詔誅竇武、陳蕃等，封華容侯。　曹節：字漢豐，南陽新野（今河南新野縣）人。宦官。傳見本書卷七八。

[4]【劉昭注】案，武死無兄弟，有兄子。

熹平元年夏，[1]霖雨七十餘日。是時中常侍曹節等，共誣曰勃海王悝謀反，[2]其十月誅悝。

[1]【今注】熹平：東漢靈帝劉宏年號（172—178）。

[2]【今注】勃海王悝：即劉悝，東漢桓帝之弟。封蠡吾侯，嗣渤海王。延熹八年（165）坐謀不道貶癭陶王，後與中常侍王甫結怨，被其誣告謀反，自殺。事見本書卷五五《千乘貞王伉傳》。

中平六年夏，[1]霖雨八十餘日。是時靈帝新棄群臣，大行尚在梓宮，[2]大將軍何進與佐軍校尉袁紹等共謀欲誅廢中官。[3]下文陵畢，中常侍張讓等共殺進，[4]兵戰京都，死者數千。

［1］【今注】中平：東漢靈帝劉宏年號（184—189）。

［2］【今注】大行：剛死而尚未定謚號的皇帝、皇后。本書卷五《安帝紀》："大行皇帝不永天年。"李賢注引《前書音義》曰："禮有大行人、小行人，主謚號官也。"韋昭云："大行者，不反之辭也。天子崩，未有謚，故稱大行也。"《穀梁傳》桓公十八年范甯《集解》曰："大行受大名。"《風俗通》曰："天子新崩，未有謚，故且稱大行皇帝。"　梓宫：皇帝、皇后的棺槨。《漢書》卷六八《霍光傳》："賜金錢、繒絮，繡被百領，衣五十篋，璧珠璣玉衣，梓宫、便房、黄腸題湊各一具，樅木外臧椁十五具。"服虔曰："棺也。"顔師古曰："以梓木爲之，親身之棺也。爲天子制，故亦稱梓宫。"

［3］【今注】何進：字遂高，南陽宛（今河南南陽市卧龍區）人。屠户出身，其妹在靈帝時被選入宫爲貴人，又爲皇后，故先後任郎中、潁川太守、侍中等。傳見本書卷六九。　佐軍校尉袁紹：字本初，汝南汝陽（今河南商水縣）人。傳見本書卷七四上。此處"佐軍"當爲"中軍"之訛（參見曹金華《後漢書稽疑》，第974頁）。

［4］【今注】張讓：潁川（今河南禹州市）人。東漢靈帝時爲中常侍，封列侯，威勢顯赫。少帝立，大將軍何進欲誅張讓等，謀泄，讓等先發制人反殺進。後被袁紹追殺，劫少帝走河上，投河而死。傳見本書卷七八。

更始諸將軍過雒陽者數十輩，[1]皆幘而衣婦人衣繡擁䘿。[2]時智者見之，以爲服之不中，身之災也，乃奔入邊郡避之。是服妖也。[3]其後更始遂爲赤眉所殺。

［1］【今注】更始：即劉玄，字聖公，東漢光武帝劉秀族兄。初投平林軍，後合於緑林軍，大破王莽軍，被推爲更始將軍，又被

擁立爲帝，年號更始。傳見本書卷一一。

［2］【今注】䘿：半臂羽衣。本書卷一上《光武帝紀上》："而服婦人衣，諸于繡𧝝，莫不笑之，或有畏而走者。"李賢注云："《前書音義》曰：'諸于，大掖衣也，如婦人之袿衣。'字書無'𧝝'字，《續漢書》作'䘿'，（並）音其物反。楊雄《方言》曰：'襜褕，其短者，自關之西謂之統䘿。'郭璞注云：'俗名䘿掖。'據此，即是諸于上加繡䘿，如今之半臂也。"

［3］【今注】服妖：服飾怪異，古人以爲奇裝異服會預示天下之變。《漢書·五行志中之上》："風俗狂慢，變節易度，則爲剽輕奇怪之服，故有服妖。"

桓帝元嘉中，[1]京都婦女作愁眉、啼粧、墮馬髻、折要步、齲齒笑。所謂愁眉者，細而曲折。啼粧者，薄拭目下，若啼處。墮馬髻者，作一邊。[2]折要步者，足不在體下。齲齒笑者，若齒痛，樂不欣欣。始自大將軍梁冀家所爲，京都歙然，諸夏皆放效。此近服妖也。梁冀二世上將，婚媾王室，大作威福，將危社稷。天誡若曰：[3]兵馬將往收捕，婦女憂愁，踧眉啼泣，[4]吏卒掣頓，[5]折其要脊，令髻傾邪，雖强語笑，無復氣味也。到延熹二年，舉宗誅夷。

［1］【今注】元嘉：東漢桓帝劉志年號（151—153）。

［2］【劉昭注】《梁冀别傳》曰："冀婦女又有不聊生髻。"【今注】梁冀别傳：撰人不詳，二卷，久佚。《隋書·經籍志》史部雜傳類無著録，《舊唐書·經籍志》史部雜傳類、《新唐書·藝文志》史部傳記類及《通志·藝文略》傳記類著録"《梁冀傳》二卷"。

［3］【今注】天誡若曰：上天警戒地下子民。多數是針對具體的人事而發，以“治道”内容爲主，以董仲舒、劉向爲開端，用史家口吻借用“天”的名義，使得具體的治道帶有不容置疑的天道的意味。亦作“天戒若”“天意若”。

［4］【今注】蹴：通“蹙”。緊迫、窘迫。

［5］【今注】掣頓：硬拉、强奪。《釋名·釋姿容》：“掣，制也，制頓之使順己也。”

延熹中，梁冀誅後，京都幘顔短耳長，短上長下。時中常侍單超、左悺、徐璜、具瑗、唐衡在帝左右，[1]縱其姦慝。海内慍曰：一將軍死，五將軍出。家有數侯，子弟列布州郡，賓客雜襲騰翥，[2]上短下長，與梁冀同占。到其八年，桓帝因日蝕之變，乃拜故司徒韓寅爲司隸校尉，[3]以次誅鉏，京都正清。[4]

［1］【今注】左悺：東漢桓帝初爲小黄門史，以誅梁冀功遷中常侍，封上蔡侯。其人暴虐尤甚，後爲司隸校尉韓演劾奏，自殺。　徐璜：東漢桓帝時爲中常侍，以誅梁冀功封武原侯。恃寵驕横，時人謂之“徐卧虎”。　具瑗：東漢桓帝初爲中常侍。以誅梁冀功封東武陽侯。恃寵驕恣，時人稱爲“具獨坐”。後坐貶都鄉侯，卒於家。　唐衡：東漢桓帝初爲小黄門史。以誅梁冀功遷中常侍，封汝陽侯。與單超等同日封，並稱“五侯”，恃權驕縱，殘害百姓。時人呼爲“唐兩墮”。

［2］【今注】騰翥：指升官進爵。

［3］【今注】韓寅：即韓演，字伯南，韓棱之孫。東漢順帝時爲丹陽太守，桓帝永壽三年（157）爲司徒。梁冀被誅，坐阿黨抵罪，遣歸。延熹九年（166）復徵拜司隸校尉。　司隸校尉：官名。監察司隸所轄七郡，統領有軍隊。

[4]【劉昭注】臣昭案：本傳，寅誅左悺貶具瑗，雖剋折姦首，群閹相蒙，京都未爲正清。

延熹中，京都長者皆著木屐；婦女始嫁，至作漆畫五采爲系。此服妖也。到九年，黨事始發，[1]傳黄門北寺，[2]臨時惶惑，不能信天任命，多有逃走不就考者，九族拘繫，及所過歷，長少婦女皆被桎梏，應木屐之象也。

[1]【今注】黨事：黨錮之事。蔡邕《陳太丘碑》："會遭黨事，禁錮二十年。"

[2]【今注】黄門北寺：獄名。"黄門北寺獄"省稱。本書卷六七《李膺傳》："帝愈怒，遂下膺等於黄門北寺獄。"

靈帝建寧中，京都長者皆以葦方笥爲糚具，[1]下士盡然。時有識者竊言：葦方笥，郡國讞篋也；[2]今珍用之，此天下人皆當有罪讞於理官也。到光和三年癸丑赦令詔書，[3]吏民依黨禁錮者赦除之，有不見文，他以類比疑者讞。於是諸有黨郡皆讞廷尉，[4]人名悉入方笥中。

[1]【今注】葦方笥：即葦笥，用葦草編製的方形盛器，古代常用來盛衣服或食品。亦用以存放獄案材料。

[2]【今注】讞：審判定罪。《集韻·去聲·綫韻》："讞，議罪也。"

[3]【今注】光和：東漢靈帝劉宏年號（178—184）。

[4]【今注】廷尉：官名。秦始置，九卿之一，掌刑獄。西漢

初因之，秩中二千石。景帝時改稱大理，武帝時復稱廷尉。

靈帝好胡服、胡帳、胡牀、胡坐、胡飯、胡空侯、胡笛、胡舞，[1]京都貴戚皆競爲之。此服妖也。其後董卓多擁胡兵，[2]填塞街衢，虜掠官掖，[3]發掘園陵。

［1］【今注】空侯：即箜篌，古樂器名。《宋書·樂志》："空侯，初名坎侯。漢武帝賽滅南越，祠太一后土用樂，令樂人侯暉依琴作坎侯，言其坎坎應節奏也。侯者，因工人姓爾。後言空，音訛也。"大德本作"箜侯"，殿本作"箜篌"。

［2］【今注】董卓：字仲穎，隴西臨洮（今甘肅岷縣）人。東漢靈帝時拜東中郎將，代盧植擊黄巾軍，軍敗抵罪。後拜并州牧。靈帝死後，率軍進入洛陽，廢少帝立獻帝，專擅朝政。袁紹等起兵討卓，卓焚洛陽挾獻帝西入長安，自爲太師，凶暴滋甚。後爲王允、吕布所殺。傳見本書卷七二。

［3］【今注】案，官，紹興本、大德本、殿本作"宫"，是。

靈帝於宫中西園駕四白驢，躬自操轡，驅馳周旋，以爲大樂。於是公卿貴戚轉相放效，至乘輜軿以爲騎從，[1]互相侵奪，賈與馬齊。案《易》曰："時乘六龍以御天。"行天者莫若龍，行地者莫如馬。《詩》云："四牡騤騤，載是常服。""檀車煌煌，四牡彭彭。"夫驢乃服重致遠，上下山谷，野人之所用耳，何有帝王君子而驂服之乎！遲鈍之畜，而今貴之。天意若曰：國且大亂，賢愚倒植，凡執政者皆如驢也。其後董卓陵虐王室，多援邊人以充本朝，胡夷異種，跨蹈中國。[2]

[1]【今注】輜軿：輜車和軿車的並稱，泛指有屏蔽的車子。《漢書》卷七六《張敞傳》："禮，君母出門則乘輜軿。"顔師古曰："輜軿，衣車也。輜音甾，又音楚疑反。軿音步千反，又音步丁反。"

[2]【今注】跨蹈：占有，統有。

熹平中，省内冠狗帶綬，[1]以爲笑樂。有一狗突出，走入司徒府門，或見之者，莫不驚怪。[2]《京房易傳》曰：[3]"君不正，臣欲篡，厥妖狗冠出。"後靈帝寵用便嬖子弟，永樂賓客、鴻都群小，傳相汲引，公卿牧守，比肩是也。又遣御史於西鄉賣官，[4]關内侯顧五百萬者，賜與金紫；詣闕上書占令長，隨縣好醜，豐約有賈。强者貪如豺虎，弱者略不類物，實狗而冠者也。司徒古之丞相，壹統國政。天戒若曰：宰相多非其人，尸禄素餐，[5]莫能據正持重，阿意曲從；今在位者皆如狗也，故狗走入其門。[6]

[1]【今注】省：宫省，指皇宫禁中。 冠狗帶綬：給狗佩戴帽子和腰帶。本書卷八《靈帝紀》："又於西園弄狗，著進賢冠，帶綬。"

[2]【劉昭注】《袁山松書》曰（山松，大德本作"崧"，本卷下同不注）："光和四年，又於西園弄狗以配人也（殿本無'也'字）。"【今注】袁山松書：即袁山松撰《後漢書》。袁山松又作袁崧，東晉人，撰《後漢書》一百卷，久佚。此書紀傳品質不高，志書較全，佚文亦多。劉勰《文心雕龍》稱其"袁張所製，偏駁不倫"。

[3]【今注】京房易傳：《易傳》類術數書，西漢京房撰。該

書主要言述災異之説。又京房撰有《京氏易傳》，而《搜神記》等書所引用《京房易傳》的内容與《京氏易傳》不同，學界懷疑二者並不是同一本書。

［4］【今注】西鄉：當作“西邸”。官舍名。東漢靈帝在西園開設的邸舍，鬻賣官爵。本書《靈帝紀》：“初開西邸賣官，自關内侯、虎賁、羽林，入錢各有差。”李賢注引《山陽公載記》曰：“時賣官，二千石二千萬，四百石四百萬，其以德次應選者半之，或三分之一，於西園立庫以貯之。”鄉，大德本、殿本作“邸”，是。

［5］【今注】尸禄素餐：空食俸禄而不盡其職，無所事事。劉向《説苑·至公》：“久踐高位，妨群賢路，屍禄素餐，貪欲無猒。”

［6］【劉昭注】應劭曰：“靈帝數以車騎將軍過拜孽臣内孽，又贈亡人，顯號加於頑凶，印綬汙於腐屍。昔辛有睹被髮之祥，知其爲戎，今假號雲集，不亦宜乎！”【今注】車騎將軍：官名。本來負責征伐背叛，有戰事時乃拜官出征，事成之後便罷官。東漢末年開始成爲常設的將軍官名，典掌京師宫衛。　辛有睹被髮之祥：辛有，春秋時周人。平王時大夫，於平王東遷時經伊川，目睹有被髮而祭於野者，以爲不合於禮，不及百年將淪爲戎狄之居。後秦、晉遷陸渾之戎居伊川。

靈帝數遊戲於西園中，令後宫采女爲客舍主人，身爲商賈服。行至舍，采女下酒食，因共飲食以爲戲樂。此服妖也。其後天下大亂。[1]

［1］【劉昭注】《風俗通》曰：“時京師賓婚嘉會，皆作《魁櫑》，酒酣之後，續以挽歌。”《魁櫑》，喪家之樂。挽歌，執紼相偶和之者。天戒若曰：國家當急殄悴，諸貴樂皆死亡也。自靈帝崩後，京師壞滅，户有兼屍，蟲而相食，《魁櫑》、挽歌，斯之效乎？【今注】風俗通：即東漢應劭《風俗通義》。劭字仲遠，東漢

獻帝時官至太山太守，後事袁紹官軍謀校尉。原書三十二卷，今存十卷，論考古代歷史、風俗禮儀、時人流品、音律器樂，等等。《隋書·經籍志》《舊唐書·經籍志下》和《新唐書·藝文志三》均將其歸入子部雜家類。　魁櫑：即傀儡，用土木製成的偶像，用於喪樂及嘉會。　挽歌：挽柩者所唱哀悼死者之歌。

獻帝建安中，[1]男子之衣，好爲長躬而下甚短，女子好爲長裙而上甚短。時益州從事莫嗣以爲服妖，[2]是陽無下而陰無上也，天下未欲平也。後還，遂大亂。[3]

［1］【今注】獻帝：東漢獻帝劉協，公元189年至220年在位。紀見本書卷九。　建安：東漢獻帝劉協年號（196—220）。

［2］【今注】益州從事：職事官，益州刺史的屬吏，如别駕、治中、主簿、功曹等都稱爲從事。　莫嗣：人名。事迹不詳。

［3］【劉昭注】《袁山松》曰（山松，大德本作“崧”。汲本後有“書”字，下同，不另出校）：“禪位於魏。”【今注】袁山松：《袁山松書》的省稱。

靈帝光和元年，南宫侍中寺雌雞欲化雄，[1]一身毛皆似雄，但頭冠尚未變。詔以問議郎蔡邕。[2]邕對曰：“貌之不恭，則有雞禍。宣帝黄龍元年，未央宫雌雞化爲雄，不鳴無距。[3]是歲元帝初即位，立王皇后。至初元元年，丞相史家雌雞化爲雄，冠距鳴將。[4]是歲后父禁爲平陽侯，[5]女立爲皇后。至哀帝晏駕，[6]后攝政，王莽以后兄子爲大司馬，[7]由是爲亂。臣竊推之，頭，元首，人君之象；今雞一身已變，未至於頭，而上知之，是將有其事而不遂成之象也。若應之不精，政無所改，頭冠或成，爲患兹大。”是後張角作亂稱黄巾，[8]遂破壞。四方疲於賦役，多叛者。上不改政，遂至天下大亂。[9]

［1］【今注】南宫侍中寺：官署名。南宫爲漢代雒陽皇宫，侍中寺是以侍中、黄門侍郎構成的負責文書平省的政務秘書機構。

［2］【今注】蔡邕：字伯喈，陳留圉（今河南杞縣）人。博學，好辭章、數術、天文，精通音律。有《蔡中郎集》，已佚，今存輯本。傳見本書卷六〇下。

［3］【今注】不鳴無距：不打鳴，也没有雄雞爪子後面突出像脚趾的跗骨。《漢書·五行志中之上》：“毛衣變化而不鳴，不將，無距。”顔師古曰：“距，雞附足骨，鬭時所用刺之。”

［4］【今注】冠距鳴將：有冠有距而能鳴唤群雞。喻有號召力。

［5］【今注】平陽：當作“陽平”，中華本據王先謙《後漢書集解》引錢大昕説改。

［6］【今注】哀帝：西漢哀帝劉欣，公元前7年至前1年在位。紀見《漢書》卷一一。

［7］【今注】王莽：新朝的建立者，字巨君，西漢元帝皇后之侄。成帝時封新都侯，遷騎都尉、光禄大夫、侍中，後代王根爲大司馬。哀帝立，免官就國。平帝立，王莽復任大司馬，總攬朝政，進太傅，號安漢公，後加稱宰衡。其女爲皇后，又加九錫，不久毒死平帝，立兩歲的孺子嬰，以攝政名義居天子位，朝會稱假皇帝，改元居攝。初始元年（8）稱帝，改國號爲新。天鳳四年（17），全國各地爆發農民起義。地皇四年（23），緑林等入長安，王莽逃至漸臺，爲商人杜吴所殺。傳見《漢書》卷九九。

［8］【今注】張角：奉事黄老，創太平道，自稱“大賢良師”。東漢靈帝時，借治病傳教，十餘年間，徒衆達數十萬人，遍及青、

徐、幽、冀、荆、揚、兖、豫八州。靈帝中平元年（184）起義，自稱天公將軍，提出“蒼天已死，黄天當立”，以頭纏黄巾爲標志，稱“黄巾軍”。與弟張梁率幽、冀兩州黄巾軍，擊破北中郎將盧植、東中郎將董卓。不久後病死。

［9］【今注】案，至，殿本作“致”。



桓帝永興二年四月丙午，[1]光禄勳吏舍壁下夜有青氣，[2]視之，得玉鉤、玦各一。鉤長七寸二分，周五寸四分，[3]身中皆雕鏤。此青祥也。玉，金類也。七寸二分，商數也。[4]五寸四分，徵數也。[5]商爲臣，徵爲事，蓋爲人臣引决事者不肅，將有禍也。是時梁冀秉政專恣，後四歲，梁氏誅滅也。

［1］【今注】永興：東漢恒帝劉志年號（153—154）。

［2］【今注】光禄勳吏：光禄勳的小吏。本書《百官志二》：“光禄勳，卿一人，中二千石。本注曰：掌宿衛宫殿門户，典謁署郎更直執戟，宿衛門户，考其德行而進退之。郊祀之事，掌三獻。丞一人，比千石。”劉昭注引《漢官》曰：“員吏四十四人，其十人四科，三人百石，一人斗食，二人佐，六人騎吏，八人學事，十三人守學事，一人官醫。衛士八十一人。”

［3］【今注】案，“周”字前中華本據《東觀漢記》及《宋書·符瑞志》補“玦”字。

［4］【今注】商數：商音代表的數字。商，古代五音之一。《禮記·月令》：“其音商。”鄭玄曰：“三分徵，益一以生商，商數七十二。屬金者，以其濁次宫，臣之象也。秋氣和，則商聲調。”

［5］【今注】徵數：徵音代表的數字。徵，古代五音之一。《禮記·月令》：“其音徵。”鄭玄曰：“三分宫，去一以生徵，徵數五十四。屬火者，以其微清，事之象也。夏氣和，則徵聲調。”

延熹五年，太學門無故自壞。[1]襄楷以爲太學前疑所居，[2]其門自壞，文德將喪，教化廢也。是後天下遂至喪亂。

[1]【今注】太學：西漢開始設立在京城，用以培養人才的最高官學機構。

[2]【劉昭注】本傳楷書無“前疑”之言也。【今注】襄楷：字公矩，平原隰陰（今山東齊河縣東北）人。好學博古，善天文陰陽之術。桓帝時宦官專權，楷因屢次上疏勸諫下獄。靈帝時舉方正徵爲博士，不就，終卒於家。傳見本書卷三〇下。

永康元年十月壬戌，[1]南宫平城門内屋自壞。金沴木，木動也。其十二月，宫車晏駕。[2]

[1]【今注】永康：東漢桓帝劉志年號（167）。

[2]【今注】宫車晏駕：宫車晚出，喻天子崩逝。

靈帝光和元年，南宫平城門内屋、武庫屋及外東垣屋前後頓壞。[1]蔡邕對曰：“平城門，正陽之門，與宫連，郊祀法駕所由從出，門之最尊者也。武庫，禁兵所藏。東垣，庫之外障。《易傳》曰：[2]‘小人在位，上下咸悖，厥妖城門内崩。’《潛潭巴》曰：[3]‘宫瓦自墮，諸侯强陵主。’此皆小人顯位亂法之咎也。”[4]其後黄巾賊先起東方，庫兵大動。皇后同父兄何進爲大將軍，同母弟苗爲車騎將軍，[5]兄弟並貴盛，皆統兵在京都。其後進欲誅廢中官，爲中常侍張讓、段珪等所殺，[6]兵戰宫中闕下，更相誅滅，天下兵大起。



［1］【今注】案，此事本書卷八《靈帝紀》載於熹平六年（177）二月。

［2］【今注】易傳：即《京房易傳》。

［3］【今注】潛潭巴：即《春秋潛潭巴》，漢代無名氏撰，關於《春秋》的讖緯類典籍，言災異天人相感之道。宋代以後散佚。

［4］【今注】案，大德本無"此"字。

［5］【今注】苗：即何苗，何進之弟。東漢靈帝時任河南尹，後以鎮壓農民軍拜車騎將軍，封濟陽侯。少帝時何進謀誅宦官，苗屢爲宦官説項。進被宦官殺死後，部曲吴匡等攻殺苗。

［6］【今注】段珪：東漢靈帝時十常侍之一。中平六年（189）與張讓等謀殺大將軍何進，劫少帝及陳留王，爲閔貢追殺。

三年二月，公府駐駕廡自壞，[1]南北三十餘間。[2]

［1］【今注】公府：三公府。　駐駕：停車之處。　廡：廊屋。

［2］【今注】案，三十，本書卷八《靈帝紀》李賢注引《續漢志》作"四十"。

中平二年二月癸亥，廣陽城門外上屋自壞也。[1]

［1］【今注】廣陽城門：東漢雒陽城廣陽門。本書卷八《靈帝紀》："二月己酉，南宫大災，火半月乃滅。己（癸）亥，廣陽門外屋自壞。"李賢注曰："洛陽城西面南頭門也。"

獻帝初平二年三月，[1]長安宣平城門外屋無故自壞。[2]至三年夏，司徒王允使中郎將吕布殺太師董卓，[3]夷三族。[4]

[1]【今注】初平：東漢獻帝劉協年號（190—193）。

[2]【今注】宣平城門：漢長安城東北門。案，此事本書卷九《獻帝紀》在初平四年三月。

[3]【今注】王允：字子師，太原祁（今山西祁縣）人。傳見本書卷六六。　吕布：字奉先，五原九原（今内蒙古包頭市西）人。傳見本書卷七五、《三國志》卷七。

[4]【劉昭注】《袁山松》曰："李傕等攻破長安城，害允等。"【今注】李傕：字稚然，北地（今寧夏吴忠市西南）人。東漢末群雄之一。原爲董卓部將，幫其擊破朱儁。東漢獻帝初平三年（192）董卓被殺，李傕與郭汜等攻打長安，挾持漢獻帝，任大司馬、車騎將軍、司隸校尉等，掌控朝政。後與郭汜反目，獻帝被曹操迎奉到許都。獻帝建安三年（198），被梁興、張横等斬殺。事見本書卷七二《董卓傳》。

興平元年十月，[1]長安市門無故自壞。至二年春，李傕、郭汜鬬長安中，[2]傕迫劫天子，移置傕塢，盡燒宫殿、城門、官府、民舍，放兵寇鈔公卿以下。冬，天子東還雒陽，傕、汜追上到曹陽，[3]虜掠乘輿輜重，[4]殺光禄勳鄧淵、廷尉宣璠、少府田邠等數十人。[5]

[1]【今注】興平：東漢獻帝劉協年號（194—195）。

[2]【今注】郭汜：又名郭多，張掖（今甘肅張掖市西北）

人，東漢末軍閥。原爲董卓部將，與李傕等擊敗朱儁，並在董卓被殺後，聯手攻伐長安，挾持漢獻帝，任揚烈將軍，後將軍等，把持朝政。後與李傕反目。東漢獻帝建安二年（197），被部將伍習誅殺。事見本書卷七二《董卓傳》、傳見《三國志》卷六。

［3］【今注】曹陽：溪澗名。本書卷九《獻帝紀》："壬申，幸曹陽。"李賢注曰："曹陽，澗名，在今陝州西南七里，俗謂之七里澗。崔浩云：'自南山北通於河。'"

［4］【今注】乘輿：泛指皇帝所用器物，後代稱皇帝。蔡邕《獨斷》卷上："天子車馬衣服器盛百物曰乘輿。出於律，曰'敢盜乘輿、服御物'，謂天子所服食者也。天子至尊，不敢渫瀆言之，故託之於乘輿。乘猶載也，輿猶車也，天子以天下爲家，不以京師宮室爲常處，則當乘車輿以行天下，故群臣託乘輿以言之，或謂之車駕。"

［5］【今注】光祿勳：官名。負責宮廷宿衛。　鄧淵：應作鄧泉，唐人避諱改。本書《獻帝紀》："十一月庚午，李傕、郭汜等追乘輿，戰於東澗，王師敗績，殺光祿勳鄧泉。"　宣播：東漢時任司隸校尉、光祿勳、廷尉。　少府：官名。管理宮廷財政。　田邠：應作"田芬"。本書《獻帝紀》："李傕等復來追戰，王師大敗，殺略宮人，少府田芬、大司農張義等皆戰歿。"

《五行傳》曰："好攻戰，[1]輕百姓，[2]飾城郭，[3]侵邊境，[4]則金不從革。"[5]謂金失其性而爲災也。又曰："言之不從，是謂不乂。[6]厥咎僭，[7]厥罰恒陽，[8]厥極憂。[9]時則有詩妖，[10]時則有介蟲之孽，[11]時則有犬禍，[12]時則有口舌之痾，[13]時則有白眚、白祥，惟木沴金。"介蟲，《劉歆傳》以爲"毛蟲"。[14]乂，治也。

［1］【劉昭注】鄭玄注曰："參、伐爲武府，攻戰之象。"

［2］【劉昭注】鄭玄注曰："輕之者，不重民命。《春秋傳》曰：'師出不正反，戰不正勝也。'"

［3］【劉昭注】鄭玄注曰："昴、畢閒爲天街。《甘氏經》曰：'天街保塞，孔塗道衢。'保塞，城郭之象也。《月令》曰：'四鄙入保。'"【今注】昴：星宿名。二十八宿之一。又名"髦頭""旄頭"。《晉書·天文志上》："昴七星，天之耳目也，主西方，主獄事。又爲旄頭，胡星也。"　畢：星宿名。二十八宿之一。古人以爲主兵主雨，故亦借指雨師。《宋史·天文志四》："畢宿八星，主邊兵弋獵。"　天街：星名。《史記·天官書》："昴、畢間爲天街。"張守節《正義》："天街二星，在畢昴間，主國界也。街南爲華夏之國，街北爲夷狄之國。"　甘氏經：託名戰國時期甘德所撰天文星占書，與石申《石氏經》合稱《甘石星經》。　月令：即《禮記·月令》。禮家抄合《吕氏春秋》十二月紀之首章而成。所記爲農曆十二個月的時令、行政及相關事物。

［4］【劉昭注】鄭玄曰："畢主邊兵。"

［5］【劉昭注】鄭玄注曰："君行此四者，爲逆天西宫之政。西宫於地爲金，金性從刑，而革人所用爲器者也，無故治之不銷（治，汲本作'冶'，是），或入火飛亡，或鑄之裂形，是爲不從革。其他變異，皆屬沴也。"《洪範》曰："從革作辛。"馬融曰："金之性，從人而更（人，中華本據《後漢書集解》引惠棟説改作'大'），可銷鑠也。"《漢書音義》曰："言人君言不見從，則金鐵亦不從人意。"【今注】馬融：字季長，扶風茂陵（今陝西興平市東北）人。馬援之從孫，尤長於古文經學。傳見本書卷六〇上。

［6］【劉昭注】鄭玄曰（大德本"曰"前有"注"字）："乂，治也。君言不從，則是不能治其事也。"　【今注】案，殿本無"之"字。

［7］【劉昭注】鄭玄曰："君臣不治，則僭差矣。"

［8］【劉昭注】鄭玄曰："金主秋，秋氣殺，殺氣失，故常陽也（陽，殿本作'暘'，本注下同）。"《春秋考異郵》曰："君行非是，則言不見從；言不見從（大德本無'言'字），則下不治；下不治，則僭差過制度，奢侈驕泰。天子僭天，大夫僭人主，諸侯僭上，陽無以制。從心之喜，上憂下，則常陽從之。推設其迹，考之天意，則大旱不雨，而民庶大災傷。"《淮南子》曰："殺不辜則國赤地。"【今注】金主秋：五行搭配中，春爲木主東方，夏爲火主南方，秋爲金主西方，冬爲水主北方。　春秋考異郵：讖緯書，《春秋緯》之一，無名氏撰，宋均曾爲其作注。該書主要講風雨氣候及物象變化與人事政教相應，説明萬物應天之道。唐宋以後散佚。

［9］【劉昭注】鄭玄曰："殺氣失，故於人爲憂。"

［10］【劉昭注】鄭玄曰："詩之言志也。"

［11］【劉昭注】鄭玄曰："蝝、螽、蜩、蟬之類，生於火而藏於秋者也，屬金。"【今注】蝝：蝗蟲的幼蟲。　螽：蝗蟲一類害蟲的總稱。　蜩：蟬的一種，亦稱秋蟬。《詩·豳風·七月》："四季秀葽，五月鳴蜩。"毛傳："蜩，螗也。"孔穎達疏："《方言》曰：楚謂蟬爲蜩，宋衞謂之螗，陳鄭謂之蜋蜩，秦晉謂之蟬。是蜩、蟬一物方俗異名耳。"

［12］【劉昭注】鄭玄曰："犬畜之以口吠守者，屬言。"

［13］【劉昭注】鄭玄曰："言氣失之病。"

［14］【今注】劉歆傳：即劉歆《洪範五行傳説》，與劉向《洪範五行傳論》所論五行體系有極大差異。久佚。

安帝永初元年十一月，[1]民訛言相驚，司隸、并、冀州民人流移。[2]時鄧太后專政。[3]婦人以順爲道，故《禮》"夫死從子"之命。今專王事，[4]此不從而僭也。[5]

［1］【今注】永初：東漢安帝劉祜年號（107—113）。

［2］【今注】并：州名。下轄上黨、太原、上郡、西河、五原、雲中、定襄、鴈門、朔方。其地約當今河北保定和山西太原、大同一帶。

［3］【今注】鄧太后：即鄧綏，鄧禹的孫女，東漢和帝的皇后。入宫後不久爲貴人，陰后以巫蠱事廢，遂立爲皇后。和帝卒，親自臨朝，策立殤帝、安帝。紀見本書卷一〇上。

［4］【今注】案，王，大德本、汲本、殿本作"主"，是。

［5］【劉昭注】《古今注》曰："章帝建初五年，東海、魯國、東平、山陽、濟陰、陳留民訛言相驚有賊，捕至京師，民皆入城也。"【今注】建初：東漢章帝劉炟年號（76—84）。　東海：郡國名。治郯縣（今山東郯城縣北）。　魯國：郡國名。治魯國（今山東曲阜市）。　東平：郡國名。治無鹽縣（今山東東平縣）。　山陽：郡國名。治昌邑縣（今山東巨野縣城南昌邑村）。　濟陰：郡國名。治定陶縣（今山東菏澤市定陶區）。　陳留：郡國名。治陳留縣（今河南開封市陳留鎮）。

世祖建武[1]五年夏，旱。《京房傳》曰："欲德不用，兹謂張，厥災荒，其旱陰雲不雨，變而赤因四陰。衆出過時，兹謂廣，其旱不生。上下皆蔽，兹謂隔，其旱天赤三月，時有雹殺飛禽。上緣求妃，兹謂僭，其旱三月大温亡雲。[2]君高臺府，兹謂犯，陰侵陽，其旱萬物根死，有火災。庶位踰節，兹謂僭，其旱澤物枯，爲火所傷。"[3]是時天下僭逆者未盡誅，軍多過時。[4]

［1］【劉昭注】《古今注》曰："建武三年七月，雒陽大旱，

帝至南郊求雨，即日雨。”

［2］【今注】案，大，殿本作“太”，誤。

［3］【劉昭注】《春秋考異郵》曰：“國大旱，冤獄結。旱者，陽氣移，精不施，君上失制，奢淫僭差，氣亂感天，則旱徵見。”又云：“陰厭陽移，君淫民惡，陰精不舒，陽偏不施。”又云：“陽偏，民怨徵也。在所以感之者，上奢則求多，求多則下竭，下竭則潰，君不仁。”《管子》曰：“春不收枯骨伐枯木而起去之，則夏旱。”《方儲對策》曰：“百姓苦，士卒煩碎，責租稅失中，暴師外營，經歷三時，内有怨女，外有曠夫。王者熟惟其祥（惟，大德本、汲本、殿本作‘推’），揆合於天，圖之事情，旱災可除。夫旱者過日，天王無意於百姓，恩德不行，萬民煩擾，故天應以無澤。”

［4］【劉昭注】《古今注》曰：“建武六年六月，九年春，十二年五月（二，大德本作‘一’），二十一年六月，明帝永平元年五月，八年冬，十一年八月，十五年八月，十八年三月，並旱。”【今注】永平：東漢明帝劉莊年號（58—75）。

章帝章和二年夏，[1]旱。時章帝崩後，竇太后兄弟用事奢僭。[2]

［1］【今注】章和：東漢章帝劉炟年號（87—88）。

［2］【劉昭注】《古今注》曰：“建初二年夏，雒陽旱。四年夏，元和元年春，並旱。”案《楊終傳》，建初元年大旱，穀貴，終以爲廣陵、楚、淮陽、濟南之獄徙者數萬人，吏民怨曠，上疏云久旱。《孔叢》曰：“建初元年大旱，天子憂之，侍御史孔子豐乃上疏曰（大德本、殿本無‘子’字）：‘臣聞爲不善而災報，得其應也；爲善而災至，遭時運也。陛下即位日淺，視民如傷，而不幸耗旱，時運之會耳，非政教所致也。昔成湯遭旱，因自責，

省畋散積，減御損食，而大有年。意者陛下未爲成湯之事焉。’天子納其言而從之，三日雨即降。轉拜黄門郎，典東觀事。”【今注】元和：東漢章帝劉炟年號（84—87）。　楚：郡國名。治彭城縣（今江蘇徐州市）。章和二年以楚郡置彭城國。　淮陽：郡國名。治陳縣（今河南淮陽縣）。章和二年淮陽國改爲陳國。　濟南：郡國名。治東平陵縣（今山東濟南市章丘區）。　孔叢：即《孔叢子》，七卷，託名孔鮒撰。該書記叙孔子及子思、子上、子高、子順、孔鮒等人的言行。《隋書·經籍志一》《舊唐書·經籍志上》和《新唐書·藝文志一》歸入經部論語類。　侍御史：官名。秦朝置，漢朝沿設，在御史大夫之下，掌舉劾彈奏之職。　孔子豐：孔豐，字子豐，太常孔臧之後。拜侍御史，後轉黄門侍郎，典東觀事。　黄門郎：官名。又稱黄門侍郎。秦代初置，爲皇帝近侍之臣，可傳達詔令，漢代以後沿用此官職，負責協助皇帝處理朝廷事務。　東觀：東漢洛陽南宫内觀名。明帝詔班固等修撰《漢記》於此，書成名爲《東觀漢記》。章和二帝時爲皇宫藏書之府。後因以稱國史修撰之所。

和帝永元六年秋，京都旱。時雒陽有寃囚，和帝幸雒陽寺，[1]録囚徒，[2]理寃囚，收令下獄抵罪。行未還宫，澍雨降。[3]

［1］【今注】雒陽寺：雒陽的官舍。《資治通鑑》卷四九《漢紀》安帝永初二年：“皇太后幸雒陽寺。”胡三省注：“賢曰：‘寺，官舍也。’《風俗通》曰：‘寺，嗣也，理事之吏，嗣續於其中。’”

［2］【今注】録囚徒：由皇帝或有關官吏訊察囚犯並決定可否原宥的制度，又稱“慮囚”。《漢書》卷七一《雋不疑傳》：“每行縣録囚徒還。”顏師古曰：“省録之，知其情狀有寃滯與不也。今云慮囚，本録聲之去者耳，音力具反。而近俗不曉其意，訛其文遂爲

思慮之慮，失其源矣。行音下更反。”

［3］【劉昭注】《古今注》曰：“永元二年，郡國十四旱。十五年，丹陽郡國二十二並旱（丹陽，中華本據《後漢書校補》改爲‘雒陽’），或傷稼。”《古今注》曰（底本“古今注”前有“安帝”二字，應爲下段正文。今改）：“永初元年，郡國八旱，分遣議郎請雨。”案本紀二年五月，旱，皇太后幸雒陽寺，録囚徒，即日降雨。六月，京都及郡國四十大水。雖去旱得水，無救爲災。

安帝永初六年夏，[1]旱。[2]

［1］【今注】案，安帝，底本誤植於上句劉昭注文，今正之。

［2］【劉昭注】《古今注》曰：“三年，郡國八（殿本‘八’後有‘旱’字），四年、五年夏，並旱。”

七年夏，旱。

元初元年夏，旱。

二年夏，旱。[1]

［1］【劉昭注】三年夏旱（《後漢書校補》以爲據劉昭注補體例，“三年夏旱”前當有“臣昭案本紀”五字），時西羌寇亂，軍屯相繼，連十餘年。

六年夏，旱。[1]

［1］【劉昭注】《古今注》曰：“建光元年，郡國四旱。延光元年，郡國五並旱，傷稼。”【今注】建光：東漢安帝劉祜年號（121—122）。

順帝永建三年夏，旱。

五年夏，旱。

陽嘉二年夏，[1]旱。時李固對策，[2]以爲奢僭所致也。[3]

［1］【今注】陽嘉：東漢順帝劉保年號（132—135）。

［2］【今注】李固：字子堅，漢中南鄭（今陝西漢中市）人。李合之子。東漢順帝時以對策直陳外戚、宦官擅權之弊，拜議郎。歷任荆州刺史、泰山太守、將作大匠、大司農。沖帝即位，遷太尉，與大將軍梁冀共參録尚書事。反對梁冀立桓帝，以此黜免。桓帝時被梁冀所誣，下獄死。傳見本書卷六三。

［3］【劉昭注】臣昭案：本紀元年二月，京師旱。《郎顗傳》："人君恩澤不施於民，禄去公室，臣下專權所致也。"又《周舉傳》："三年，河南、三輔大旱，五穀傷災，天子親自露坐德陽殿東廂請雨（德陽，殿本作'陽德'）。"

沖帝永嘉元年夏，[1]旱。時沖帝幼崩，太尉李固勸太后及兄梁冀立嗣帝，[2]擇年長有德者，天下賴之，則功名不朽。年幼未可知，如後不善，悔無所及。時太后及冀貪立年幼，欲久自專，遂立質帝，[3]八歲。此不用德。[4]

［1］【今注】沖帝：東漢沖帝劉炳，公元144年至145年在位。紀見本書卷六。　案，永嘉，當作"永憙"，中華本據《後漢書集解》所引何焯説改。永憙爲漢沖帝劉炳年號，僅一年，即公元145年。

［2］【今注】案，中華本據《後漢書校補》認爲"及"字係

衍文。

[3]【今注】質帝：劉纘，東漢章帝之玄孫。沖帝死，梁太后與梁冀將其迎入即帝位，年八歲。在位一年，葬於静陵，謚號孝質皇帝。紀見本書卷六。

[4]【劉昭注】《古今注》曰："本初元年二月，京師旱。"【今注】本初：東漢質帝劉纘年號（146）。



桓帝元嘉元年夏，[1]旱。是時梁冀秉政，妻子並受封，寵踰節。

[1]【今注】元嘉：東漢桓帝劉志年號（151—153）。

延熹元年六月，旱。[1]

[1]【劉昭注】京房占曰："人君無施澤惠利於下，則致旱也。不救，必蝗蟲害穀；其救也，貰讁罰（讁，殿本作'擿'），行寬大，惠兆民，勞功吏，賜鰥寡，稟不足。"案陳蕃上疏："宫女多聚不御，憂悲之感，以致水旱之困也。"【今注】京房占：此條文字又見《藝文類聚》卷一〇〇《災異部》和《太平御覽》卷八七九《咎徵部六》，謂出自京房《别對災異》。　陳蕃：字仲舉，汝南平輿（今河南平輿縣北）人。舉孝廉，太尉李固薦爲議郎，歷任豫章太守、尚書令、大鴻臚、光禄勳，東漢桓帝時累遷太尉，靈帝時爲太傅，録尚書事，封高陽侯。後謀誅宦官事泄，率官屬諸生八十餘人，拔刀突入宫門，被害。傳見本書卷六六。

靈帝熹平五年夏，旱。[1]

［1］【劉昭注】蔡邕作《伯夷叔齊碑》曰“熹平五年，天下大旱，禱請名山，求獲荅應。時處士平陽蘇騰，字玄成，夢陟首陽，有神馬之使在道。明覺而思之，以其夢陟狀上聞。天子開三府請雨使者，與郡縣户曹掾吏登山升祠。手書要曰：‘君況我聖主以洪澤之福。’天尋興雲，即降甘雨”也。【今注】案，平陽蘇騰，《後漢書集解》引惠棟説，認爲據《水經注》，蘇騰係河南平縣人，非平陽。

六年夏，旱。

光和五年夏，旱。

六年夏，旱。是時常侍、黄門僭作威福。

獻帝興平元年秋，長安旱。是時李傕、郭汜專權縱肆。[1]

［1］【劉昭注】《獻帝起居注》曰：“建安十九年夏四月，旱。”【今注】獻帝起居注：又作《漢獻帝起居注》，五卷，久佚。根據佚文來看，該書以編年體爲基本體例，記事始於中平六年（189）東漢靈帝駕崩，終於建安二十一年（216）二月壬申，圍繞漢獻帝皇帝權力的確立、展開與結束進行叙述。《隋書·經籍志二》《舊唐書·經籍志上》和《新唐書·藝文志二》都將其歸入史部起居注類。關於此書作者，史無明載，徐沖推斷是漢魏之際的荀彧和華歆。（參徐沖《觀書辨音：歷史書寫與魏晉精英的政治文化》，北京大學出版社2020年版，第1—42頁）

更始時，南陽有童謡曰：[1]“諧不諧，在赤眉。得不得，在河北。”是時更始在長安，世祖爲大司馬平定河北。[2]更始大臣並僭專權，故謡妖作也。[3]後更始遂爲赤眉所殺，是更始之不諧在赤眉也。世祖自河北興。



［1］【今注】南陽：郡國名。治宛縣（今河南南陽市卧龍區）。

［2］【今注】大司馬：官名。掌邦政。東漢初爲三公之一，旋改太尉，東漢末年又别置大司馬，位在三公之上。此處代指東漢光武帝劉秀。本書卷一上《光武帝紀上》："及更始至洛陽，乃遣光武以破虜將軍行大司馬事。"李賢注引《漢官儀》曰："太尉，秦官也，武帝更名大司馬。"

［3］【今注】謡妖：即詩妖。

世祖建武六年，蜀童謡曰："黄牛白腹，五銖當復。"[1]是時公孫述僭號於蜀，[2]時人竊言王莽稱黄，述欲繼之，故稱白；[3]五銖，漢家貨，明當復也。述遂誅滅。王莽末，天水童謡曰：[4]"出吴門，望緹群。見一蹇人，言欲上天；令天可上，地上安得民！"時隗囂初起兵於天水，[5]後意稍廣，欲爲天子，遂破滅。囂少病蹇。吴門，冀郭門名也。緹群，山名也。

［1］【今注】五銖：即五銖錢，漢代錢幣。

［2］【今注】公孫述：字子陽，扶風茂陵（今陝西興平市東北）人。王莽時爲導江卒正，後在成都自立爲蜀王，次年稱帝，國號"成家"。迷信鬼神，好符命，後爲吴漢、臧宫所敗，被創而死。傳見本書卷一三。

［3］【今注】案，白，殿本作"曰"，誤。

［4］【今注】天水：郡國名。治平襄縣（今甘肅通渭縣西北）。東漢永平十七年（74），天水郡更名漢陽郡，改治冀縣（今甘肅天水市甘谷縣）。

［5］【今注】隗囂：字季孟，天水成紀（今甘肅静寧縣西南）人。王莽末爲當地豪强擁立據隴西起兵，初附劉玄，旋自稱西州上將軍。後歸光武帝，又叛附公孫述。後屢爲漢軍所敗，憂憤死。傳見本書卷一三。

順帝之末，京都童謡曰："直如弦，死道邊。曲如鉤，反封侯。"案順帝即世，[1]孝質短祚，大將軍梁冀貪樹疏幼，以爲己功，專國號令，以贍其私。太尉李固以爲清河王雅性聰明，[2]敦詩悦禮，加又屬親，立長則順，置善則固。而冀建白太后，策免固，徵蠡吾侯，[3]遂即至尊。固是月幽斃于獄，[4]暴屍道路，而太尉胡廣封安樂鄉侯、司徒趙戒厨亭侯、司空袁湯安國亭侯云。[5]

［1］【今注】案，世，大德本、殿本作"位"。

［2］【今注】案，太，殿本作"大"，二字通。　清河王：即劉蒜，章帝之曾孫，順帝末嗣清河王。沖帝卒被徵至京欲立其爲帝，而梁冀與太后立質帝，乃罷歸國。桓帝時貶爲尉氏侯，徙桂陽，自殺。

［3］【今注】蠡吾侯：即東漢桓帝劉志。本書卷七《桓帝紀》："祖父河間孝王開，父蠡吾侯翼，母匽氏。翼卒，帝襲爵爲侯。"

［4］【今注】案，月，紹興本、殿本作"日"，誤。

［5］【今注】胡廣：字伯始，南郡華容（今湖北潛江市）人。安帝時舉孝廉，奏章爲天下第一。拜尚書郎，五遷至尚書僕射，歷仕司空、司徒、太尉，官至太傅，歷安、順、沖、質、桓、靈六帝。後附和梁冀立桓帝，封育陽安樂鄉侯。傳見本書卷四四。案，大德本脱"安"字。　趙戒：字志伯。舉孝廉，遷荆州刺史，

順帝時累官至太尉。質帝卒，懾於梁冀權勢，立桓帝，封厨亭侯。

袁湯：字仲河，袁彭之弟。傳習《孟氏易》，桓帝初爲司空，封安國亭侯。累遷司徒、太尉，以災異策免。事迹見本書卷四五《袁京傳》。



桓帝之初，[1]天下童謡曰："小麥青青大麥枯，誰當穫者婦與姑。丈人何在西擊胡，吏買馬，君具車，請爲諸君鼓嚨胡。"案元嘉中凉州諸羌一時俱反，南入蜀、漢，東抄三輔，[2]延及并、冀，大爲民害。命將出衆，每戰常負，中國益發甲卒，麥多委棄，但有婦女穫刈之也。"吏買馬，君具車"者，言調發重及有秩者也。"請爲諸君鼓嚨胡"者，不敢公言，私咽語。

[1]【今注】案，桓，紹興本作"淵聖御名"，"淵聖"爲宋欽宗趙桓尊號，此處係避諱。

[2]【今注】三輔：京兆尹、左馮翊和右扶風三個郡級行政區的合稱，因治所同在長安城中，故稱"三輔"。《太平御覽》卷一六四引《三輔黄圖》："武帝太初元年改内史爲京兆尹，以渭城以西屬右扶風，長安以東屬京兆尹，長陵以北屬左馮翊，以輔京師，謂之三輔。"

桓帝之初，京都童謡曰："城上烏，尾畢逋。公爲吏，子爲徒。一徒死，百乘車。車班班，[1]入河間。[2]河間姹女工數錢，[3]以錢爲室金爲堂。石上慊慊舂黄粱。[4]粱下有懸鼓，[5]我欲擊之丞卿怒。"案此皆謂爲政貪也。"城上烏，尾畢逋"者，處高利獨食，不與下共，謂人主多聚斂也。"公爲吏，子爲徒"者，言蠻夷將畔逆，父既爲軍吏，其子又爲卒徒往擊之也。“一徒死，百乘車”者，言前一人往討胡既死矣，後又遣百乘車往。[6]“車班班，入河間”者，言上將崩，乘輿班班入河間迎靈帝也。[7]“河間姹女工數錢，[8]以錢爲室金爲堂”者，靈帝既立，其母永樂太后好聚金以爲堂也。[9]“石上慊慊舂黄粱”者，言永樂雖積金錢，慊慊常苦不足，[10]使人舂黄粱而食之也。“梁下有懸鼓，我欲擊之丞卿怒”者，言永樂主教靈帝，使賣官受錢，所禄非其人，天下忠篤之士怨望，欲擊懸鼓以求見，丞卿主鼓者，亦復諂順，怒而止我也。

[1]【今注】班班：絡繹不絶貌。

[2]【今注】河間：郡國名。治樂城縣（今河北獻縣河城街村南）。桓帝崩，無子，皇太后與父城門校尉竇武定策禁中，使守光禄大夫劉儵持節，將左右羽林至河間奉迎。

[3]【今注】姹女：少女，美女。

[4]【今注】慊慊：心不滿足貌。　案，粱，紹興本、大德本、殿本作“梁”，二字通。

[5]【今注】懸鼓：官署所掛之鼓，供擊鼓召集、求見之用。《漢書》卷七七《何並傳》：“林卿既去，北度涇橋，令騎奴還至寺門，拔刀剥其建鼓。”顔師古曰：“諸官曹之所通呼爲寺。建鼓一名植鼓。建，立也。謂植木而旁懸鼓焉。縣有此鼓者，所以召集號令，爲開閉之時。”

[6]【劉昭注】臣昭曰：志家此釋豈未盡乎？往徒一死，何用百乘？其後驗竟爲靈帝作。此言一徒，似斥桓帝，帝貴任群閹，參委機政，左右前後莫非刑人，有同囚徒之長，故言寄一徒也。且又弟則廢黜，身無嗣，魁然單獨（魁，大德本作“刑”），非

一而何？百乘車者，乃國之君。解犢後徵，正曆斯數，繼以班班，尤得以類焉。【今注】魁然：獨立不群。《漢書》卷六五《東方朔傳》："今世之處士，魁然無徒，廓然獨居。"顏師古注："魁讀曰塊。"　解犢：即解犢亭，又作"解瀆亭"，地名，在今河北安國市。東漢靈帝劉宏登基前及其生父劉萇的封爵皆爲解瀆亭侯。

［7］【劉昭注】應劭釋此句云："徵靈帝者，輪班擁節入河間也。"

［8］【劉昭注】一本作"妖女"。

［9］【今注】永樂太后：即董太后，解瀆亭侯劉萇之妻，東漢靈帝劉宏之生母。因居於永樂宫，故通稱"永樂太后"。

［10］【今注】案，苦，殿本、汲本作"若"，誤。

桓帝之初，京都童謡曰："游平賣印自有平，不辟豪賢及大姓。"案到延熹之末，鄧皇后以譴自殺，乃以竇貴人代之，[1]其父名武字游平，[2]拜城門校尉。[3]及太后攝政，爲大將軍，與太傅陳蕃合心戮力，惟德是建，印綬所加，咸得其人，豪賢大姓，皆絶望矣。

［1］【今注】竇貴人：即竇妙，大將軍竇武長女，東漢桓帝劉志第三任皇后，後擁立漢靈帝劉宏爲帝，成爲皇太后。本書卷六九《竇武傳》："延熹八年，長女選入掖庭，桓帝以爲貴人，拜武郎中。"紀見本書卷一〇下。

［2］【今注】游平：即大將軍竇武，字游平。

［3］【今注】城門校尉：官名。西漢武帝時初置，職掌京師城門守衛，東漢光武帝沿置之，後多爲外戚寵貴所把持。

桓帝之末，京都童謡曰："茅田一頃中有井，四方纖纖不可整。嚼復嚼，今年尚可後年鐃。”[1]案《易》曰：“拔茅茹以其彙，征吉。”茅喻群賢也。井者，法也。于時中常侍管霸、蘇康憎疾海内英哲，[2]與長樂少府劉囂、太常許詠、尚書柳分、[3]尋穆、史佟、[4]司隸唐珍等，[5]代作脣齒。河内牢川詣闕上書：[6]“汝、潁、南陽，[7]上采虛譽，專作威福；甘陵有南北二部，[8]三輔尤甚。”由是傳考黄門北寺，始見廢閣。“茅田一頃”者，言群賢衆多也。“中有井”者，言雖阨窮，不失其法度也。“四方纖纖不可整”者，言姦慝大熾，不可整理。“嚼復嚼”者，京都飲酒相强之辭也。言食肉者鄙，不恤王政，徒耽宴飲歌呼而已也。“今年尚可”者，言但禁錮也。“後年鐃”者，陳、竇被誅，[9]天下大壞。

[1]【劉昭注】《風俗通》作“譊”。

[2]【今注】管霸：東漢桓帝時中常侍，頗具才略。靈帝即位後，竇武首先將其誅殺。　蘇康：桓帝時爲掖庭令，爲帝遍巡采女。後任中常侍，靈帝即位後被竇武所殺。

[3]【劉昭注】《袁山松書》曰，柳分權豪之黨，爲范滂所奏者。【今注】長樂少府：官名。太后宫寢長樂宫的官員。　劉囂：字重寧。東漢桓帝時爲太僕。靈帝時爲司空，不久後被罷官。　案，太常，殿本作“大常”，二字通。　許詠：或作許永，字永先。曾爲司隸校尉，捕治宦官。（詳考參見曹金華《後漢書稽疑》，第209頁）傳見謝承《後漢書》卷八。詠，大德本作“永”。　范滂：字孟博，汝南征羌（今河南漯河市郾城區）人。少舉孝廉，曾任清詔使、光禄勳主事。按察郡縣，舉劾權豪。後汝南太守宗資請署功曹，滂嚴整疾惡，抑制宦官，抽拔異節。桓帝時以黨事下獄，靈帝

初再興黨錮之獄，自投案，後死獄中。傳見本書卷六七。

[4]【劉昭注】佟後亦爲司隸。應劭曰，史佟，左官婾進者也。【今注】尋穆：人名。東漢河内（今河南武陟縣）人。　史佟：諸侯國的官員，因爲狡黠而得以遷任。　婾：鄙薄、輕視。《左傳》襄公三十年："晉未可媮也……其朝多君子，其庸可媮乎！"杜預注："媮，薄也。"

[5]【今注】唐珍：字惠伯。幼時爲神童。荆州刺史度尚甚稱重，靈帝時，累官太常、司空。

[6]【今注】河内牢川：河内，郡國名。治懷縣（今河南武陟縣）。牢川，或作"牢修""牢循"（詳考參見曹金華《後漢書稽疑》，第875頁）。

[7]【今注】汝：即汝南郡，郡國名。治平輿縣（今河南平輿縣北）。　潁：即潁川郡，郡國名。治陽翟縣（今河南禹州市）。

[8]【今注】甘陵：漢安帝生父清河王劉慶和生母孝德皇后的陵寢，在今河北邢臺市清河縣南部。又漢安帝將清河國厝縣改爲甘陵縣，並移治所於此，在今河北南宫市段蘆頭鎮懸空村附近。

[9]【今注】陳竇：即太傅陳蕃和大將軍竇武。

桓帝之末，京都童謡曰："白蓋小車何延延。河間來合諧，河間來合諧！"案解犢亭屬饒陽河間縣也。[1]居無幾何而桓帝崩，使者與解犢侯皆白蓋車從河間來。延延，衆貌也。是時御史劉儵建議立靈帝，[2]以儵爲侍中，中常侍侯覽畏其親近，[3]必當間己，白拜儵泰山太守，[4]因令司隸迫促殺之。朝廷少長，[5]思其功效，乃拔用其弟郃，[6]致位司徒，[7]此爲合諧也。

[1]【劉昭注】臣昭案：《郡國志》饒陽本屬涿（涿，大德本

作“涼”)，後屬安平。靈帝既是河間王曾孫，謡言自是有徵，無侯河間之縣爲驗（殿本、汲本“河間”之前有“明”字，當據補；河，紹興本作“何”，誤）。【今注】涿：郡國名。治涿縣（今河北涿州市）。　安平：郡國名。原屬涿郡，東漢安帝延光元年（122）以樂成國廢絶，改國曰安平。後屬冀州，治信都縣（今河北衡水市冀州區）。

［2］【今注】劉儵：東漢桓帝時爲侍御史、泰山太守。

［3］【今注】侯覽：山陽防東（今山東單縣東北）人。東漢桓帝初爲中常侍，佞猾貪侈，以誅梁冀功封高鄉侯。靈帝時爲督郵張儉劾奏，反誣儉與李膺、杜密等爲黨，造成黨錮之禍。後以專權被劾，自殺。傳見本書卷七八。

［4］【今注】泰山太守：官名。泰山郡最高行政長官。泰山郡，治奉高縣（今山東泰安市東）。

［5］【今注】案，少，紹興本作“必”，誤。

［6］【今注】郃：即劉郃，字季承，劉儵之弟。嘗任濟陰太守、大鴻臚，因劉儵議立靈帝之功而遷司徒。後謀誅宦官張讓、曹節等，事泄下獄死。大德本作“郤”，誤。

［7］【今注】案，位，大德本作“仕”。

靈帝之末，京都童謡曰：“侯非侯，王非王，千乘萬騎上北芒。”案到中平六年，史侯登躡至尊，[1]獻帝未有爵號，爲中常侍段珪等數十人所執，公卿百官皆隨其後，到河上，乃得來還。此爲“非侯非王上北芒”者也。[2]

［1］【今注】史侯：東漢少帝劉辯。本書卷一〇下《靈思何皇后紀》：“生皇子辯，養於史道人家，號曰史侯。”李賢注引《獻帝春秋》曰：“靈帝數失子，不敢正名，養道人史子眇家，號曰

史佚。”

[2]【劉昭注】《英雄記》曰：“京師謡歌咸言‘河臘叢進’，獻帝臘日生也。《風俗通》曰：‘烏臘烏臘。’”案逆臣董卓滔天虐民，窮凶極惡，關東舉兵欲共誅之，轉相顧望，莫肯先進，處處停兵數十萬，若烏臘蟲，相隨横取之矣。【今注】英雄記：又作《漢末英雄記》，十卷，三國魏王粲撰，久佚。該書記述漢末亂世衆多人物行狀，可補正史之缺。《隋書·經籍志二》歸入史部雜史類，著録“《漢末英雄記》八卷，王粲撰，殘缺。梁有十卷”。《舊唐書·經籍志上》和《新唐書·藝文志二》也歸入史部雜事類，前者著録“《漢末英雄記》十卷，王粲等撰”，後者著録“王粲《漢書英雄記》十卷”。　臘日：臘祭之日，農曆十二月初八。宗懔《荆楚歲時記》：“十二月八日爲臘日。”　關東：函谷關或潼關以東地區。

靈帝中平中，京都歌曰：“承樂世董逃，遊四郭董逃，蒙天恩董逃，帶金紫董逃，行謝恩董逃，整車騎董逃，垂欲發董逃，與中辭董逃，出西門董逃，瞻宫殿董逃，望京城董逃，日夜絶董逃，心摧傷董逃。”[1]案“董”謂董卓也，言雖跋扈，縱其殘暴，終歸逃竄，至於滅族也。[2]

[1]【劉昭注】楊孚《卓傳》曰：“卓改爲董安。”【今注】案，摧，殿本作“推”。

[2]【劉昭注】《風俗通》曰：“卓以董逃之歌主爲己發，大禁絶之，死者千數。”靈帝之末，禮樂崩壞，賞刑失中，毁譽無驗，競飾僞服，以盪典制，遠近翕然，咸名後生放聲者爲時人。有識者竊言（識，大德本作“此”；竊，大德本作“切”）：舊曰

世人，次曰俗人，今更曰時人，此天促其期也（此，大德本作“識”）。其間無幾，天下大壞也。

獻帝踐祚之初，[1]京都童謡曰：[2]“千里草，何青青。十日卜，不得生。”案千里草爲董，十日卜爲卓。凡别字之體，皆從上起，左右離合，無有從下發端者也。今二字如此者，天意若曰：卓自下摩上，以臣陵君也。“青青”者，暴盛之貌也。不得生者，亦旋破亡。[3]

［1］【今注】案，祚，殿本作“阼”。

［2］【今注】案，都，大德本、殿本作“師”。

［3］【劉昭注】獻帝初童謡曰：“燕南垂，趙北際，中央不合大如礪，唯有此中可避世。”公孫瓚以爲易地當之，遂徙鎮焉，乃修城積穀，以待天下之變。建安三年，袁紹攻瓚，瓚大敗，縊其姊妹妻子，引火自焚，紹兵趣登臺斬之。初，瓚破黄巾，殺劉虞，乘勝南下，侵據齊地。雄威大振，而不能開廓遠圖，欲以堅城觀時，坐聽圍戮，斯亦自易地而去世也。【今注】公孫瓚：字伯珪，遼西令支（今河北遷安市西）人。靈帝時爲遼東屬國長史，降虜校尉。以鎮壓黄巾軍，拜奮武將軍，封薊侯。後據冀州與袁紹相争。獻帝時爲袁紹所敗，縊死其妻子姊妹，自焚而死。傳見本書卷七三。　劉虞：字伯安，東海郯（今山東郯城縣西北）人。傳見本書卷七三。

建安初，荆州童謡曰：[1]“八九年間始欲衰，至十三年無孑遺。”言自中興以來，[2]荆州無破亂，及劉表爲牧，[3]又豐樂，[4]至此逮八九年。[5]當始衰者，謂劉表妻當死，諸將並零落也。十三年無孑遺者，言十三年表又當死，民當移詣冀州也。[6]



［1］【今注】荆州：州名。下轄南陽、南郡、江夏、零陵、桂陽、武陵、長沙七郡。轄境約相當於今湘、鄂二省及豫、桂、黔、粵的一部分。

［2］【今注】案，中興，《後漢書集解》引何焯説，謂當作"中平"。

［3］【今注】劉表：字景升，山陽高平（今山東鄒城市西南）人。傳見本書卷七四下。

［4］【今注】案，據《三國志》卷六《魏書·劉表傳》裴松之注引《搜神記》，"又"前當補"民"字。

［5］【今注】案，至此逮八九年，《三國志·劉表傳》裴松之注引《搜神記》作"至建安八年九年"。

［6］【劉昭注】干寶《搜神記》曰："是時華容有女子忽啼呼云：'有大喪（據《三國志·劉表傳》裴松之注引《搜神記》"有"前當補"荆州將"三字）！'言語過差，縣以爲妖言，繫獄百餘日，忽於獄中哭曰（於，大德本作'然'）：'劉荆州今日死。'華容去州數日（日，《三國志·劉表傳》裴松之注引《搜神記》作'百里'），即遣馬吏驗視，表果死（《三國志·劉表傳》裴松之注引《搜神記》'表'前有'而劉'二字）。縣乃出之。續又歌吟曰：'不意李立爲貴人。'後無幾，曹公平荆州，以涿郡李立字建賢爲荆州刺史。"【今注】干寶：字令升。勤學博覽，以才器召爲著作郎。平杜弢有功，賜爵關内侯。後領國史，累遷散騎常侍。著《晉紀》《搜神記》，並注《周官》《周易》。傳見《晉書》卷八二。　搜神記：干寶撰筆記體志怪小説集。《晉書·干寶傳》："又寶兄嘗病氣絶，積日不冷，後遂悟，云見天地間鬼神事，如夢覺，不自知死。寶以此遂撰集古今神祇靈異人物變化，名爲《搜神

記》，凡三十卷。”該書輯録諸多鬼怪奇異故事以及瑣聞雜記，雜糅佛道，在中國小説史上占據重要地位，對後世影響深遠。久佚，現通行者爲明人胡應麟所輯二十卷本，另有今人李劍國輯三十卷本，最爲精審。　華容：侯國。治所在今湖北潛江市西南。　劉荆州：即劉表，時任荆州牧。　曹公：魏武帝曹操，字孟德，一名吉利，小名阿瞞，曹嵩之子。二十歲舉孝廉爲郎，遷頓丘令，拜騎都尉，參與鎮壓黄巾軍，遷濟南相。東漢獻帝初平三年（192），任兖州牧，分化誘降黄巾軍，編其精鋭爲青州兵。建安元年（196），迎獻帝都許，用獻帝名義發號施令。先後破吕布、袁術、袁紹，逐漸統一北方。建安十三年進位丞相，率軍南下，在赤壁爲孫權、劉備聯軍所敗。後封魏王，卒謚武，魏文帝時追尊武帝，廟號太祖。著《孫子略解》《兵書接要》等。又善詩文，今存《曹操集》。紀見《三國志》卷一。

順帝陽嘉元年十月中，望都蒲陰狼殺童兒九十七人。[1]時李固對策，引《京房易傳》曰“君將無道，害將及人，去之深山全身，[2]厥災狼食人”。[3]陛下覺寤，比求隱滯，[4]故狼災息。[5]

[1]【今注】望都蒲陰：望都，縣名，治所在今河北保定市望都縣。蒲陰，縣名，東漢章帝元和三年（86）改曲逆縣置，治所在今河北完縣東南。兩縣均屬中山國。

[2]【今注】案，中華本據《後漢書集解》引惠棟説，謂“山”後當補“以”字。

[3]【今注】案，災，中華本據《後漢書集解》引惠棟説，謂當作“妖”。

[4]【今注】隱滯：隱居不仕。

[5]【劉昭注】《東觀書》曰：“中山相朱遂到官，不出奉祠

北嶽。詔曰：'災暴緣類，符驗不虛，政失厥中，狼災爲應，至乃殘食孩幼，朝廷愍悼，思惟咎徵，博訪其故。山嶽尊靈，國所望秩，而遂比不奉祠，怠慢廢典，不務懇惻，淫刑放濫，害加孕婦，毒流未生，感和致災。其詳思改救，追復所失。有不遵憲，舉正以聞。'"【今注】東觀書：即《東觀漢記》，一百四十三卷，紀傳體斷代史，班固等人撰。該書記述了東漢光武帝至靈帝百餘年歷史，因在東觀設館所修而得名，又名《漢記》《東觀》。流傳之初，與《史記》《漢書》並稱"三史"，地位重要。范曄《後漢書》集諸家之大成，加之屢有注音釋義，遂大行於世，《東觀漢記》於是浸微。《隋書·經籍志二》著録"《東觀漢記》一百四十三卷。起光武記注至靈帝，長水校尉劉珍等撰"，《舊唐書·經籍志上》著録一百二十七卷，《宋史·藝文志》著録八卷，可見該書在唐宋以後逐漸散佚。　中山相：官名。中山國的相，該國最高行政長官。本書《百官志五》："每國置相一人，其秩各如本縣。本注曰：主治民，如令、長，不臣也。"　朱遂：事迹不詳。　北嶽：古代五嶽之一，曲陽恒山，即今河北保定市大茂山。

靈帝建寧中，群狼數十頭入晉陽南城門齧人。[1]

[1]【劉昭注】《袁山松書》曰："光和三年正月，虎見平樂觀，又見憲陵上，齧衛士（齧，殿本作'嚙'）。蔡邕封事曰（大德本無'封事'二字）：'政有苛暴，則虎狼食人。'"【今注】晉陽：縣名。太原郡治所，在今山西太原市晉源區。　案，齧，大德本、殿本作"嚙"。　平樂觀：宮觀名。漢明帝取飛廉銅馬於此處置。大概位置在今河南洛陽市孟津縣平樂鎮。　憲陵：東漢順帝劉保的陵寢。本書卷六《沖帝紀》："九月丙午，葬孝順皇帝於憲陵，廟曰敬宗。"李賢注曰："在洛陽西十五里，陵高八丈四尺，周三百步。"在今河南洛陽市孟津縣平樂鄉平樂村北。

# 後漢書　志第十四

## 五行二[1]

### 災火　草妖　羽蟲孽　羊禍

[1]【今注】案，二，底本作“五”，大德本、殿本作“二”，據改。

《五行傳》曰：“棄法律，[1]逐功臣，[2]殺太子，[3]以妾爲妻，[4]則火不炎上。”[5]謂火失其性而爲災也。又曰：“視之不明，是謂不悊。[6]厥咎舒，[7]厥罰常燠，[8]厥極疾。[9]時則有草妖，[10]時則有蠃蟲之孽，[11]時則有羊禍，[12]時則有赤眚、赤祥，惟水沴火。”蠃蟲，《劉歆傳》以爲“羽蟲”。[13]

[1]【劉昭注】鄭玄注《尚書大傳》曰：“東井主法令也。”【今注】東井：井宿，二十八宿之一，居南方。井宿八星横列於天河，形似井字，居參宿左足下玉井之東，故稱東井，掌管法令。《開元占經》卷六三《東井占一》引《黄帝占》曰：“東井，天府法令也，天讒也，一名東陵，一名天井，一名東井，一名天關，一

名天闕，一曰天之南門，三光之正道。"

［2］【劉昭注】鄭玄曰："功臣制法律者也。或曰，喙主尚食、七星主衣裳，張爲食厨，翼主天倡。經曰：'帝曰：臣作朕股肱耳目，予欲左右有民（大德本"予"前有"曰"字），汝翼。予欲觀古人之象，日、月、星辰、山、龍、華蟲，作繢宗彝，藻、火、粉、米、黼、黻、絺繡，以五采章施于五色作服，汝明。予欲聞六律、五聲、八音，在治忽，以出納五言，汝聽。'是則食與服樂，臣之所用爲大功也。七星北有酒旗，南有天厨，翼南有器府。"【今注】喙：柳宿，二十八宿之一，居南方。南方七宿合稱朱雀，其中，柳宿對應朱雀之嘴，故稱喙。《史記·天官書》："柳爲鳥注，主木草。"司馬貞《索隱》引《漢書·天文志》："'注'作'喙'。"　尚食：官名。秦始設，掌供奉皇帝膳食，屬六尚。東漢後，其職併於太官、湯官。《通典》卷二六《殿中監》："尚食局奉御：'始秦置六尚，有尚食焉。後漢以後，併其職於太官、湯官。'"　七星：星宿，二十八宿之一，對應朱雀之頸。《史記·天官書》："七星，頸，爲員官，主急事。"司馬貞《索隱》引宋均曰："頸，朱鳥頸也。員官，喉也。物在喉嚨，終不久留，故主急事也。"張守節《正義》："七星爲頸，一天都，主衣裳文繡，主急事。"　張：張宿，二十八宿之一，居南方。對應朱雀之嗉。《史記·天官書》："張，素，爲厨，主觴客。"司馬貞《索隱》："素，嗉也。"張守節《正義》："張六星，六爲嗉，主天厨食飲賞賚觴客。"　翼：翼宿，二十八宿之一，居南方。對應朱雀之翅。　天倡：天之樂府。《史記·天官書》："翼爲羽翮，主遠客。"張守節《正義》："翼二十二星爲天樂府，又主夷狄，又主遠客。"《開元占經》卷六三《翼宿占六》引石氏贊曰："翼主天倡以戲娱，故近太微竝尊嬉。翼二十二星主天倡，建旗秉節物滿張。"　經曰：此段所引出自《尚書·虞書·益稷》。　酒旗：星宿名。居星宿北軒轅星右角。《開元占經》卷六九《酒旗星占五十八》引甘氏曰："酒旗

三星，在軒轅右角。”　天厨：星宿名。屬三垣之紫微垣，三垣是古代天文學中北方星區名稱，包括太微垣、紫微垣、天市垣。按，三垣居二十八宿以北，七星即星宿居南方，故鄭玄“七星南有天厨”之説存疑。本句酒旗、器府皆南方星座，“天厨”疑爲“外厨”訛誤。外厨屬柳宿。《開元占經》卷六三《外厨星占三十九》引甘氏曰：“外厨六星，在柳南。”又，“張爲食厨”，若天厨意指張宿，則“七星南有天厨”亦可通。　器府：星宿名。居軫宿南。《開元占經》卷七〇《器府占四十二》引甘氏曰：“器府三十星，在軫南。”

［3］【劉昭注】鄭玄曰：“五行火生土，天文以參繼東井，四時以秋代夏，殺太子之象也。《春秋傳》曰：‘夫千乘之主，將廢正而立不正，必殺正也。’”【今注】參：參宿，二十八宿之一。參宿左足下玉井之東有井宿，即東井，故鄭玄曰“參繼東井”。

［4］【劉昭注】鄭玄曰：“軒轅爲后妃，屬南宫。其大星女主之位。女御在前，妾爲妻之象也。”【今注】軒轅：星宿名。居星宿北。《史記・天官書》：“軒轅，黄龍體。”司馬貞《索隱》引《援神契》：“軒轅十二星，后宫所居。”　南宫：星區名。對應四象之一朱雀。古代天文學中，二十八宿依據四象劃分爲：東宫青龍、北宫玄武、西宫白虎、南宫朱雀。南宫構成鳥象的星宿爲柳、星、張、翼。《史記・天官書》：“南宫朱鳥，權、衡。”

［5］【劉昭注】鄭玄曰：“君行此四者，爲逆天南宫之政。南宫於地爲火，火性炎上，然行人所用烹餁者也，無故因見作熱，燔熾爲害，是爲火不炎上。其他變異（上其，大德本作‘其上’，誤），皆屬沴。”《春秋考異郵》曰：“火者，陽之精也。人合天氣五行陰陽，極陰反陽，極陽生陰，故應人行以災不祥，在所以感之，萌應轉旋，從逆殊心也。”

［6］【劉昭注】鄭玄曰：“視，瞭也。君視不明，則是不能瞭其事也。”《洪範》曰：“視曰明。”

[7]【劉昭注】讖曰："君舒怠，臣下有倦，白黑不别，賢不肖並，不能憂民急，氣爲之舒緩，草不摇。"鄭玄曰："君臣不瞭則舒緩矣。"

[8]【劉昭注】鄭玄曰："視曰火，火主夏。夏氣長，長氣失，故常燠。"

[9]【劉昭注】鄭玄曰："長氣失，故於人爲疾。"

[10]【劉昭注】鄭玄曰："草，視之物可見者，莫衆於草。"

[11]【劉昭注】鄭玄曰："蠶螟蟲之類。蟲之生於火而藏於秋者也。"

[12]【劉昭注】鄭玄曰："羊畜之遠視者也，屬視。"

[13]【今注】案《洪範五行傳》以爲"蠃蟲之孽"，劉歆則以爲"羽蟲之孽"，《漢書·五行志中之下》"説曰"："温奧生蟲，故有蠃蟲之孽，謂螟螣之類當死不死，未當生而生，或多於故而爲災也。劉歆以爲屬思心不容……劉歆《視傳》曰有羽蟲之孽，雞旤。説以爲於天文南方喙爲鳥星，故爲羽蟲；旤亦從羽，故爲雞；雞於《易》自在'巽'。説非是。"劉歆的解説其實受到了《月令》思想的影響，按照《月令》的圖式：貌屬東，爲鱗蟲；視屬南，爲羽蟲；言屬西，爲毛蟲；聽屬北，爲介蟲；思屬中，爲倮蟲，劉歆《五行傳説》"孽"類的名目設置大體遵循了這一圖式，祇是具體内容有所變化。班固否定了漢儒關於蠃蟲之孽的解説，全依劉歆《視傳》之説。至本書《五行志》纔正式把"羽蟲之孽"作爲災異名目標出，後世沿用不輟。

建武中，漁陽太守彭寵被徵。[1]書至，明日潞縣火，[2]災起城中，飛出城外，燔千餘家，殺人。《京房易傳》曰："上不儉，下不節，盛火數起，燔宫室。"儒説火以明爲德而主禮。時寵與幽州牧朱浮有隙，[3]疑浮見浸譖，故意狐疑，其妻勸無應徵，遂反叛攻浮，卒誅滅。[4]



［1］【今注】漁陽：郡名。治漁陽縣（今北京市懷柔區北房鎮）。　太守：官名。古代郡級行政區長官，掌佐守典武職，秩真二千石。東漢設州牧後，太守爲州牧或刺史下一級行政官。　彭寵：字伯通，南陽宛（今河南南陽市卧龍區）人。東漢大臣。新莽時期任大司空士，後歸順劉秀，任漁陽太守，爲劉秀平定河北提供將領、士兵、糧草，立下大功，後因幽州牧朱浮構陷，失去劉秀信任。東漢光武帝建武三年（27），彭寵反，自立爲燕王，於建武五年被家奴所殺。傳見本書卷一二。

［2］【今注】潞縣：治所在今河北三河市西南。

［3］【今注】幽州：州名。治薊縣（今北京市西城區南）。　牧：州牧，官名。掌一州軍政，秩二千石，位次九卿。　朱浮：字叔元，沛國蕭（今安徽蕭縣西北）人。傳見本書卷三三。

［4］【劉昭注】《古今注》曰："建武六年十二月，雒陽市火。二十四年正月戊子，雷雨霹靂，火災高廟北門。明帝永平元年六月己亥，桂陽見火飛來，燒城寺。章帝建初元年十二月，北宫火燒壽安殿，延及右掖門。元和三年六月丙午，雷雨，火燒北宫朱爵西闕。"【今注】高廟：漢高祖廟。宗廟是古代帝王、諸侯祭祀祖宗的廟宇。西漢初，皇帝宗廟大致分爲：立於長安城内的京廟，立於陵寢附近的陵廟，正廟之外另設的"原廟"，立於郡、國的郡國廟。高廟即京廟之一，立於長安城内。漢高祖時，始設郡、國廟，高廟除立於京師外，還立於郡、國。東漢光武帝建武二年，雒陽修建高廟，置高祖至平帝十一帝神主。（詳見郭善兵《中國古代帝王宗廟禮制研究》，人民出版社 2007 年版，第 71—94、172—175 頁）　桂陽：郡名。治郴縣（今湖南郴州市北湖區）。　北宫：宫殿名。東漢雒陽城宫殿主要分南宫、北宫。南宫、北宫西漢時已具規模，有城垣，東、西、南、北城門分别名爲蒼龍、白虎、朱雀、

玄武，宫内有宫、亭、殿、署等建築。北宫重建於漢明帝時，主要供皇帝及嬪妃寢居。主要建築分布情況如下。中軸綫上自北向南爲平洪殿、朔平署、宣明殿、德陽殿、德陽門、和歡殿、安福殿、温飭殿。温飭殿西側自北向南爲西掖亭、右掖門；東側自北向南爲東掖亭、左掖門；南側自北而南爲端門、司馬門。中軸綫西側自北向南爲永樂宫、崇政殿、崇德署。崇德殿南有兩門，即西神虎門、東金商門。兩門南爲兩觀，即西白虎觀、東增喜觀。中軸綫東側有兩排建築，西排建築自北向南爲崇德殿、章德殿、壽安殿、含德殿、章臺殿、天禄殿；東排建築自北向南爲永安宫、景福殿、安昌殿、延休殿、迎春殿、永寧殿。延休殿與迎春殿之間，自西而北爲建禮門、崇賢門、雲龍門。另外，西漢長安亦建有北宫，居未央宫北。

壽安殿：宫殿名。東漢北宫、南宫皆有，本條所指居北宫。　右掖門：宫門名。東漢北宫、南宫皆有，本條所指居北宫。　朱爵西闕：東漢北宫朱雀門旁之闕，亦稱“朱雀闕”。闕是宫殿、祠廟和陵墓前的一種高建築物，通常左右各一，作爲記官爵、功績和裝飾之用。

和帝永元八年十二月丁巳，南宫宣室殿火。[1]是時和帝幸北宫，竇太后在南宫。明年，竇太后崩。

［1］【今注】宣室殿：宫殿名。居東漢南宫。南宫主要供皇帝和群臣朝賀議政。主要建築分布情況如下。中軸綫自北向南爲平朔殿、千秋萬歲殿、中德殿、崇德殿、章華門、却非殿、却非門、端門、司馬門。中軸綫西側，西排建築自北向南爲西宫、長秋宫、阿閣、蘭臺、雲臺、楊安殿、含章殿、顯親殿、雲臺殿；東排建築自北向南爲建德殿、宣德殿、玉堂殿、嘉德殿、嘉德門、承福殿、宣室殿、明光殿、鴻都門、右掖門。中軸綫東側，西排建築自北向南爲東宫、温德殿、樂成殿、章德殿、敬法殿、銅馬殿、金馬門、左

掖門；東排建築自北向南爲東觀、承風殿、竹殿、壽安殿、黄龍殿、鳳凰殿、清涼殿、侍中廬。



十三年八月己亥，北宫盛饌門閤火。[1]是時和帝幸鄧貴人，[2]陰后寵衰怨恨，[3]上有欲廢之意。明年，會得陰后挾僞道事，遂廢遷于桐宫，[4]以憂死，立鄧貴人爲皇后。

[1]【今注】盛饌門閤：宫門名。居東漢北宫。閤爲宫中小門。《資治通鑑》卷四八《漢紀》孝和皇帝十三年："秋，八月，己亥，北宫盛饌門閤火。"胡三省注："盛饌門閤，御厨門閤也。"

[2]【今注】鄧貴人：鄧綏，南陽新野（今河南新野縣）人。東漢和帝第二任皇后。紀見本書卷一〇上。

[3]【今注】陰后：陰麗華，南陽新野人，東漢和帝第一任皇后。紀見本書卷一〇上。

[4]【今注】桐宫：商代桐地的宫室。伊尹曾放太甲於此地。《史記》卷三《殷本紀》："帝太甲既立三年，不明，暴虐，不遵湯法，亂德，於是伊尹放之於桐宫。"裴駰《集解》引鄭玄曰："地名也，有王離宫焉。"

十五年六月辛酉，漢中城固南城門災。[1]此孝和皇帝將絶世之象也。其後二年，宫車晏駕，殤帝及平原王皆早夭折，[2]和帝世絶。

[1]【今注】漢中：郡名。治南鄭縣（今陝西漢中市漢臺區）。城固：縣名。治所在今陝西城固縣東。

[2]【今注】殤帝：東漢殤帝，劉隆，和帝少子，登基時出生

剛滿百天，因爲年幼，由皇太后鄧綏臨朝聽政。一歲時夭折，是中國歷史上壽命最短的皇帝，謚號孝殤皇帝。紀見本書卷四。　平原王：劉勝，東漢和帝長子，母不詳。少有痼疾，東漢殤帝延平元年（106）封平原王，爲王八年後薨，葬於京城。傳見本書卷五五。

安帝[1]永初二年四月甲寅，漢陽河陽城中失火，[2]燒殺三千五百七十人。先是和帝崩，有皇子二人，皇子勝長，[3]鄧皇后貪殤帝少，欲自養長立之。延平元年，[4]殤帝崩。勝有厥疾不篤，群臣咸欲立之，太后以前既不立勝，遂更立清河王子，是爲安帝。司空周章等心不掩服，[5]謀欲誅鄧氏，廢太后、安帝，而更立勝。元年十一月，事覺，章等被誅。其後涼州叛羌爲害大甚，[6]涼州諸郡寄治馮翊、扶風界。[7]及太后崩，鄧氏被誅。

[1]【劉昭注】《古今注》曰："永初元年十二月，河南郡縣火，燒殺百五人。二年，河南郡縣又失火（失，大德本作'大'），燒五百八十四人。"【今注】河南：河南尹，政區名。治雒陽縣（今河南洛陽市東）。

[2]【今注】漢陽：郡名。治冀縣（今甘肅天水市西北）。案，河陽，中華本據《後漢書集解》引錢大昕説改作"阿陽"。阿陽，縣名。治所在今甘肅静寧縣西南。

[3]【今注】勝：和帝長子平原王劉勝。

[4]【今注】延平：東漢殤帝劉隆年號（106）。

[5]【今注】司空：官名。掌水土事，位次三公。東漢三公包括太尉、司徒、司空。　周章：字次叔，南陽隨（今湖北隨州市曾都區）人。東漢大臣。舉孝廉，歷任中郎將、光禄勳、太常、司

空。後密謀廢太后，封安帝爲遠國王，立平原王劉勝，事發，自殺。傳見本書卷三三。　案，掩，殿本、汲本作“厭”，是。

［6］【今注】涼州：州名。治隴縣（今甘肅清水縣北）。案，大，大德本、殿本作“太”。

［7］【今注】馮翊：左馮翊，政區名。治臨晉縣（今陝西大荔縣東南）。三輔之一。三輔本指治理京畿地區的三位官員，後指其所管轄的地區，包括京兆、左馮翊、右扶風。　扶風：右扶風，政區名。治槐里縣（今陝西興平市東南）。三輔之一。



四年三月戊子，杜陵園火。[1]

［1］【今注】杜陵：陵墓名。爲西漢宣帝陵，在今陝西西安市東南。宣帝劉詢是西漢第十位皇帝，卒於黄龍元年（前49），謚號孝宣皇帝。

元初四年二月壬戌，武庫火。[1]是時羌叛，大爲寇害，發天下兵以攻禦之，積十餘年未已，天下厭苦兵役。

［1］【劉昭注】《東觀書》曰：“燒兵物百一十五種（一，殿本、汲本作‘二’，是），直千萬以上。”

延光元年八月戊子，陽陵園寢殿火。[1]凡災發于先陵，此太子將廢之象也。若曰：不當廢太子以自翦，如火不當害先陵之寢也。[2]明年，上以讒言廢皇太子爲濟陰王。[3]後二年，宫車晏駕。中黄門孫程等十九人起兵殿省，[4]誅賊臣，立濟陰王。

[1]【今注】陽陵：陵墓名。爲西漢景帝陵，在今陝西咸陽市東北。景帝劉啓卒於後元三年（前 141），謚號孝景皇帝。　寢殿：古代造於陵墓之寢，是死者靈魂飲食起居的場所，亦供祭祀。此外，還指君主及其家族飲食起居之地。據禮書記載，帝王陵園中建有寢的陵寢制度，開始於秦，推行於西漢，但從現有考古資料結合文獻記載看，應開始於戰國時期，起源可追溯至商。東漢時期，確立了以朝拜祭祀爲主要内容的陵寢制度。（詳見楊寬《中國古代陵寢制度史研究》，上海古籍出版社 1985 年版，第 14—39 頁）

[2]【今注】案，如，殿本作“則”。

[3]【今注】濟陰王：劉保，即東漢順帝，父爲安帝劉祜。初爲皇太子，因樊豐等人構陷，被廢作濟陰王。安帝卒後，閻皇后無子，立幼兒劉懿爲皇帝，劉懿早卒，劉保在孫程等十九人的擁立下，登基爲帝。順帝建康元年（144）卒，葬於憲陵，廟號敬宗，謚號孝順皇帝。紀見本書卷六。

[4]【今注】孫程：字稚卿，涿郡新城（今河北保定市徐水區西）人。東漢宦官。因擁劉保爲漢順帝，得封浮陽侯，拜騎都尉。傳見本書卷七八。

四年秋七月乙丑，漁陽城門樓災。

順帝永建三年七月丁酉，茂陵園寢災。[1]

[1]【劉昭注】《古今注》曰：“二年五月戊辰（二，大德本、殿本作‘三’），守宫失火，燒宫藏財物盡。四年，河南郡縣失火，燒人六畜。”【今注】茂陵：陵墓名。爲西漢武帝陵，在今陝西興平市東北。武帝劉徹是西漢第七位皇帝，卒於後元二年（前 87），謚號孝武皇帝。

陽嘉元年，恭陵廡災，[1]及東西莫府火。[2]太尉李固以爲奢僭所致。陵之初造，禍及枯骨，規廣治之尤飾。又上欲更造宮室，益臺觀，故火起莫府，燒材木。

［1］【今注】恭陵：陵墓名。爲東漢安帝陵，在今河南洛陽市東。安帝劉祜是東漢第六位皇帝，卒於延光四年（125），謚號孝安皇帝。

［2］【劉昭注】《古今注》曰"十二月，河南郡國火燒廬舍，殺人"也。【今注】莫府：即幕府。古代將軍行軍時，住宿、辦公場所稱幕府。"莫府"之名源於先秦。軍隊回駐城邑後，將軍的辦公場所仍習慣稱爲莫府，但帶有濃烈軍事色彩。（詳見楊泓《讀〈史記·李將軍列傳〉兼談兩漢"莫府"圖像和模型》，《故宫博物院院刊》2019年第2期）

永和元年十月丁未，[1]承福殿火。[2]先是爵號阿母宋娥爲山陽君；[3]后父梁商本國侯，[4]又多益商封；商長子冀當繼商爵，以商生在，復更封冀爲襄邑侯；追號后母爲開封君：皆過差非禮。[5]

［1］【今注】案，此事本書卷六《順帝紀》繫於"丁亥"。

［2］【劉昭注】臣昭案：《楊厚傳》是災（昭，紹興本作"招"，誤）。【今注】承福殿：宫殿名。位於東漢南宫。

［3］【今注】宋娥：又稱宋阿母，是東漢順帝劉保的乳母。時太子劉保被廢爲濟陰王，宋娥與孫程等宦官共同擁立劉保即位，得封山陽郡，邑五千户。東漢順帝陽嘉二年（133），有地震等災，李固進言認爲宋娥所得封爵等恩賞太過。順帝永和二年（137），宋娥與李元等宦官相互賄賂，事發，被奪爵歸田舍。事見本書卷六一《左雄傳》、卷七八《孫程傳》。

［4］【今注】梁商：字伯夏，安定烏氏（今寧夏固原市東南）人。東漢外戚、大臣，女爲順帝皇后。傳見本書卷三四。奏議文見《全後漢文》卷二二。

［5］【劉昭注】《古今注》曰："六年十二月，雒陽酒市失火，燒肆，殺人。"

漢安元年三月甲午，雒陽劉漢等百九十七家爲火所燒，[1]後四年，宫車比三晏駕，[2]建和元年君位乃定。[3]

［1］【劉昭注】《東觀書》曰："其九十家不自存，詔賜錢廩穀。"《古今注》曰："火或從室屋間物中，不知所從起，數月乃止。十二月，雒陽失火。"

［2］【今注】宫車比三晏駕：順帝、沖帝、質帝接連去世，故稱。宫車，帝王后妃等所乘坐的車輛，常借指帝、后。比，接連，挨着。晏駕，車駕晚出，古代稱帝王死亡的諱辭。《史記》卷七九《范雎蔡澤列傳》："宫車一日晏駕，是事之不可知者一也。"裴駰《集解》引韋昭曰："凡初崩爲'晏駕'者，臣子之心猶謂宫車當駕而晚出。"

［3］【今注】建和：東漢桓帝劉志年號（147—149）。

桓帝建和二年五月癸丑，北宫掖庭中德陽殿火，[1]及左掖門。先是梁太后兄冀挾姦枉，以故太尉李固、杜喬正直，[2]恐害其事，令人誣奏固、喬而誅滅之。是後梁太后崩，而梁氏誅滅。

［1］【今注】德陽殿：宫殿名。位於東漢北宫。

[2]【今注】杜喬：字叔榮，河内林慮（今河南林州市）人。東漢大臣，歷任南郡太守、東海國相、侍中、光禄大夫、太子太傅、大司農、光禄勳、太尉。爲人剛正。傳見本書卷六三。



延熹四年正月辛酉，南宫嘉德殿火。[1]戊子，丙署火。[2]二月壬辰，武庫火。五月丁卯，原陵長壽門火。[3]先是亳后因賤人得幸，[4]號貴人，爲后。上以后母宣爲長安君，封其兄弟，愛寵隆崇，[5]又多封無功者。去年春，白馬令李雲坐直諫死。[6]至此彗除心、尾，[7]火連作。

[1]【今注】嘉德殿：宫殿名。位於東漢南宫。

[2]【今注】丙署：署名。東漢宫中之署，以甲、乙、丙等爲次編號。置長官七人，秩比四百石，銅印黄綬。

[3]【今注】原陵：陵墓名。爲東漢光武帝陵，在今河南洛陽市孟津區東北。光武帝劉秀是東漢開國皇帝，卒於建武中元二年(57)，謚號光武皇帝。

[4]【今注】亳后：鄧猛女。南陽新野（今河南新野縣）人。東漢桓帝第二任皇后，和熹皇后鄧綏的侄孫女。紀見本書卷一〇下。“亳”通“薄”。

[5]【今注】案，愛，《後漢書校補》認爲當作“爵”。

[6]【今注】白馬：縣名。治所在今河南滑縣東。　李雲：字行祖，甘陵（今山東臨清市東北）人。東漢大臣。傳見本書卷五七。

[7]【今注】彗：彗星。又稱“掃帚星”，古代星占理論中有除舊布新之義。《漢書》卷四《文帝紀》：“有長星出於東方。”文穎注：“大法，孛、彗星多爲除舊布新，火災，長星多爲兵革事。”除：掃除，掃過。　心：心宿，二十八宿之一，居東方。　尾：

尾宿，二十八宿之一，居東方。

五年正月壬午，南宫丙署火。四月乙丑，恭北陵東闕火。[1]戊辰，虎賁掖門火。[2]五月，康陵園寢火。[3]甲申，中藏府承禄署火。[4]七月己未，南宫承善闥内火。[5]

[1]【今注】恭北陵：陵墓名。爲東漢順帝母李氏恭愍皇后陵，在今河南洛陽市東。因在恭陵之北，故名恭北陵。李氏是東漢順帝劉保之母，卒於安帝元初二年（115），順帝上尊謚爲恭愍皇后。

[2]【今注】虎賁掖門：宫門名。位於東漢北宫。虎賁，皇宫中禁衛兵的一種，負責護送保衛君主。

[3]【今注】康陵：陵墓名。爲東漢殤帝陵，在今河南洛陽市東。殤帝劉隆卒於延平元年（106），謚號孝殤皇帝。又，西漢平帝陵墓亦名康陵。

[4]【今注】中藏府承禄署：官署名。中藏府置令一人，掌宫中幣帛金銀諸貨物，秩六百石。承禄署爲其官署。

[5]【今注】承善闥内：承善闥，宫門名。位於東漢南宫。闥爲宫中小門。

六年四月辛亥，康陵東署火。七月甲申，平陵園寢火。[1]

[1]【今注】平陵：陵墓名。爲西漢昭帝陵，在今陝西咸陽市西北。昭帝劉弗陵，公元前87年至前74年在位。謚號孝昭皇帝。

八年二月己酉，南宫嘉德署、黄龍、千秋萬歲殿皆火。[1]四月甲寅，安陵園寢火。[2]閏月，南宫長秋、和歡殿後鉤盾、掖庭朔平署各火。[3]十一月壬子，[4]德陽前殿西閤及黄門北寺火，[5]殺人。[6]

[1]【今注】黄龍：宫殿名。位於東漢南宫。　千秋萬歲殿：宫殿名。位於東漢南宫。

[2]【今注】安陵：陵墓名。爲西漢惠帝陵，在今陝西咸陽市東北。惠帝劉盈是西漢第二位皇帝，卒於惠帝七年（前188），謚號孝惠皇帝。

[3]【今注】長秋：宫名。位於東漢南宫。　和歡殿：宫殿名。位於東漢南宫，長秋宫内。　鉤盾：官署名。位於東漢北宫。置令一人，秩六百石，由宦官充任，掌苑囿游觀。　掖庭：官署名。位於東漢北宫。置令一人，秩六百石，由宦官充任，掌後宫貴人、采女事。　朔平署：官署名。位於東漢北宫。置司馬一人，秩比千石，主守北門。

[4]【今注】案，大德本、殿本無“一”字。

[5]【今注】德陽前殿：宫殿名。位於東漢北宫。前殿，即正殿。

[6]【劉昭注】《袁山松書》曰：“是時連月有火災，諸官寺或一日再三發（官，大德本、汲本、殿本作‘宫’，是）。又夜有訛言，擊鼓相驚。陳蕃、劉智茂上疏諫曰（劉智茂，中華本據《後漢書集解》引惠棟説改作‘劉矩、劉茂’）：‘古之火皆君弱臣强，極陰之變也。前始春而獄刑慘，故火不炎上。前入春節連寒，木冰，暴風折樹，又八九州郡並言隕霜殺菽。春秋晉執季孫行父，木爲之冰。夫氣弘則景星見，化錯則五星開，日月蝕。災爲已然，異爲方來，恐卒有變，必於三朝，唯善政可以已之。願察臣前言，不棄愚忠（忠，大德本作“患”），則元元幸甚。’書

奏不省。”

九年三月癸巳，京都夜有火光轉行，民相驚譟。[1]

[1]【劉昭注】《袁山松書》曰（山松，大德本作“崧”）：“是時宦豎專朝，鉤黨事起，上尋無嗣，陳蕃、竇武爲曹節等所害，天下無復紀綱。”

靈帝熹平四年五月，延陵園災。[1]

[1]【今注】延陵：陵墓名。爲西漢成帝陵，在今陝西咸陽市北。成帝劉驁是西漢第十二位皇帝，卒於綏和二年（前7），謚號孝成皇帝。

光和四年閏月辛酉，北宮東掖庭永巷署災。[1]

[1]【劉昭注】陳蕃諫云（云，殿本作“曰”）：“楚女悲而西宮災，不御宮女，怨之所致也。”【今注】北宮東掖庭：掖庭爲漢代宮中旁舍，供妃嬪居住，因位於北宮之東，故稱東掖庭。　永巷署：官署名。置令一人，秩六百石，由宦官充任，掌宮婢侍從。

五年五月庚申，德陽前殿西北入門内永樂太后宮署火。[1]

[1]【今注】案，火，本書卷八《靈帝紀》及李賢注引本志均作“災”，《後漢書校補》疑此處作“火”誤。

中平二年二月己酉，南宫雲臺災。[1]庚戌，樂城門災，[2]延及北闕，道西燒嘉德、和歡殿。[3]案雲臺之災自上起，榱題數百，[4]同時並然，若就縣華鐙，[5]其日燒盡，延及白虎、威興門、尚書、符節、蘭臺。夫雲臺者，乃周家之所造也，圖書、術籍、珍玩、寶怪皆所藏在也。《京房易傳》曰："君不思道，厥妖火燒宫。"是時黄巾作慝，變亂天常，七州二十八郡同時俱發，命將出衆，雖頗有所禽，然宛、廣宗、曲陽尚未破壞，[6]役起負海，[7]杼柚空懸，[8]百姓死傷已過半矣。而靈帝曾不克己復禮，虐侈滋甚，尺一雨布，騶騎電激，官非其人，政以賄成，内嬖鴻都，[9]並受封爵。京都爲之語曰："今兹諸侯歲也。"天戒若曰：放賢賞淫，何以舊典爲？故焚其臺門祕府也。其後三年，靈帝暴崩，續以董卓之亂，火三日不絶，京都爲丘墟矣。[10]

[1]【今注】雲臺：高臺名。位於東漢南宫，因高聳入雲得名。東漢明帝追念前世功臣，畫鄧禹等二十八將於雲臺。本書卷二二《馬武傳》："永平中，顯宗追感前世功臣，乃圖畫二十八將於南宫雲臺，其外又有王常、李通、竇融、卓茂，合三十二人。"

[2]【劉昭注】南宫中門。【今注】案，城，中華本據《後漢書校補》改作"成"。

[3]【今注】案，中華本據本書卷八《靈帝紀》李賢注於"道"前補"度"字。

[4]【今注】榱：椽子，放在檁上支撑屋瓦的木條。榱題即椽子前端。《孟子·盡心下》："堂高數仞，榱題數尺，我得志，弗爲也。"趙岐注："榱題，屋霤也。"

[5]【今注】華鐙：雕飾華美、光輝燦爛的燈。古代燈由金屬

製成，故爲鐙。《楚辭》卷九《招魂》："蘭膏明燭，華燈錯些。"朱熹注："徐鉉曰：'錠中置燭，故謂之鐙。'"

［6］【今注】宛：縣名。治所在今河南南陽市卧龍區。　廣宗：縣名。治所在今河北威縣東。　曲陽：縣名。一爲上曲陽，屬常山國，治所在今河北曲陽縣；一爲下曲陽，屬鉅鹿郡，治所在今河北晉州市西北。本書卷五〇《淮陽頃王昞傳》："豹立八年薨，子暠嗣。三十二年，遭黄巾賊，棄國走，建安十一年國除。"卷八《靈帝紀》："冬十月，皇甫嵩與黄巾賊戰於廣宗，獲張角弟梁。角先死，乃戮其尸。以皇甫嵩爲左軍騎將軍。十一月，皇甫嵩又破黄巾于下曲陽，斬張角弟寶。"常山王暠遇黄巾軍棄國，上曲陽時屬常山國，因此很可能遭遇黄巾軍。皇甫嵩後收復下曲陽，故下曲陽當時也被黄巾軍占領。然，下曲陽距宛、廣宗更近，皇甫嵩先破廣宗，後破下曲陽。因此，本條所指大概率爲下曲陽。

［7］【今注】役起負海：東漢靈帝中平元年（184），鉅鹿人張角稱"蒼天已死，黄天當立，歲在甲子，天下大吉"，興兵反漢。響應部衆來自沿海及内陸多州，連結郡國，皆頭戴黄巾，人數達數十萬，焚燒官府，劫掠城邑，州郡失守。戰事波及青、徐、揚等靠海州郡，故稱"役起負海"。

［8］【今注】杼柚空懸：杼和柚爲織布機上的兩個部件，即持緯的梭子和承經的筘。本條以織布機空蕩蕩，意指生産廢馳、經濟凋敝。《詩·小雅·大東》："小東大東，杼柚其空。"鄭玄箋："小也大也，謂賦斂之多少也。小亦於東，大亦於東，言其政偏，失砥矢之道也。"

［9］【今注】内嬖鴻都：君主寵愛來自鴻都門學校的人。東漢靈帝光和元年（178），始置鴻都門學校，因位於洛陽鴻都門而得名。學生由州、郡、三公選拔，學習尺牘、詩賦、書畫、篆刻等課程，多與宦官交好，出校後任刺史、尚書等官職，爲士大夫所鄙棄。本書卷六〇下《蔡邕傳下》："光和元年，遂置鴻都門學，畫孔子及七十二弟子像。其諸生皆勑州郡三公舉用辟召，或出爲刺史、

太守，入爲尚書、侍中，乃有封侯賜爵者，士君子皆恥與爲列焉。”

［10］【劉昭注】《魏志》曰：“魏明帝青龍二年，崇華殿災，詔問太史令高堂隆：‘此何咎？於禮寧有祈禳之義乎？’對曰：‘夫災變之發，皆所以明教誡也，唯率禮修德可以勝之。《易傳》曰：“上不儉，下不節，孽火燒其室。”又曰：“君高其臺，天火爲災。”此人君苟飾宫室，不知百姓空竭，故天應之以旱，火從高殿起也。上天降監，故譴告陛下，陛下宜增崇人道，以荅天意。昔太戊有桑穀生於朝，武丁有雊雉登於鼎，皆聞災恐懼，側身修德，三年之後，遠夷朝貢，故號曰中宗、高宗。此則前代之明鑒也。今案舊占，災火之發，皆以臺榭宫室爲誡（誡，大德本作“戒”）。然今宫室之所以充廣者，實由宫人猥多之故，宜簡擇留其淑懿，如周之制，罷省其餘（罷，大德本作“能”）。此則祖乙之所以訓高宗（乙，殿本作“已”），高宗之所以享遠號也。’詔問隆：‘吾聞漢武帝時柏梁災，而起宫殿以厭之，其義云何？’對曰：‘臣聞西京柏梁既災，越巫陳方，建章是營，以厭火祥，乃夷越之巫所爲，非聖賢之明訓也。《五行志》曰：‘柏梁災，其後有江充巫蠱衛太子事。’如志之言，越巫建章無所厭也。孔子曰：‘災者，修類應行，精祲相感，以戒人君。’是以聖主覩災責躬，退以修德，以消復之。今宜罷散民役，宫室之制務從約節，内足以待風雨，外足以講禮儀，清掃所災之處，不敢於此有所立作，萐莆嘉禾，必生此地，以報陛下虔恭之德。疲民之力，竭民之財，實非所以致符瑞而懷遠人也。’”臣昭曰：高堂隆之言災，其得天心乎！雖與本志所明不同，靈帝之時有焉，故載其言，廣災異也。【今注】魏志：《三國志》之《魏書》。　魏明帝：即曹叡，字元仲，是曹魏的第二位皇帝。曹叡善詩文，在位期間，成功抵禦吴蜀攻伐，平定鮮卑，設置律博士，命陳群等制定《魏律》十八篇，對後世法典的編纂有一定影響。但統治後期廣興土木，廣采衆女。景初三年（239）卒，謚號明帝。紀見《三國志》卷三。　崇華殿：

宫殿名。三國魏文帝黄初元年（220），曹魏於東漢北宫故地重建洛陽城，修築了凌雲臺、崇華殿等。　太史令：官名。掌天時、星曆，歲尾奏新年曆，國祭、喪、娶奏良日及時節禁忌，有瑞應、災異則記之。秩六百石。　高堂隆：字升平，泰山平陽（今山東新泰市）人。三國曹魏大臣。初爲泰山督郵，後投靠曹操，任相軍議掾、平陽王傅、給事中、博士、駙馬都尉、散騎常侍、光禄勳等職。高堂隆多次直言上書，魏明帝青龍年間（233—237）大興土木，打算遷置長安大鐘，爲其進言阻之。崇華殿發生火災，高堂隆藉機勸諫明帝遵禮修德。魏明帝景初元年（237）卒，有文集十卷，《張掖郡玄石圖》一卷，皆已佚。傳見《三國志》卷二五。　太戊有桑穀生於朝：太戊，商朝第九位君主。桑穀，二木名，古代以桑穀共生於朝爲不祥。典出《尚書·咸有一德》附《書序》："伊陟相太戊，亳有祥，桑穀共生於朝。"孔傳："祥，妖怪。二木合生，七日大拱，不恭之罰。"孔穎達疏："桑穀二木，共生於朝。朝非生木之處，是爲不善之征。"　武丁有雊雉登於鼎：武丁，商朝第二十三位君主。雊雉，鳴叫的野鳥。古代以"雊雉"爲災異之象。典出《尚書·高宗肜日》附《書序》："高宗祭成湯，有飛雉升鼎耳而雊。祖己訓諸王，作《高宗肜日》，高宗之訓。"孔傳："耳不聰之異。雊，鳴。"孔穎達疏："雉乃野鳥，不應入室，今乃入宗廟之内，升鼎耳而鳴，孔以雉鳴在鼎耳，故以爲'耳不聰之異'也。"　漢武帝時柏梁災：西漢武帝太初元年（前104），柏梁臺毁於火災。武帝在方士公孫卿的進言下，修諸侯官邸於甘泉，之後受越人勇之厭勝之術的影響，修建建章宫，規模宏大。柏梁，即柏梁臺，西漢武帝元鼎二年（前115）始建，居長安未央宫北，因以柏木爲梁而得名。　蓮莆：古瑞草名。《孫氏瑞應圖》："蓮莆，王者不徵滋味，庖厨不逾深盛，則生於厨。一名倚扇，一名實閒，一名倚蓮。生如蓮，枝多葉少，根如絲，轉而生風。主於飲食清涼，驅殺蟲蠅。舜時生於厨。又堯時冬死復生。又舜時生於厨及階左。"　嘉禾：生長奇異的禾，古代以其爲祥瑞。《尚書·微子之命》附《書序》：

"唐叔得禾，異畝同穎，獻諸天子。王命唐叔歸周公于東，作歸禾。"孔傳："異畝同穎，天下和同之象，周公之德所致。"《孫氏瑞應圖》："嘉禾，五穀之長，盛德之精也。文者則二本而同秀，質者則同本而異秀，此夏、殷時嘉禾也。周時嘉禾三年，本同穗異，貫桑而生，其穗盈箱，生於唐叔之國，以獻，周公曰：'此嘉禾也，太和氣之所生焉，此文王之德。'乃獻文王之廟。"又云："嘉禾，五穀之長，王者德茂則生。"



獻帝初平元年八月，霸橋災。[1]其後三年，董卓見殺。[2]

[1]【今注】霸橋：橋名。秦穆公稱霸於西戎，改滋水爲霸水，以顯示霸功。水上有橋，名霸橋，位於今陝西西安市東北。漢代送客多到此橋作别。《三輔黄圖·橋》："霸橋在長安東，跨水作橋，漢人送客至此橋，折柳贈别。"

[2]【劉昭注】臣昭案：《劉焉傳》，興平元年，天火燒其城府輜重，延及民家，館邑無餘也。

庶徵之恒燠，《漢書》以冬温應之。中興以來，亦有冬温，而記不録云。[1]

[1]【劉昭注】《越絶》范蠡曰（絶，大德本作"記"，誤）："春燠而不生者，王者德不完也。夏寒而不長者，臣下不奉主令也。秋暑而復榮者，百官刑不斷也。冬温而泄者，發府庫賞無功也。此四者，邦之禁也。"《管子》曰："臣乘君威，則陰侵陽，盛夏雪降，冬不冰也（冰，大德本作'水'，誤）。"【今注】案，《洪範》"火不炎下"之咎徵爲恒奥，"奥"通"燠"。恒奥指夏日

陽氣過盛，至秋天當衰未衰，造成冬日氣温較高，即暖冬現象。《漢書·五行志中之下》云："盛夏日長，暑以養物，政弛緩，故其罰常奥也。"本志謂"《漢書》以冬温應之"，實則《漢書》是以"亡冰"應之。　越絶：《越絶書》，記載中國早期吴越歷史的典籍。以春秋末年至戰國初期吴、越争霸的歷史事實爲主幹，上溯夏禹，下迄兩漢，旁及諸侯列國，涉及政治、經濟、軍事、天文、地理、曆法、語言等多個方面，有獨詳史料，亦可與其他典籍文獻互證。現存十五卷，其成書年代、作者、卷數、書名、篇名等，至今仍存在争議。　范蠡：字少伯，楚國宛地三户人。春秋末期政治、軍事、經濟學家和道家學者，爲中國早期商業理論家，"楚學"開拓者之一。因不滿楚國政治黑暗，投奔越國，扶助越王勾踐復國，後隱去。著《范蠡》二篇，今佚。

安帝元初三年，有瓜異本共生，一瓜同蔕，[1]時以爲嘉瓜。或以爲瓜者外延，離本而實，女子外屬之象也。是時閻皇后初立，[2]後閻后與外親耿寶等共譖太子，[3]廢爲濟陰王，更外迎濟北王子犢立之，[4]草妖也。[5]

[1]【今注】案，一，當作"八"，中華本據《後漢書集解》引惠棟説改。

[2]【今注】閻皇后：閻姬。河南滎陽（今河南滎陽市東北）人，東漢安帝皇后。紀見本書卷一〇下。

[3]【今注】耿寶：字君達，扶風茂陵（今陝西興平市東北）人。東漢外戚、將領。其妹爲安帝生父清河王之妃。安帝即位後，耿寶享内寵，與樊豐等人進讒，廢皇太子劉保爲濟陰王，後被閻太后貶，自殺。事見本書卷五四《楊震傳》。

[4]【今注】濟北王子犢：劉犢，又名劉懿，東漢第七位皇

帝，濟北王劉壽子。安帝去世後，閻太后爲把持朝政，迎立劉懿爲帝，即少帝。安帝延光四年（125），劉懿卒，僅在位二百多天，其間閻顯等獨攬朝權。之後孫程等擁立劉保爲帝，即順帝。

[5]【劉昭注】《古今注》曰："和帝永元七年三月，江夏縣民舍柱生兩枝，其一長尺五寸，分爲八枝，其一長尺六寸，分爲五枝，皆青也。"【今注】江夏：郡名。治沙羨縣（今湖北武漢市西南）。

桓帝延熹九年，雒陽城局竹柏葉有傷者。占曰："天子凶。"

靈帝熹平三年，右校別作中有兩樗樹，皆高四尺所，[1]其一株宿夕暴長，長丈餘，大一圍，作胡人狀，頭目鬢鬚髮備具。《京房易傳》曰："王德衰，下人將起，則有木生人狀。"[2]

[1]【今注】案，所，殿本作"許"。

[2]【劉昭注】臣昭：以木生人狀，下人將起，京房之占雖以證驗，貌類胡人，猶未辨了。董卓之亂，實擁胡兵，傕、汜之時，充斥尤甚，遂窺閒宫嬪，剽虐百姓。鮮卑之徒，踐藉畿封，胡之害深，亦已毒矣。【今注】傕汜：即李傕、郭汜。　鮮卑：古代東胡部落。秦漢之際，東胡被匈奴冒頓單于擊敗，退居烏桓山和鮮卑山，形成烏桓和鮮卑二族。東漢少帝昭寧元年（189），董卓入京亂政，其部下的涼州"羌胡"兵搶劫擄掠，犯下各種罪行。

五年十月壬午，御所居殿後槐樹，皆六七圍，自拔，倒豎根在上。[1]

［1］【劉昭注】臣昭曰："槐是三公之象，貴之也。靈帝授位，不以德進，貪愚是升，清賢斯黜，槐之倒植，豈以斯乎？"

中平元年夏，東郡，[1]陳留濟陽、長垣，[2]濟陰冤句、離狐縣界，[3]有草生，其莖靡纍腫大如手指，狀似鳩雀龍蛇鳥獸之形，[4]五色各如其狀，毛羽頭目足翅皆具。[5]近草妖也。是歲黄巾賊始起。皇后兄何進、異父兄朱苗，[6]皆爲將軍，領兵。後苗封濟陽侯，進、苗遂秉威權，持國柄，漢遂微弱，自此始焉。[7]

［1］【今注】東郡：治濮陽縣（今河南濮陽市華龍區西南）。

［2］【今注】陳留：郡名。治陳留縣（今河南開封市祥符區東南）。　濟陽：縣名。治所在今河南蘭考縣東北。　長垣：縣名。治所在今河南長垣縣東北。

［3］【劉昭注】《風俗通》曰："西及城皇陽武城郭路邊。"【今注】濟陰：郡名。治定陶縣（今山東菏澤市定陶區西北）。殿本作"陰濟"，誤。　冤句：縣名。治所在今山東曹縣西北。　離狐縣：本屬東郡，東漢章帝建初四年（79）屬濟陰國，元和元年（84），濟陰復爲漢郡。治所在今河南濮陽縣東南。

［4］【今注】案，形，殿本作"刑"，誤。

［5］【劉昭注】《風俗通》曰："亦作人狀，操持兵弩，萬萬備具，非但仿佛，類良熟然也。"

［6］【今注】朱苗：即何苗，本姓朱，因其母改嫁何真而改姓何。字叔達，南陽宛（今河南南陽市卧龍區）人。東漢外戚大臣，靈帝皇后同母兄，大將軍何進異父異母弟。任越騎校尉、河南尹，因破滎陽農民軍有功，遷車騎將軍，封滎陽侯。靈帝去世後，何進計劃誅殺宦官，何苗及其母被宦官收買，向太后告密，勸阻何進。

後何進被宦官誅殺，其部下吴匡因此忌恨何苗，又懷疑何苗通謀宦官，遂與董卓弟董旻攻殺何苗，棄尸苑中。事見本書卷六九《何進傳》。

［7］【劉昭注】應劭曰："關東義兵先起於宋、衞之郊，東郡太守橋瑁負衆怙亂，陵蔑同盟，忿嫉同類（嫉，殿本作'疾'），以殞厥命。陳留、濟陰迎助，謂爲離德，棄好即戎，吏民殲之。草妖之興，豈不或信！"【今注】橋瑁：字元瑋，睢陽（今河南商丘市南）人。東漢末大臣，任兖州刺史、東郡太守。獻帝初平元年(190)，假傳京城三公書信至州郡，聲討董卓，推袁紹爲盟主。後因與劉岱不和，爲其所殺。事見本書卷七四上《袁紹傳》。

中平中，長安城西北六七里空樹中，有人面生鬢。[1]

［1］【劉昭注】《魏志》曰："建安二十五年正月，曹公在雒陽，起建始殿，伐濯龍樹而血出。又掘徙梨（徙，紹興本作'徒'，誤），根傷而血出（傷，大德本作'傍'）。曹公惡之，遂寢疾，是月薨。"【今注】建始殿：宫殿名。東漢獻帝建安二十五年（220），曹操建於漢雒陽北宫故地。黄初元年（220），曹丕稱帝，定都雒陽，以建始殿爲臨時的朝會正殿。　伐濯龍樹而血出：《三國志》卷一《魏書·武帝紀》："庚子，王崩于洛陽，年六十六。"裴松之注引《魏晉世語》："太祖自漢中至洛陽，起建始殿，伐濯龍祠而樹血出。"濯龍，園名，近東漢雒陽北宫。

獻帝興平元年九月，桑復生椹，可食。[1]

［1］【劉昭注】臣昭曰：桑重生椹，誠是木異，必在濟民，安知非瑞乎？時蒼生死敗，周、秦殲盡，餓魂餒鬼，不可勝言，

食此重椹，大拯危命，雖連理附枝，亦不能及。若以爲怪，則建武野穀旅生，麻菽尤盛，復是草妖邪？

安帝延光三年二月戊子，有五色大鳥集濟南臺，十月，又集新豐，時以爲鳳皇。或以爲鳳皇陽明之應，故非明主，則隱不見。凡五色大鳥似鳳者，多羽蟲之孽。是時安帝信中常侍樊豐、江京、阿母王聖及外屬耿寶等讒言，[1]免太尉楊震，[2]廢太子爲濟陰王，不悊之異也。章帝末，號鳳皇百四十九見。時直臣何敞以爲羽孽似鳳，[3]翺翔殿屋，不察也。[4]記者以爲其後章帝崩，以爲驗。案宣帝、明帝時，五色鳥群翔殿屋，賈逵以爲胡降徵也。[5]帝多善政，雖有過，不及至衰缺，末年胡降二十萬口，爾其驗也。[6]帝之時，羌胡外叛，讒慝内興，羽孽之時也。《樂叶圖徵》説五鳳皆五色，[7]爲瑞者一，爲孽者四。[8]

［1］【今注】樊豐：東漢宦官，任中常侍，與安帝乳母王聖、江京構陷謀廢太子劉保爲濟陰王。後又詐作詔書，調發錢穀、材木，修建家舍園觀。太尉楊震上書告發，反遭誣陷，被逼自殺。延光四年（125）隨安帝出巡，安帝中途駕崩，回京後，外戚閻顯舉發其與周廣、王聖等人的結黨行徑，樊豐被下獄處死。事見本書卷五四《楊震傳》、卷七八《孫程傳》。　江京：東漢宦官，任小黄門、中常侍、大長秋。與安帝乳母王聖、中常侍樊豐共同謀廢太子劉保爲濟陰王。安帝去世後，迎立北鄉侯劉懿爲帝，待劉懿病重，江京建議太后閻姬另選諸侯王子即位。宦官孫程等發動政變擁立劉保登基，江京被殺。事見本書《孫程傳》。　王聖：東漢安帝乳母，得封野王君。鄧太后臨朝時，曾與小黄門李閏進讒離間太后與安

帝。其後，又與宦官樊豐、江京譖殺太子劉保乳母王男、厨監邴吉，謀廢劉保爲濟陰王。恃寵而驕、貪贓枉法，譖誅太尉楊震等。劉懿即位後，被閻顯舉發，徙雁門。事見本書《孫程傳》。

［2］【今注】楊震：字伯起，弘農華陰（今陝西華陰市東）人。好學博覽，任荆州刺史、東萊太守、太僕、太常、司徒、太尉。爲官正直，多次上書進諫。傳見本書卷五四。又，楊震碑原刻在河南陝州閿鄉縣，首題“漢故太尉楊公神道碑銘”，碑陰有題名，石佚。碑刻信息見歐陽修《集古録》卷二、《廣川書跋》卷五、洪适《隸釋》卷一二等，翻刻本拓片見《北京圖書館藏中國歷代石刻拓本彙編》册一（中州古籍出版社 1989 年版）。

［3］【今注】何敞：字文高，扶風平陵（今陝西咸陽市西北）人。東漢大臣，任侍御史、尚書、汝南太守等。傳見本書卷四三。

［4］【劉昭注】臣昭曰：已論之於《敞傳》。【今注】案，本書《何敞傳》：“元和中，辟太尉宋由府，由待以殊禮。敞論議高，常引大體，多所匡正。司徒袁安亦深敬重之。是時京師及四方累有奇異鳥獸草木，言事者以爲祥瑞。敞通經傳，能爲天官，意甚惡之。乃言於二公曰：‘夫瑞應依德而至，災異緣政而生。故鸜鵒來巢，昭公有乾侯之厄；西狩獲麟，孔子有兩楹之殯。海鳥避風，臧文祀之，君子譏焉。今異鳥翔於殿屋，怪草生於庭際，不可不察。’由、安懼然不敢荅。”

［5］【今注】賈逵：字景伯，扶風平陵（今陝西咸陽市西北）人。東漢大臣，經學家、天文學家。著有《春秋左氏傳解詁》三十篇、《國語解詁》二十一篇、《春秋釋訓》一卷、《毛詩雜義難》十卷等。傳見本書卷三六。

［6］【今注】案，爾，汲本、殿本作“是”。

［7］【今注】樂叶圖徵：書名。《叶圖徵》是《樂緯》的一種。

［8］【劉昭注】《叶圖徵》曰：“似鳳有四，並爲妖：一曰鷫鸘，鳩喙，圓目，身義戴信嬰禮膺仁負智，至則旱役之感也；二

曰發明，烏喙，大頸，翼大（大德本作‘大翼’），大脛，身仁戴智嬰義膺信負禮，至則喪之感也；三曰焦明，長喙，疏翼，圓尾，身義戴信嬰仁膺智負禮，至則水之感也；四曰幽昌，兑目（兑，大德本、殿本作‘鋭’），小頭，大身，細足，脛若鱗葉，身智戴信負禮膺仁，至則旱之感也。”《國語》曰：“周之興也，鸑鷟鳴岐。”《説文》曰：“五方神鳥：東方曰發明，南方曰焦明，西方曰鷫鸘，北方曰幽昌（北，紹興本作‘此’，誤），中央曰鳳皇。”【今注】鸑鷟：傳説中的神鳥。《國語》卷一韋昭注：“三君云：鸑鷟，鳳之别名也。”　案，鳳凰本爲大瑞，漢末地方上報屢見五色大鳥，以之爲鳳凰，然漢末政治混亂，“瑞應非時”，五色大鳥不當爲祥瑞，所以時人又將鳳凰之屬作出區分，衹有一種是鳳凰，其餘四種衹是像鳳凰，其實爲妖，這纔有了鳳凰與鷫鸘、發明、焦明、幽昌的區分。《叶圖徵》的内容亦見於唐代《天地瑞祥志》《稽瑞》和敦煌寫本 P. 2683《瑞應圖》，文字互有出入，以本志爲勝。《説文》又將此五種神鳥與五方對應，至《天地瑞祥志》所引《叶圖徵》中纔較爲完整地呈現，P. 2683《瑞應圖》則繪有發明、幽昌、鷫鸘、焦明四種神鳥的圖像，説明文字更接近於《天地瑞祥志》。（參孫英剛《祥瑞抑或羽孽：五色大鳥與中古時代的政治宣傳》，《神文時代：讖緯、術數與中古政治研究》，上海古籍出版社 2014 年版，第 215—241 頁；游自勇《敦煌寫本 P. 2683〈瑞應圖〉新探》，《敦煌吐魯番研究》第 16 卷，上海古籍出版社 2016 年版，第 297—313 頁）

桓帝元嘉元年十一月，五色大鳥見濟陰己氏。時以爲鳳皇。[1] 此時政治衰缺，梁冀秉政阿枉，上幸亳后，皆羽孽時也。[2]

[1]【今注】案，皇，大德本作“凰”。

［2］【劉昭注】臣昭案：魏朗對策，桓帝時雉入太常、宗正府。朗説見本傳注。【今注】魏朗：字少英，會稽上虞（今浙江紹興市上虞區）人。東漢大臣，任縣吏、彭城令、九真都尉、尚書、河内太守等職。通曉《春秋圖緯》《五經》。傳見本書卷六七。宗正府：官署名。置卿一人，秩中二千石，由皇族充任，掌皇族外戚事務。



靈帝光和四年秋，五色大鳥見于新城，[1]衆鳥隨之，時以爲鳳皇。時靈帝不恤政事，常侍、黄門專權，羽孽之時也。衆鳥之性，見非常班駮，[2]好聚觀之，至於小爵希見梟者，[3]虓見猶聚。[4]

［1］【今注】新城：北新城，縣名。本屬涿郡，東漢桓帝延熹元年（158）屬博陵郡，治所在今河北保定市徐水區西。

［2］【今注】班駮：亦作"斑駁"。雜色，色彩斑斕。《楚辭·九歎·憂苦》："同駑蠃與椉駔兮，雜班駮與闒茸。"王逸注："班駮，雜色也。"

［3］【今注】爵：通"雀"。《漢書》卷九九上《王莽傳上》："鳳皇來儀，神爵降集。"

［4］【今注】虓：同"暴"。突然。

中平三年八月中，懷陵上有萬餘爵，[1]先極悲鳴，已因亂鬬相殺，皆斷頭，懸著樹枝枳棘。[2]到六年，靈帝崩，大將軍何進以内寵外嬖，積惡日久，欲悉糾黜，以隆更始冗政，而太后持疑，事久不決。進從中出，於省内見殺，因是有司盪滌虔劉，[3]後禄而尊厚者無餘矣。[4]夫陵者，高大之象也。天戒若曰：諸懷爵禄而尊厚者，還自相害至滅亡也。[5]

［1］【今注】懷陵：陵墓名。爲東漢沖帝陵，在今河南洛陽市東北。沖帝劉炳卒於永憙元年（145），謚號孝衝皇帝。

［2］【今注】枳棘：枳木與棘木。因其多刺而稱惡木。古代常以其比喻險惡環境或惡人小人。《韓非子·外儲説左下》："夫樹柤梨橘柚者，食之則甘；樹枳棘者，成而刺人，故君子慎所樹。"《楚辭·九歎·愍命》："折芳枝與瓊華兮，樹枳棘與薪柴。"王逸注："以言賤棄君子而育養小人也。"

［3］【今注】盪滌：清洗，清除。　虔劉：劫掠，殺戮。《左傳》成公十三年："芟夷我農功，虔劉我邊陲。"

［4］【今注】案，後，《後漢書校補》認爲當作"懷"。

［5］【劉昭注】《古今注》曰："建武九年，六郡八縣鼠食稼。"《張璠紀》曰："初平元年三月，獻帝初入未央宫，翟雉飛入未央宫，獲之。"《獻帝春秋》曰："建安七年，五色大鳥集魏郡，衆鳥數千隨之。"《魏志》曰："二十三年，秃秋鳥集鄴宫文昌殿後池（秋鳥，紹興本、大德本、殿本作'鶖'，是）。"【今注】張璠紀：書名。張璠所著《後漢紀》。張璠，安定（今甘肅涇川縣北）人，東晉秘書郎，參著作事，通曉易學，著有《周易集解》十卷、《略論》一卷，著《後漢紀》三十卷，未完成，已佚。　獻帝春秋：書名。編年體，記東漢獻帝事。作者不詳，一説爲袁暐。久佚，今有元陶宗儀輯本一卷，收入《説郛》。　魏郡：治鄴縣（今河北臨漳縣西南）。　鄴宫文昌殿：鄴宫，宫殿名。曹操始建於鄴城北部，東漢獻帝建安二十一年（216），曹操封魏王，以鄴宫爲魏王宫殿，鄴宫在某些方面有仿天子宫殿之處。文昌殿爲鄴宫正殿，用來朝會賓客，位於鄴宫中軸綫上。

桓帝建和三年秋七月，北地廉雨肉似羊肋，[1]或大如手。近赤祥也。是時梁太后攝政，兄梁冀專權，枉誅漢良臣故太尉李固、杜喬，天下冤之。其後梁氏誅滅。

[1]【劉昭注】《説文》曰："肋，脅骨也。"【今注】北地：郡名。治富平縣（今寧夏吴忠市西南）。　廉：縣名。治所在今寧夏賀蘭縣。

# 後漢書　志第十五



## 五行三

大水　水變色　大寒　雹　冬雷　山鳴　魚孽　蝗

《五行傳》曰："簡宗廟，不禱祠，[1]廢祭祀，[2]逆天時，[3]則水不潤下。"[4]謂水失其性而爲災也。[5]又曰："聽之不聰，是謂不謀。[6]厥咎急，[7]厥罰恒寒，[8]厥極貧。[9]時則有鼓妖，[10]時則有魚孽，[11]時則有豕禍，[12]時則有耳痾，[13]時則有黑眚、黑祥，惟火沴水。"魚孽，《劉歆傳》以爲"介蟲之孽"，謂蝗屬也。[14]

［1］【劉昭注】鄭玄注曰："虚、危爲宗廟。"【今注】虚危：虚宿和危宿，皆爲二十八宿之一，都屬北方七宿。在中國古代天文學中，二十八宿各有其對應的象徵含義，其中虚、危宿具有廟堂祭祀、宗廟的含義。

［2］【劉昭注】鄭玄曰："牽牛主祭祀之牲。"【今注】牽牛：牛宿，二十八宿之一，屬北方七宿。牛宿具有祭祀儀式中奉獻給神的牲畜的含義，《史記·天官書》："牽牛爲犧牲。"

［3］【劉昭注】鄭玄曰："月在星紀，周以爲正，月在玄枵，殷以爲正，皆不得四時之正，逆天時之象也。《春秋》定十五年'夏五月辛卯郊'（卯，大德本、汲本、殿本作'亥'，是），讖運卜三正（運，大德本作'連'，誤；三，大德本作'二'，誤），以至失時，是其類也。"【今注】星紀：十二星次之一。下句玄枵亦爲十二星次之一。十二星次是沿赤道或黄道將一周天十二等分産生的坐標系（後漢之時爲赤道，唐以後爲黄道），用以表示星體的運行位置。日月之會，十一月在星紀，周以十一月爲正月，故鄭玄説"月在星紀，周以爲正"。同理，十二月日月之會在玄枵，殷以十二月爲正月，即"月在玄枵，殷以爲正"。漢代人認爲夏正建寅（一月）纔是得四時之正，周正建子（十一月）、殷正建丑（十二月）皆非其正。

［4］【劉昭注】鄭玄曰："君行此四者，爲逆天北宫之政也。北宫於地爲水。水性浸潤下流，人所用灌漑者也。無故源流竭絶，川澤以涸，是爲不潤下。其他變異皆屬沴。"

［5］【劉昭注】《太公六韜》曰："人主好破壞名山，壅塞大川，決通名水，則歲多大水，五穀不成也。"【今注】太公六韜：古代兵書。相傳爲太公望所作，一般認爲成書於西漢以前。北宋國子監編定《武經七書》，將《六韜》納入其中，定爲六十篇，此後《六韜》六十篇本廣爲流傳，一些文字遂散佚。此句不見於今本《六韜》。

［6］【劉昭注】鄭玄曰："君聽不聰，則是不能謀其事也。"《洪範》曰："聰作謀。"孔安國曰："所謀必成當。"馬融曰："上聰則下進其謀。"

［7］【劉昭注】鄭玄曰："君臣不謀則急矣。"《易傳》曰："誅罰絶理（誅，大德本作'謀'），不云下也；顓事有知，不云謀也。"

［8］【劉昭注】鄭玄曰："聽曰水，水主冬，冬氣藏，藏氣失，

故常寒。"

[9]【劉昭注】鄭玄曰:"藏氣失,故於人爲貧。"

[10]【劉昭注】鄭玄曰:"鼓聽之應也。"

[11]【劉昭注】鄭玄曰:"魚,蟲之生水而游於水者也。"

[12]【劉昭注】鄭玄曰:"豕,畜之居閑衛而聽者也,屬聽。"

[13]【劉昭注】鄭玄曰:"聽氣失之病。"

[14]【劉昭注】《月令章句》(殿本句末有"曰"字):"介者,甲也。謂龜蟹之屬也。"《古今注》曰:"光武建武四年,東郡以北傷水(東,紹興本作'來',誤)。七年六月戊辰,雒水盛,溢至津城門,帝自行水,弘農都尉治析爲水所漂殺(所,紹興本作'沂',誤),民溺,傷稼,壞廬舍。二十四年六月丙申,沛國睢水逆流,一日一夜止。章帝建初八年六月癸巳,東昏城下池水變赤如血。"臣昭案:諸史光武之時,郡國亦嘗有水災(嘗,大德本、殿本作"常"),而志不載。本紀"八年秋大水",又云"是歲大水",今據杜林之傳,列之孝和之前。《東觀書》曰:"建武八年間,郡國比大水(比,汲本、殿本作'七'),涌泉盈溢。杜林以爲倉卒時兵擅權作威,張氏雖皆降散,猶尚有遺脱,長吏制御無術,令得復熾,元元侵陵之所致也。上疏曰:'臣聞先王無二道(二,紹興本作"曰",誤),明聖用而治。見惡如農夫之務去草焉,芟夷蘊崇之,絶其本根,勿使能植(植,紹興本、殿本作"殖"),畏其易也。古今通道,傳其法於有根。狼子野心,奔馬善驚。成王深知其終卒之患,故以殷氏六族分伯禽,七族分康叔,懷姓九宗分唐叔,檢押其姦宄,又遷其餘於成周,舊地雜俗,旦夕拘録,所以挫其强御之力,詘其驕恣之節也。及漢初興,上稽舊章,合符重規,徙齊諸田,楚昭、屈、景,燕、趙、韓、魏之後,以稍弱六國强宗。邑里無管利之家(管,中華本認爲據文意當作"營"),野澤無兼并之民,萬里之統,海内賴安。後輒因

衰麤之痛，脅以送終之義，故遂相率而陪園陵，無反顧之心。追觀往法（觀，紹興本作“即”，誤），政皆神道設教，强幹弱枝，本支百世之要也。是皆以永享康寧之福（皆以，殿本作“以皆”，是），無怵惕之憂，繼嗣承業，恭己而治，蓋此助也。其被災害民輕薄無累重者，兩府遣吏護送饒穀之郡。或懼死亡，卒爲傭賃，亦所以消散其口救，贍全其性命也。昔魯隱有賢行，將致國於桓公，乃留連貪位，不能早退。况草創兵長，卒無德能，直以擾亂，乘時擅權，作威玉食，狃猱之意（狃猱，大德本作“世侯”，中華本據何焯校本改作“狃猱”），徼幸之望，曼延無足（足，《後漢書校補》認爲當校改作“定”），張步之計是也。小民負縣官不過身死，負兵家滅門殄世。陛下昭然獨見成敗之端，或屬諸侯官府（官，大德本作“宫”），元元少得舉首仰視，而尚遺脱，二千石失制御之道，令得復昌熾從横（令，紹興本作“合”，誤；從，大德本、殿本作“縱”）。比年大雨，水潦暴長，涌泉盈溢，災壞城郭官寺，吏民廬舍，潰徙離處，潰成坑坎。臣聞水，陰類也。《易》卦“地上有水比”，吉性不相害（吉，紹興本、殿本作“言”，是；相，紹興本作“用”，誤），故曰樂也。而猥相毁墊淪失，常敗百姓安居。殆陰下相爲蠹賊，有小大勝負不齊，均不得其所，侵陵之象也。《詩》云：“畏天之威，于時保之。”唯陛下留神明察，往來懼思，天下幸甚。’”《謝承書》曰：“陳宣子興，沛國蕭人也。剛猛性毅，博學，明魯詩。遭王莽篡位，隱處不仕。光武即位，徵拜諫議大夫。建武十年，雒水出造津，城門校尉欲奏塞之，宣曰：‘昔周公卜雒以安宗廟，爲萬世基，水不當入城門。如爲災異，人主過而不可辭，塞之無益。昔東郡金堤大決，水欲没郡，令、吏、民散走；太守王尊亡身勑以住立不動，水應時自消。尊人臣，尚修止弭災（止，紹興本、大德本作“正”，殿本作“政”），豈況朝廷中興聖主，天所挺授，水必不入。’言未絶，水去。上善其言。後乘輿出，宣列引在前，行遲（大德本無‘行’字)，乘輿欲驅，鉤宣車蓋使疾行，御者墮車下。宣前諫曰：‘王者承天統地，動有法度，車則和鸞，步則佩玉，動静應天。昔孝文時，邊方有獻千里馬者，還而不受。陛下宜上稽唐虞，下以文帝爲法。’上納其言，遂徐行按轡。遷爲河堤謁者，以病免，卒於家。”【今注】月令章句：即蔡邕爲《禮記·月令》所作章句。此書《隋書·經籍志》著録爲十二卷，《玉海》引《中興館閣書目》稱“今存一卷”，朱彝尊《經義考》稱爲佚書，知宋時已非全帙，明以後全部佚失，清馬國翰、蔡雲有輯本。　弘農：郡名。治弘農縣（今河南靈寶市）。　都尉：官名。郡都尉掌佐郡太守，典一郡之武職，秩比二千石。　析：縣名。治所在今河南西峽縣。　沛國：郡國名。治相縣（今江蘇淮北市）。　睢水：河名。從鴻溝分出，流經今河南、安徽、江蘇，注入泗水。　東昏城：漢東昏縣城，在今河南蘭考縣東北。　杜林：字伯山，扶風茂陵（今陝西興平市東北）人。東漢光武帝時仕至大司空。博洽多聞，時稱通儒。精通《古文尚書》，被後世推爲“小學之宗”。傳見本書卷二七。　殷氏六族分伯禽七族分康叔懷姓九宗分唐叔：周公旦東征商朝殘餘勢力以後，將殷民條氏、徐氏、蕭氏、索氏、長勺氏、尾勺氏六族分封給長子伯禽，將殷民陶氏、施氏、繁氏、錡氏、樊氏、飢氏、終葵氏七族分封給周武王之弟康叔，將懷姓九宗分封給周武王之弟唐叔。　衰麤（cū）：即斬衰粗服。“麤”通“粗”。《儀禮·喪服》：“喪服。斬衰裳”，服三年之喪穿用裁割後不縫邊的布做的衰裳（衰即上身衣服，裳即下身衣服）。斬衰是喪服等級中最重的一種，漢制子爲父服、臣爲君服齊斬之衰，此處指皇帝去世。　脅以送終之義：爲辦理喪事的規範所脅。　怵惕：戒懼。《尚書·冏命》：“怵惕惟厲，中夜以興，思免厥愆。”孔傳：“言常悚懼惟危，夜半以起，思所以免其過悔。”　魯隱：魯隱公，名息，魯惠公庶長子，爲惠公繼室聲子所生。　桓公：魯桓公，名允，魯惠公嫡子，爲惠公妻宋仲子所生。魯行周制，立子以嫡不以長，但惠公去世時桓公尚幼小，故以長子隱公攝政。桓公既長，隱公仍行居攝之事，桓公乃使人殺隱公而即位。事見《左傳》隱公元年。　謝承書：書名，即謝承所撰《後漢書》。謝承，三國吴人，官至武陵太守，撰《後漢書》。此書《隋書·經籍志》著録，宋以後逐漸亡佚，今人周天游有輯本。　王尊：字子贛，涿郡高陽（今河北高陽縣）人，成帝時官至東郡太守。傳見《漢書》卷七六。　唐虞：傳説中的堯舜禹三代時期，漢代儒家認爲唐虞三代是理想中的政治。　河堤謁者：官名。掌治河。



和帝永元元年七月，[1]郡國九大水，傷稼。[2]《京房易傳》曰：[3]“顓事有知，誅罰絶理，厥災水。其水也，而殺人，[4]隕霜，大風，天黄。飢而不損，兹謂泰，厥水水殺人。辟遏有德，兹謂狂，厥水水流殺人，已水則地生蟲。歸獄不解，兹謂追非，厥水寒殺人。追誅不解，兹謂不理，厥水五穀不收。大敗不解，兹謂皆陰，厥水流入國邑，隕霜殺穀。”[5]是時和帝幼，竇太后攝政，[6]其兄竇憲幹事，[7]及憲諸弟皆貴顯，並作威虣虐，嘗所怨恨，輒任客殺之。其後竇氏誅滅。[8]

［1］【今注】和帝：東漢和帝劉肇，公元88年至105年在位。紀見本書卷四。　永元：東漢和帝劉肇年號（89—105）。

［2］【劉昭注】《穀梁傳》曰：“高下有水災曰大水。”

［3］【今注】京房易傳：書名。易傳類術數書，西漢京房撰。該書主要言述災異之説。又京房撰有《京氏易傳》，而《搜神記》等書所引用《京房易傳》的内容與《京氏易傳》不同，學界懷疑二者並不是同一本書。

［4］【今注】案，而，當作“雨”，中華本據《後漢書校

補》改。

[5]【劉昭注】《春秋考異郵》曰"陰盛臣逆，民悲情發，則水出河決"也。

[6]【今注】竇太后：東漢章帝皇后，扶風平陵縣（今陝西咸陽市）人，竇融曾孫女。章帝去世，和帝繼位，尊竇氏爲皇太后，並臨朝攝政。紀見本書卷一〇上。

[7]【今注】竇憲：字伯度，扶風平陵（今陝西咸陽市西北）人。以妹爲章帝皇后，拜侍中、虎賁中郎將。和帝時拜車騎將軍，大破北單于，拜大將軍。傳見本書卷二三。

[8]【劉昭注】《東觀書》曰："十年五月丁巳，京師大雨，南山水流出至東郊，壞民廬舍。"

十二年六月，潁川大水，[1]傷稼。是時和帝幸鄧貴人，[2]陰有欲廢陰后之意，[3]陰后亦懷恚怨。一曰，先是恭懷皇后葬禮有闕，[4]竇太后崩後，乃改殯梁后，葬西陵，徵舅三人皆爲列侯，位特進，賞賜累千金。[5]

[1]【今注】潁川：郡名。治陽翟縣（今河南禹州市）。

[2]【今注】鄧貴人：鄧綏，南陽新野（今河南新野縣）人。東漢和帝第二任皇后。紀見本書卷一〇上。

[3]【今注】陰后：陰麗華，南陽新野人，東漢和帝第一任皇后。紀見本書卷一〇上。

[4]【今注】恭懷皇后：即梁貴人，和帝生母，與章帝竇皇后不睦，爲其所譖，死後追尊恭懷皇后，葬不以禮，竇太后死後乃追服喪制。事見本書卷一〇上《竇皇后傳》。

[5]【劉昭注】《廣州先賢傳》曰："和帝時策問陰陽不和，或水或旱，方正鬱林布衣養奮，字叔高，對曰：'天有陰陽，陰陽有四時，四時有政令。春夏則予惠布施寬仁，秋冬則剛猛盛威行

刑。賞罰殺生各應其時，則陰陽和，四時調，風雨時，五穀升。今則不然，長吏多不奉行時令，爲政舉事干逆天氣，上不郵下，下不忠上，百姓困乏而不郵哀，衆怨鬱積，故陰陽不和，風雨不時，災害緣類。水者陰盛，小人居位，依公營私，讒言誦上。雨漫溢者，五穀有不升而賦税不爲減，百姓虚竭，家有愁心也。'"
【今注】廣州先賢傳：書名。關於嶺南地方的雜傳。作者陸胤，三國吴人，赤烏十一年（248）平交阯亂，官至交州刺史、安南校尉。傳見《三國志》卷六一。《舊唐書·經籍志》著録該書，後散佚，清王謨有輯本。

殤帝延平元年五月，[1]郡國三十七大水，傷稼。董仲舒曰：[2]"水者，陰氣盛也。"是時帝在襁抱，鄧太后專政。[3]

[1]【今注】殤帝：劉隆，漢和帝少子，登基時出生剛滿百天，因爲年幼，由皇太后鄧綏臨朝聽政。一歲時夭折，是中國歷史上壽命最短的皇帝，謚號孝殤皇帝。紀見本書卷四。　延平：東漢殤帝劉隆年號（106）。

[2]【今注】董仲舒：廣川（今河北棗强縣東）人，西漢武帝時舉賢良對策，爲江都相，又爲膠西王相。治公羊《春秋》，建立起天人感應和陰陽災異論的學説體系，對兩漢政治文化影響深遠。傳見《史記》卷一二一、《漢書》卷五六。

[3]【劉昭注】臣昭案：本紀是年九月，六州大水。《袁山松書》曰（山松，大德本作"崧"，本卷下同不注）："六州河、濟、渭、雒、洧水盛長，泛溢傷秋稼。"【今注】鄧太后：即鄧綏。

安帝永初元年冬十月辛酉，[1]河南新城山水虣出，[2]突壞民田，壞處泉水出，深三丈。是時司空周章等以鄧太后不立皇太子勝而立清河王子，[3]故謀欲廢置。十一月，事覺，章等被誅。是年郡國四十一水出，漂没民人。[4]讖曰："水者，純陰之精也。陰氣盛洋溢者，小人專制擅權，治疾賢者，[5]依公結私，侵乘君子，小人席勝，[6]失懷得志，故涌水爲災。"



[1]【今注】安帝：東漢安帝劉祜，公元106年至125年在位。紀見本書卷五。　永初：東漢安帝劉祜年號（107—113）。

[2]【今注】虣：同"暴"。突然。

[3]【今注】司空：官名。掌水土事，位次三公。東漢三公包括太尉、司徒、司空。　周章：字次叔，南陽隨（今湖北隨州市曾都區）人。東漢大臣。傳見本書卷三三。　案，皇太子，張森楷《校勘記》認爲劉勝未嘗立爲皇太子，"太"係衍文。

[4]【劉昭注】《謝沈書》曰："死者以千數。"【今注】謝沈書：書名。即謝沈所撰《後漢書》。《隋書·經籍志》著録，宋以後逐漸亡佚，今人周天游有輯本。謝沈，字行思，會稽山陰（今浙江紹興市）人，晉康帝時官至著作郎。傳見《晉書》卷八二。

[5]【今注】案，治，殿本、汲本作"妒"，是。

[6]【今注】席勝：乘勝。

二年，大水。[1]

[1]【劉昭注】臣昭案：本紀京師及郡國四十有水（有，當作"大"，中華本據《後漢書校補》改）。《周嘉傳》是夏旱，嘉收葬客死骸骨，應時澍雨，歲乃豐稔，則水不爲災也。

三年，大水。[1]

［1］【劉昭注】臣昭案：本紀京師及郡國四十一雨水。

四年，大水。[1]

［1］【劉昭注】臣昭案：本紀云三郡。

五年，大水。[1]

［1］【劉昭注】臣昭案：本紀郡國八。

六年，河東池水變色，皆赤如血。[1]是時鄧太后猶專政。[2]

［1］【劉昭注】水變。占曰："水化爲血者，好任殘賊，殺戮不辜，延及親戚，水當爲血。"

［2］【劉昭注】《古今注》曰："元初二年，潁川襄城臨水化爲血（臨，汲本、殿本作'流'，是；'血'字後中華本據《後漢書集解》引惠棟説補'不流'二字）。"京房占曰："流水化爲血，兵且起，以日辰占與其色。"《博物記》曰："江河水赤，占曰泣血（占，殿本作'名'），道路涉蘇，於何以處（何，汲本作'河'，誤。《後漢書校補》認爲'涉蘇於何以處'屬誤文）。"【今注】襄城：縣名。治所在今河南襄城縣。　博物記：張華所撰志怪小説。《隋書·經籍志》著録，佚失脱誤嚴重，今本非其舊帙。張華，字茂先，范陽方城（今河北固安縣方城村）人，晉惠帝時官至司空，領著作，傳見《晉書》卷三六。

延光三年，[1]大水，流殺民人，傷苗稼。是時安帝信江京、樊豐及阿母王聖等讒言，[2]免太尉楊震，[3]廢皇太子。[4]

［1］【今注】延光：東漢安帝劉祜年號（122—125）。

［2］【今注】江京：東漢宦官，任小黄門、中常侍、大長秋。與安帝乳母王聖、中常侍樊豐共同謀廢太子劉保爲濟陰王。安帝去世後，迎立北鄉侯劉懿爲帝，待劉懿病重，江京建議太后閻姬另選諸侯王子即位。宦官孫程等發動政變擁立劉保登基，江京被殺。事見本書卷七八《孫程傳》。　樊豐：東漢宦官，任中常侍，與安帝乳母王聖、江京構陷謀廢太子劉保爲濟陰王。後又詐作詔書，調發錢穀、材木，修建家舍園觀。太尉楊震上書告發，反遭誣陷，被逼自殺。延光四年（125）隨安帝出巡，安帝中途駕崩，回京後，外戚閻顯舉發其與周廣、王聖等人的結黨行徑，樊豐被下獄處死。事見本書卷五四《楊震傳》、卷七八《孫程傳》。　王聖：東漢安帝乳母，得封野王君。鄧太后臨朝時，曾與小黄門李閏進讒離間太后與安帝。其後，又與宦官樊豐、江京譖殺太子劉保乳母王男、厨監邴吉，謀廢劉保爲濟陰王。恃寵而驕、貪贓枉法，譖誅太尉楊震等。劉懿即位後，被閻顯舉發，徙鴈門。事見本書《孫程傳》。

［3］【今注】案，太，紹興本作“大”，二字通。　楊震：字伯起，弘農華陰（今陝西華陰市東）人。傳見本書卷五四。又，楊震碑原刻在河南陝州閿鄉縣，首題“漢故太尉楊公神道碑銘”，碑陰有題名，石佚。碑刻信息見歐陽修《集古録》卷二、《廣川書跋》卷五、洪适《隸釋》卷一二等，翻刻本拓片見《北京圖書館藏中國歷代石刻拓本彙編》册一（中州古籍出版社1989年版）。

［4］【劉昭注】臣昭案：《左雄傳》順帝永建四年，司冀二州大水，傷禾稼。《楊厚傳》永和元年夏，雒陽暴水，殺千餘人（千，紹興本“十”，誤）。

質帝本初元年五月，[1]海水溢樂安、北海，[2]溺殺人物。是時帝幼，梁太后專政。[3]

[1]【今注】質帝：東漢質帝劉纘，公元145年至146年在位。在位一年，葬於静陵，謚號孝質皇帝。紀見本書卷六。　本初：質帝年號，僅一年（146）。

[2]【今注】樂安：郡名。治臨濟縣（今山東高青東縣南）。此前爲侯國，本初元年五月庚寅徙樂安王爲勃海王，國除爲郡。　北海：漢侯國。治劇縣（今山東昌樂縣西）。

[3]【劉昭注】《春秋漢含孳》曰："九卿阿黨，擠排正直（排，大德本作'非'），驕奢僭害，則江河潰決。"《方儲對策》曰："民悲怨則陰類强，河决海溢，地動土涌。"【今注】梁太后：梁妠，安定烏氏（今寧夏固原市東南）人，大將軍梁商之女，東漢順帝皇后。紀見本書卷一〇。　春秋漢含孳：《春秋緯》的一種，成書於漢代，存世佚文見安居香山、中村璋八《緯書集成》。

桓帝建和二年七月，[1]京師大水。去年冬，梁冀枉殺故太尉李固、杜喬。[2]

[1]【今注】桓帝：東漢桓帝劉志，公元146年至167年在位。紀見本書卷七。　建和：東漢桓帝劉志年號（147—149）。

[2]【今注】梁冀：字伯卓，安定烏氏（今寧夏固原市東南）人。梁商之子。傳見本書卷三四。　李固：字子堅，漢中南鄭（今陝西漢中市）人。李合之子。傳見本書卷六三。　杜喬：字叔榮，河内林慮（今河南林州市）人。東漢大臣，歷任南郡太守、東海國相、侍中、光禄大夫、太子太傅、大司農、光禄勳、太尉。傳見本書卷六三。

三年八月，京都大水。是時梁太后猶專政。

永興元年秋，[1]河水溢，漂害人物。[2]

[1]【今注】永興：東漢桓帝劉志年號（153—154）。

[2]【劉昭注】臣昭案：《朱穆傳》云“漂害數千萬户（千，當作‘十’，中華本據《後漢書校補》引錢大昕説改）”。京房占曰：“江河溢者，天有制度，地有里數，懷容水澤（懷，紹興本作‘壞’，誤），浸漑萬物。”今溢者，明在位者不勝任也，三公之禍不能容也，率執法者利刑罰，不用常法。

二年六月，彭城泗水增長，[1]逆流。[2]

[1]【今注】彭城：侯國。治彭城縣（今江蘇徐州市）。　泗水：河名。源出今山東泗水縣東蒙山，流經今山東、江蘇，注入淮水。

[2]【劉昭注】《梁冀别傳》曰：“冀之專政，天爲見異，衆災並湊，蝗蟲滋生（滋，大德本作‘兹’），河水逆流，五星失次，太白經天（經，紹興本作‘絶’，誤），人民疾疫，出入六年，羌戎叛戾，盜賊略平，皆冀所致。”《敦煌實録》張衡對策曰：“水者，五行之首，滯而逆流者，人君之恩不能下及而教逆也。”《潛潭巴》曰：“水逆者，反命也，宜修德以應之。”【今注】五星失次：五星即辰星（水星）、太白（金星）、熒惑（火星）、歲星（木星）、填星（土星），五星失次是指五星運行速度相對於其正常運動發生變化，五星提早出現（稱爲“盈”）或遲晚出現（稱爲“縮”）的現象。中國古代天文學認爲五星不失行方能年穀豐昌，失次則是異常現象，應當進行星占。　太白經天：太白即金星，太白經天指金星運行經過天頂至於午位的天文現象。金星是内行星，衹能在距離太陽48度的範圍内運動，因此經過天頂衹能發

生於白晝。在中國古代天文學中，太白屬陰，日屬陽，白晝能看見太白經天意味着陰勝過陽。因此星占一般認爲太白經天是君弱臣逆的凶兆，預示兵災、動亂。《史記·天官書》司馬貞《索隱》引晉灼曰："日，陽也，日出則星没。太白晝見午上爲經天。"　盜賊略平：《後漢書校補》認爲"平"下當有"民"字，諱省。　敦煌實録：書名。劉昞撰，《隋書·經籍志》著録，宋以後散佚，清湯球有輯本。　張衡對策：張衡所上《水災對策》，全文已佚。張衡，字平子，東漢文學家、天文學家、地理學家。歷任太史令、侍中，晚年任尚書。著有《靈憲》《渾儀圖注》《二京賦》等。《隋書·經籍志》著録《張衡集》十四卷，已佚。傳見本書卷五九。　潛潭巴：即《春秋潛潭巴》，《春秋緯》的一種，存世佚文見安居香山、中村璋八《緯書集成》。

永壽元年六月，[1]雒水溢至津陽城門，漂流人物。[2]是時梁皇后兄冀秉政，疾害忠直，威權震主。後遂誅滅。

[1]【今注】永壽：東漢桓帝劉志年號（155—158）。

[2]【劉昭注】臣昭案：本紀又南陽大水。

延熹八年四月，[1]濟北水清。[2]九年四月，濟陰、東郡、濟北、平原河水清。[3]襄楷上言："河者諸侯之象，清者陽明之徵，豈獨諸侯有規京都計邪？"[4]其明年，宫車晏駕，[5]徵解犢亭侯爲漢嗣，[6]即尊位，是爲孝靈皇帝。

[1]【今注】延熹：東漢桓帝劉志年號（158—167）。

［2］【今注】案，據本書卷七《桓帝紀》“北”後當補“河”字。

［3］【今注】濟陰：郡國名。治定陶縣（今山東菏澤市定陶區）。　東郡：治濮陽縣（今河南濮陽市華龍區西南）。　平原：郡名。治平原縣（今山東平原縣），黄河自西南向東北穿過郡大部。

［4］【今注】案，襄楷上言的全文見本書卷三〇下《襄楷傳》：“案春秋以來及古帝王，未有河清及學門自壞者也。臣以爲河者，諸侯位也，清者屬陽，濁者屬陰。河當濁而反清者，陰欲爲陽，諸侯欲爲帝也。太學，天子教化之宫，其門無故自壞者，言文德將喪，教化廢也。京房《易傳》曰：‘河水清，天下平。’今天垂異，地吐妖，人厲疫，三者並時而有河清，猶春秋麟不當見而見，孔子書之以爲異也。”“河清”在中國古代政治文化中屬於祥瑞。“河”一般指黄河，《史記》卷六九《蘇秦列傳》中載燕王曾云“吾聞齊有清濟、濁河可以爲固”，可知此時黄河已有“濁河”之稱。東漢時，經學家纔將“河清”與祥瑞聯繫在一起，如京房云“河水清，天下平”，《易緯·乾鑿度》説：“天之將降嘉瑞，應河水清三日。”“河清”成爲聖人出世的祥瑞之一。但襄楷是從君臣關係的角度來認識這一現象的。水爲陰爲臣，《孝經援神契》曰：“五嶽視三公，四瀆視諸侯也。”濁水變清，是陰反陽，即臣子反上，預示着叛亂。

［5］【今注】宫車晏駕：宫車晚出，喻天子崩逝。

［6］【今注】解犢：地名。即解犢亭，又作“解瀆亭”，在今河北安國縣。東漢靈帝劉宏登基前及其生父劉萇的封爵皆爲解瀆亭侯。

永康元年八月，[1]六州大水，勃海海溢，没殺人。是時桓帝奢侈淫祀，其十一月崩，無嗣。

［1］【今注】永康：東漢桓帝劉志年號（167）。

靈帝建寧四年二月，[1]河水清。[2]五月，山水大出，漂壞廬舍五百餘家。[3]

［1］【今注】靈帝：東漢靈帝劉宏，公元168年至189年在位。紀見本書卷八。　建寧：東漢靈帝劉宏年號（168—172）。

［2］【劉昭注】《袁山松書》曰："檮于龍堺。"

［3］【劉昭注】《袁山松書》曰："是河東水暴出也。"

熹平二年六月，[1]東萊、北海海水溢出，[2]漂没人物。

［1］【今注】熹平：東漢靈帝劉宏年號（172—178）。

［2］【今注】東萊：郡名。治黄縣（今山東黄縣東），臨渤海、黄海。

三年秋，雒水出。

四年夏，郡國三水，[1]傷害秋稼。

［1］【今注】案，三水，本書卷八《靈帝紀》作"七大水"。

光和六年秋，[1]金城河溢，[2]水出二十餘里。

［1］【今注】光和：東漢靈帝劉宏年號（178—184）。

［2］【今注】金城河：黄河流經金城的别名。金城，在今甘肅蘭州市西。《水經注》卷二："（金城河）即積石之黄河也。闞駰曰：河至金城縣，謂之金城河，隨地爲名也。"

中平五年，[1]郡國六水大出。[2]

[1]【今注】中平：東漢靈帝劉宏年號（184—189）。

[2]【劉昭注】臣昭案：《袁山松書》曰"山陽、梁、沛、彭城、下邳、東海、琅邪"，則是七郡。【今注】案，六水大出，本書卷八《靈帝紀》作"七大水"。　梁：王國名。治下邑縣（今安徽碭山縣）。　下邳：王國名。治下邳縣（今江蘇邳州市南）。　琅邪：王國名。治開陽縣（今山東臨沂市北）。

獻帝建安二年九月，[1]漢水流，[2]害民人。是時天下大亂。[3]

[1]【今注】獻帝：東漢獻帝劉協，公元189年至220年在位。紀見本書卷九。　建安：東漢獻帝劉協年號（196—220）。

[2]【今注】漢水：河名。又稱沔水。北源出今陝西留壩縣西沮水，西源出今陝西寧强縣北，流經今陝西、湖北，注入長江。

[3]【劉昭注】《袁山松書》曰："曹操專政。十七年七月，大水，洧水溢。"

十八年六月，大水。[1]

[1]【劉昭注】《獻帝起居注》曰："七月，大水，上親避正殿；八月、以雨不止，且還殿。"

二十四年八月，漢水溢流，害民人。[1]

[1]【劉昭注】《袁山松書》曰"明年禪位于魏"也。

庶徵之恒寒。[1]

［1］【今注】案，《漢書·五行志中之下》引“説”曰：“上偏聽不聰，下情隔塞，則不能謀慮利害，失在嚴急，故其咎急也。盛冬日短，寒以殺物，政促迫，故其罰常寒也。”

靈帝光和六年冬，大寒，北海、東萊、琅邪井中冰厚尺餘。[1]

［1］【劉昭注】《袁山松書》曰：“是時群賊起，天下始亂。讖曰：‘寒者，小人暴虐，專權居位，無道有位，適罰無法，又殺無罪，其寒必暴殺。’”

獻帝初平四年六月，[1]寒風如冬時。[2]

［1］【今注】初平：東漢獻帝劉協年號（190—193）。

［2］【劉昭注】《袁山松書》曰：“時帝流遷失政。”養奮對策曰：“當温而寒，刑罰慘也。”【今注】養奮：字叔高，鬱林（今廣西桂平縣）人，和帝時舉賢良方正。此篇對策另見本卷前文注引《廣州先賢傳》。

和帝永元五年六月，郡國三雨雹，大如雞子。[1]是時和帝用酷吏周紆爲司隸校尉，[2]刑誅深刻。[3]

［1］【劉昭注】《春秋考異郵》曰：“陰氣之專精凝合生雹。雹之爲言合也。以妾爲妻，大尊重，九女之妃闕而不御，坐不離前，無由相去之心，同輿參駟，房任之内（任，大德本作‘衽’，

汲本、殿本作‘祚’，是），歡欣之樂，專政夫人，施而不傳（傳，當作‘博’，中華本據文義改），陰精凝而見滅（滅，大德本、汲本、殿本作‘成’，是）。”《易讖》曰：“凡雹者，過由人君惡聞其過，抑賢不易（易，中華本徑改作‘揚’），内與邪人通，取財利，蔽賢，施之，並當雨不雨，故反雹下也。”【今注】易讖：讖書的一種，今佚。陳槃《古讖緯研討及其書録解題》認爲《易讖》即《易緯》（上海古籍出版社2010年版）。

［2］【今注】周紆：字文通，下邳徐縣（今江蘇泗洪縣）人。東漢章帝、和帝時期的酷吏，不畏權勢、打擊豪强，歷任洛陽令、御史中丞、司隸校尉、將作大匠等職。傳見本書卷七七。　司隸校尉：官名。監察司隸所轄七郡，統領有軍隊。

［3］【劉昭注】《古今注》曰：“光武建武十年十月戊辰，樂浪、上谷雨雹，傷稼。十二年，河南平陽雨雹，大如杯，壞敗吏民廬舍。十五年十二月乙卯，鉅鹿雨雹，傷稼。永平三年八月，郡國十二雨雹，傷稼。十年，郡國十八或雨雹，蝗。”《易緯》曰：“夏雹者，治道煩苛，繇役急促，教令數變，無有常法。不救爲兵，强臣逆謀，蝗蟲傷穀。救之，舉賢良，爵有功，務寬大，無誅罰，則災除。”【今注】樂（luò）浪：郡名。治朝鮮縣（今朝鮮平壤市）。　上谷：郡名。治沮陽縣（今河北懷來縣東南）。　平陽：侯國名。治平陽縣（今山西臨汾市西）。　鉅鹿：漢有鉅鹿郡，治廮陶縣（今河北寧晉縣西南）；亦有鉅鹿縣，在今河北平鄉縣西南。此不詳是郡是縣。　易緯：緯書的一種，《隋書·經籍志》有著録。《易緯》包含《稽覽圖》《乾鑿度》《坤靈圖》《通卦驗》《是類謀》《辨終備》等篇，各篇在東漢以後陸續形成。此段引文不見今本《易緯》，《黄氏逸書考》本《通緯》認爲出自《是類謀》篇，《緯書集成》據此列爲《是類謀》篇佚文。

安帝永初元年，雨雹。二年，雨雹，大如雞子。

三年，雨雹，[1]大如鴈子，傷稼。劉向以爲，[2]雹，陰脅陽也。[3]是時鄧太后以陰專陽政。

［1］【今注】三年雨雹：本書卷五《安帝紀》作“是歲，京師及郡國四十一雨水雹”。

［2］【今注】劉向：字子政，本名更生，西漢宗室，官至中壘校尉。成帝時主持校勘皇室藏書，撰《别録》。又撰有《洪範五行傳論》，闡述天人感應、陰陽五行理論。傳見《漢書》卷三六。

［3］【今注】陰脅陽：《漢書·五行志中之下》：“劉向以爲，盛陽雨水，温暖而湯熱，陰氣脅之不相入，則轉而爲雹；盛陰雨雪，凝滯而冰寒，陽氣薄之不相入，則散而爲霰。故沸湯之在閉器，而湛於寒泉，則爲冰，及雪之銷，亦冰解而散，此其驗也。故雹者陰脅陽也，霰者陽脅陰也，《春秋》不書霰者，猶月食也。”一般認爲此説出自劉向的《洪範五行傳論》。董仲舒最早從陰陽論的原理角度解説“雨雹”，劉向的解説更進一步。氣象學上，雹和霰都是天上雨水在下落過程中形成的冰晶，但出現的季節不同。雹多出現在春、夏，是雨水遇寒瞬間結凍所致，伴雨而落；霰多出現在冬季，因地面温度較高，降雪消融爲冰水而下。所以在劉向的解釋裏，雹是“陰脅陽”，霰是“陽脅陰”，雹既爲“陽”，是君，“雨雹”就是陰氣過盛威脅到陽，預示着后妃專一、權臣專擅局面的出現。（參見蘇德昌《〈漢書·五行志〉研究》，臺大出版中心2013年版，第341—342頁）

元初四年六月戊辰，[1]郡國三雨雹，大如杅杯及雞子，[2]殺六畜。[3]

［1］【今注】元初：東漢安帝劉祜年號（114—120）。

［2］【今注】杅：盛湯漿的器皿。《儀禮·既夕禮》：“用器弓

矢、耒耜、兩敦、兩杅、槃匜。”鄭玄注：“此皆常用之器也。杅盛湯漿。”

［3］【劉昭注】《古今注》曰：“樂安雹如杅，殺人。”京房占曰：“夏雨雹，天下兵大作。”



延光元年四月，郡國二十一雨雹，大如雞子，傷稼。是時安帝信讒，無辜死者多。[1]

［1］【劉昭注】臣昭案：《尹敏傳》是歲河西大雨雹，如斗。安帝見孔季彥，問其故，對曰“此皆陰乘陽之徵也。今貴臣擅權，母后黨盛，陛下宜修聖德，慮此二者”也。【今注】孔季彥：事見本書卷七九上《孔僖傳》。

三年，雨雹，大如雞子。[1]

［1］【劉昭注】《古今注》曰：“順帝永建五年（五，大德本、汲本、殿本作‘三’），郡國十二雨雹。六年，郡國十二雨雹，傷秋稼。”

桓帝延熹四年五月己卯，京都雨雹，大如雞子。是時桓帝誅殺過差，又寵小人。

七年五月己丑，京都雨雹。是時皇后鄧氏僭侈，[1]驕恣專幸。明年廢，以憂死，其家皆誅。

［1］【今注】鄧氏：即鄧猛女，南陽新野（今河南新野縣）人。東漢桓帝第二任皇后，和熹皇后鄧綏的侄孫女。紀見本書卷一〇下。

靈帝建寧二年四月，雨雹。

四年五月，河東雨雹。

光和四年六月，雨雹，大如雞子。是時常侍、黄門用權。

中平二年四月庚戌，雨雹，傷稼。

獻帝初平四年六月，右扶風雹如斗。[1]

[1]【劉昭注】《袁山松》曰（袁山松，大德本作“袁崧書”，殿本作“袁山松書”）：“雹殺人。前後雨雹，此最爲大，時天下潰亂。”

和帝元興元年冬十一月壬午，郡國四冬雷。[1]是時皇子數不遂，皆隱之民間。是歲，宫車晏駕；殤帝生百餘日，立以爲君；帝兄有疾，封爲平原王，[2]卒。皆夭無嗣。[3]

[1]【今注】案，此屬“鼓妖”。《漢書·五行志中之下》：“君嚴猛而閉下，臣戰栗而塞耳，則妄聞之氣發於音聲，故有鼓妖。”又引西漢李尋曰：“《洪範》所謂鼓妖者也。師法以爲人君不聰，爲衆所惑，空名得進，則有聲無形，不知所從生。”所以鼓妖是莫名的聲音。本志將“冬雷”列於“鼓妖”下，《漢書·五行志中之下》引劉向説：“於《易》，雷以二月出，其卦曰《豫》，言萬物隨雷出地，皆逸豫也。以八月入，其卦曰《歸妹》，言雷復歸。入地則孕毓根核，保藏蟄蟲，避盛陰之害；出地則養長華實，發揚隱伏，宣盛陽之德。入能除害，出能興利，人君之象也。”《南齊書·五行志》引《傳》曰：“雷於天地爲長子，以其首長萬物，與之出入，故雷出萬物出，雷入萬物入。夫雷者人君之象，入則除害，出

則興利。雷之微氣以正月出，其有聲者以二月出，以八月入，其餘微者以九月入。冬三月雷無出者，若是陽不閉陰，則出涉危難而害萬物也。”故雷本不當在冬天發生，“冬雷”象徵着“陽不閉陰”，是君王的不祥之兆。

［2］【今注】平原王：劉勝，東漢和帝長子，母不詳。少有痼疾，東漢殤帝延平元年（106）封平原王，爲王八年後薨，葬於京城。傳見本書卷五五。

［3］【劉昭注】《古今注》曰：“光武建武七年（七，大德本、殿本作‘十’），遼東冬雷，草木實。”

殤帝延平元年九月乙亥，陳留雷，[1]有石隕地四。[2]

［1］【今注】陳留：郡國名。治陳留縣（今河南開封市陳留鎮）。　案，大德本無“雷”字。

［2］【劉昭注】臣昭案：《天文志》末已載石隕，未解此篇所以重記。石以雷隕俱者（以，大德本、汲本、殿本作“與”，是），九月雷未爲異，桓帝亦有此隕，後不兼載，於是爲長（長，大德本、汲本、殿本作“常”，是）。《古今注》曰：“章帝建初四年五月戊寅，潁陰石從天墜，大如鐵鑕，色黑，始下時聲如雷。”【今注】案，《漢書·五行志》將“隕石”置於《皇極傳》下，本志則置於“鼓妖”下，蓋隕石下落和撞擊地面時均會産生巨大聲響。

安帝永初六年十月丙戌，郡六冬雷。[1]

［1］【劉昭注】京房占曰：“天冬雷，地必震。”又曰：“教令擾。”又曰：“雷以十一月起黄鍾，二月大聲，八月闔藏。此以春

夏殺無辜，不須冬刑致災。蟄蟲出行，不救之，則冬溫風，以其來年疾病。其救也，率幼孤（率，大德本、汲本、殿本作'恤'，是），振不足，議獄刑，貰謫罰（謫，大德本、殿本作'讁'），災則消矣。"《古今注》曰："明帝永平七年十月丙子，越巂雷。"【今注】黄鍾：十二律琯中用來表示冬至的位置，對應十一月。《淮南子·天文訓》："日行一度，十五日爲一節，以生二十四時之變。斗指子則冬至，音比黄鍾。"高誘注："黄鍾，十一月也。"律琯又稱律管，是古人用以測候季節變化的器具，其具體情形參見本書《律曆志上》。　越巂：郡名。治邛都縣（今四川西昌市）。

七年十月戊子，郡國三冬雷。

元初元年十月癸巳，郡國三冬雷。

三年十月辛亥，汝南、樂浪冬雷。[1]

［1］【今注】汝南：郡名。治平輿縣（今河南平輿縣北）。

四年十月辛酉，郡國五冬雷。

六年十月丙子，郡國五冬雷。

永寧元年十月，[1]郡國七冬雷。

［1］【今注】永寧：東漢安帝劉祜年號（120—121）。

建光元年十月，[1]郡國七冬雷。

［1］【今注】建光：東漢安帝劉祜年號（121—122）。

延光四年，郡國十九冬雷。是時太后攝政，[1]上無所與。太后既崩，阿母王聖及皇后兄閻顯兄弟更秉威權，[2]上遂不親萬機，從容寬仁任臣下。[3]

[1]【今注】案，鄧綏已於東漢安帝建光元年（121）薨，安得於延光四年（125）復言太后攝政，中華本疑"是時"乃"先是"之誤。

[2]【今注】閻顯：河南滎陽（今河南滎陽市東北）人，其妹爲東漢安帝閻皇后。封長社侯，掌禁兵。安帝去世後，與其妹策立北鄉侯劉懿爲帝，是爲少帝。閻后臨朝，閻顯以車騎將軍、儀同三司專斷朝政。少帝病逝，宦官孫程等十九人擁立濟陰王劉保爲帝（順帝），被殺。事見本書卷一〇下《皇后紀下》。

[3]【劉昭注】《古今注》曰："順帝永和四年四月戊午，雷震擊高廟、世祖廟外槐樹。"

桓帝建和三年六月乙卯，雷震憲陵寢屋。[1]先是梁太后聽兄冀枉殺李固、杜喬。

[1]【今注】憲陵：東漢順帝劉保的陵寢。本書卷六《沖帝紀》："九月丙午，葬孝順皇帝於憲陵，廟曰敬宗。"李賢注曰："在洛陽西十五里，陵高八丈四尺，周三百步。"在今河南洛陽市孟津區平樂鄉平樂村北。

靈帝熹平六年冬十月，東萊冬雷。[1]

[1]【今注】案，冬，殿本、汲本作"大"。

中平四年十二月晦，雨水，大雷電，雹。

獻帝初平三年五月丙申，無雲而雷。[1]

[1]【今注】案，就天文氣象而言，是先有雲而後有雷，積雨雲中的電荷達到一定程度後産生閃電，而後纔有雷聲，因此"無雲而雷"屬於異象。《漢書·五行志中之下》將"無雲而雷"附於"鼓妖"之末，又引劉向説："雷當託於雲，猶君託於臣，陰陽之合也。"無雲而雷，猶當君不得臣子之心，民有怨畔。

四年五月癸酉，無雲而雷。

建安七八年中，長沙醴陵縣有大山常大鳴如牛呴聲，[1]積數年。後豫章賊攻没醴陵縣，[2]殺略吏民。[3]

[1]【今注】醴陵縣：治所在今湖南醴陵市。　呴（hǒu）：吼叫。

[2]【今注】豫章：郡名。治南昌縣（今江西南昌市東）。

[3]【劉昭注】干寶曰："《論語摘輔像》曰（摘，大德本、殿本作'擿'）：'山亡崩（亡，大德本、汲本、殿本作"土"，是），川閉塞，漂淪移，山鼓哭，閉衡夷，庶桀合，兵王作。'時天下尚亂，豪桀並争（桀，殿本作'傑'）：曹操事二袁於河北；孫吴創基於江外；劉表阻亂衆於襄陽，南招零、桂，北割漢川，又以黄祖爲爪牙，而祖與孫氏爲深讎，兵革歲交。十年，曹操破袁譚於南皮；十一年，走袁尚於遼東。十三年，吴禽黄祖。是歲，劉表死。曹操略荆州，逐劉備於當陽。十四年，吴破曹操於赤壁。是三雄者，卒共参分天下（参，大德本、殿本作'三'），成帝王之業，是所謂'庶桀合，兵王作'者也。十六年，劉備入蜀，與吴再争荆州，於時戰争四分五裂之地，荆州爲劇，故山鳴之異

作其域也。”【今注】論語摘輔像：《論語讖》的一種，又作《論語摘象輔》《論語摘輔相》《論語擇輔象》，旨在闡述聖王選取輔佐之事，以孔子爲素王，以其弟子等同於伏羲六輔、黄帝七輔。存世佚文見安居香山、中村璋八《緯書集成》。　零：零陵郡，治泉陵縣（今湖南永州市）。　桂：桂陽郡，治郴縣（今湖南郴州市）。　漢川：即漢水。　黄祖：東漢末年人。劉表割據荆州時，爲其部下戰將，官至江夏太守。　袁譚：字顯思，汝南汝陽（今河南商水縣西北）人。傳見本書卷七四下。　南皮：縣名。治所在今河北南皮縣北。　遼東：郡名。治襄平縣（今遼寧遼陽市）。　當陽：縣名。治所在今湖北荆門市南。　赤壁：山名。即今湖北武昌西赤磯山。

靈帝熹平二年，東萊海出大魚二枚，長八九丈，高二丈餘。[1]明年，中山王暢、任城王博並薨。[2]

[1]【今注】案，本條屬於劉向《洪範五行傳論》之“魚孽”。《漢書·五行志》引“説”曰：“寒氣動，故有魚孽。雨以龜爲孽，龜能陸處，非極陰也；魚去水而死，極陰之孽也。”

[2]【劉昭注】《京房易傳》曰：“海出巨魚，邪人進，賢人疏。”臣昭謂此占符靈帝之世，巨魚之出，於是爲徵，寧獨二王之妖也！【今注】中山王暢：劉暢，東漢第四代中山王，順帝至靈帝時享國。事見本書卷四二《中山簡王焉傳》。1969年河北定縣北陵頭村西發掘出定縣43號漢墓，即中山王劉暢之墓。　任城王博：即劉博，本爲河間王一系，封户亭侯，因任城王絶嗣，遂繼嗣任城王，有孝行，事見本書卷四二《任城孝王尚傳》。

和帝永元四年，蝗。[1]

[1]【劉昭注】臣昭案：本紀光武建武六年詔稱“往歲水旱

蝗蟲爲災"。《古今注》曰："建武二十二年三月，京師、郡國十九蝗。二十三年，京師、郡國十八大蝗，旱，草木盡。二十八年三月，郡國八十蝗。二十九年四月，武威、酒泉、清河、京兆、魏郡、弘農蝗。三十年六月，郡國十二大蝗。三十一年，郡國大蝗。中元元年三月，郡國十六大蝗。永平四年十二月，酒泉大蝗，從塞外入。"《謝承書》曰："永平十五年，蝗起泰山，彌行兖、豫。"《謝沈書》鍾離意《譏起北宫表》云："未數年，豫章遭蝗，穀不收。民飢死，縣數千百人。"【今注】案，劉歆《五行傳説·聽傳》下無"魚孽"，代之以"介蟲之孽"，《漢書·五行志》兼采劉向、劉歆父子之説，既列魚孽，亦列介蟲之孽，後世因之。《漢書·五行志》引"説"曰："介蟲孽者，謂小蟲有甲飛揚之類，陽氣所生也，於《春秋》爲螽，今謂之蝗，皆其類也。"

八年五月，河内、陳留蝗。[1]九月，京都蝗。九年，蝗從夏至秋。先是西羌數反，[2]遣將軍將北軍五校征之。[3]

[1]【今注】河内：郡名。治懷縣（今河南武陟縣大虹橋鄉土城村）。

[2]【今注】西羌：西北古族名。西漢時羌人散居西北各地，東漢建武以來多次内徙羌人入塞，遷至金城、隴西、漢陽一帶的一支稱爲西羌。傳見本書卷八七。

[3]【今注】北軍五校：東漢禁兵的合稱。西漢禁兵爲北軍八校，東漢精簡爲五校，即屯騎、越騎、步兵、長水和射聲五營，故又稱五營禁兵。五營校尉秩比二千石，多以皇族出任，校尉下有司馬，秩一千石。

安帝永初四年夏，蝗。是時西羌寇亂，軍衆征距，連十餘年。[1]

[1]【劉昭注】讖曰："主失禮煩苛，則旱之，魚螺變爲蝗蟲。"

五年夏，九州蝗。[1]

[1]【劉昭注】京房占曰："天生萬物百穀，以給民用。天地之性人爲貴。今蝗蟲四起，此爲國多邪人，朝無忠臣，蟲與民爭食，居位食祿如蟲矣。不救，致兵起；其救也，舉有道置於位，命諸侯試明經，此消災也。"

六年三月，去蝗處復蝗子生。[1]

[1]【劉昭注】《古今注》曰："郡國四十八蝗。"

七年夏，蝗。

元初元年夏，郡國五蝗。

二年夏，郡國二十蝗。

延光元年六月，郡國蝗。

順帝永建五年，[1]郡國十二蝗。是時鮮卑寇朔方，[2]用衆征之。

[1]【今注】順帝：東漢順帝劉保，公元125年至144年在位。紀見本書卷六。　永建：東漢順帝劉保年號（126—132）。

[2]【今注】鮮卑：古代東胡部落。秦漢之際，東胡被匈奴冒

頓單于擊敗，退居烏桓山和鮮卑山，形成烏桓和鮮卑二族。　朔方：郡名。治臨戎縣（今内蒙古磴口縣北）。

永和元年秋七月，[1]偃師蝗。[2]去年冬，烏桓寇沙南，[3]用衆征之。

［1］【今注】永和：東漢順帝劉保年號（136—141）。

［2］【今注】偃師：縣名。治所在今河南偃師市東。

［3］【今注】烏桓：北方古族名。又名“烏丸”“古丸”。傳見本書卷九〇。　沙南：縣名。治所在今内蒙古准格爾旗東北。

桓帝永興元年七月，郡國三十二蝗。是時梁冀秉政無謀憲，[1]苟貪權作虐。[2]

［1］【今注】案，憲，《後漢書校補》疑係“慮”之譌。

［2］【劉昭注】《春秋考異郵》曰：“貪擾生蝗。”

二年六月，京都蝗。

永壽三年六月，京都蝗。

延熹元年五月，京都蝗。[1]

［1］【劉昭注】臣昭案：《劉歆傳》“皆逆天時，聽不聰之禍也（禍，汲本、殿本作‘過’）”。養奮對策曰：“佞邪以不正食禄饗所致。”《謝沈書》曰“九年，揚州六郡連水、旱、蝗害”也。

靈帝熹平六年夏，七州蝗。先是鮮卑前後三十餘犯塞，是歲護烏桓校尉夏育、破鮮卑中郎將田晏、使匈奴中郎將臧旻將南單于以下，[1]三道並出討鮮卑。大司農經用不足，[2]殷斂郡國，以給軍糧。三將無功，還者少半。

［1］【今注】護烏桓校尉：官名。秩比二千石，掌持節領護烏桓。　夏育：初爲段熲部下，東漢靈帝熹平年間爲北地太守，熹平三年（174）擊破鮮卑有功，遷護烏桓校尉，後又授護羌校尉。　破鮮卑中郎將：官名。秩比二千石，掌持節領護鮮卑。案，破，殿本作“彼”。　田晏：初爲段熲部下，後爲護羌校尉，靈帝熹平六年授破鮮卑中郎將。　使匈奴中郎將：官名。秩比二千石，掌持節領護匈奴南單于部。　臧旻：廣陵射陽（今江蘇寶應縣）人，初爲揚州刺史，後遷使匈奴中郎將。事見本書卷五八《臧洪傳》注引謝承《後漢書》。

［2］【今注】大司農：官名。西漢武帝太初元年（前104）改置，爲九卿之一，秩二千石，掌管全國租賦收入和財政開支。案，大德本無“司”字。

光和元年詔策問曰：“連年蝗蟲至冬踊，其咎焉在？”蔡邕對曰：“臣聞《易傳》曰：‘大作不時，天降災，厥咎蝗蟲來。’[1]《河圖祕徵篇》曰：‘帝貪則政暴而吏酷，[2]酷則誅深必殺，主蝗蟲。’蝗蟲，貪苛之所致也。”是時百官遷徙，皆私上禮西園以爲府。[3]

［1］【今注】蔡邕：字伯喈，陳留圉（今河南杞縣）人。博學，好辭章、數術、天文，精通音律。有《蔡中郎集》，已佚，今存輯本。傳見本書卷六〇下。

［2］【今注】河圖祕徵篇：緯書的一種，成書於漢代，存世佚文見安居香山、中村璋八《緯書集成》。

［3］【劉昭注】蔡邕對曰："蝗蟲出，息不急之作，省賦斂之費，進清仁，黜貪虐，分損承安，居省別藏（居，大德本、汲本、殿本作'屈'，是），以贍國用，則其救也。《易》曰'得臣無家'，言有天下者何私家之有！"

獻帝興平元年夏，[1]大蝗。是時天下大亂。

［1］【今注】興平：東漢獻帝劉協年號（194—195）。

建安二年五月，蝗。

# 後漢書　志第十六

## 五行四

地震　山崩　地陷　大風拔樹　螟　牛疫

《五行傳》曰："治宫室，飾臺榭，内淫亂，犯親戚，侮父兄，則稼穡不成。"[1]謂土失其性而爲災也。又曰："思心不容，[2]是謂不聖。厥咎霿，[3]厥罰恒風，厥極凶短折。[4]時則有脂夜之妖，[5]時則有華孽，[6]時則有牛禍，[7]時則有心腹之痾，[8]時則有黄眚、黄祥，[9]惟金水木火沴土。"[10]華孽，《劉歆傳》爲"贏蟲之孽"，謂螟屬也。[11]

[1]【今注】案，《漢書·五行志上》引"説"曰："土，中央，生萬物者也。其於王者爲内事。宫室、夫婦、親屬，亦相生者也。古者天子諸侯，宫廟大小高卑有制，后夫人媵妾多少進退有度，九族親疏長幼有序。孔子曰：'禮，與其奢也，寧儉。'故禹卑宫室，文王刑于寡妻，此聖人之所以昭教化也。如此則土得其性矣。若乃奢淫驕慢，則土失其性。有水旱之災而草木百穀不孰，是爲稼穡不成。"

［2］【今注】思心不容：《尚書·洪範》之五事有“五曰思”，至《洪範五行傳》變成“思心”，但意義無甚大變。“容”，或作“睿”。《漢書·五行志下之上》引“説”曰：“思心者，心思慮也；睿，寬也。孔子曰：‘居上不寬，吾何以觀之哉！’言上不寬大包容臣下，則不能居聖位。”《漢志》强調王者應有包容寬大之心，否則就會貌言視聽四事盡失，王者昏昧迷惑。五事中“思心”與“土”相配，土居中，地位高於其餘四行，故思心亦主宰其他四事。

［3］【今注】霿：霧氣。《漢書·五行志下之上》引“説”曰：“貌言視聽，以心爲主，四者皆失，則區霿無識，故其咎霿也。”《説文》：“天氣下地不應曰霿。”

［4］【今注】凶短折：《洪範》“六極”之一。極，困也，六極爲凶短折、疾、憂、貧、惡、弱，是六種人世困厄之意。這六極本無序，亦不與五事、皇極相搭配，就現存文獻來看，《洪範五行傳》中纔將三者組合成一個固定搭配的體系，即貌—惡、言—憂、視—疾、聽—貧、思心—凶短折。《漢書·五行志下之上》引“説”曰：“傷人曰凶，禽獸曰短，中木曰折。一曰，凶，夭也；兄喪弟曰短，父喪子曰折。”可知，漢儒也並無統一的解釋。

［5］【今注】脂夜之妖：又稱夜妖。《漢書·五行志下之上》：“在人腹中，肥而包裹心者脂也。心區霿則冥晦，故有脂夜之妖。一曰，有脂物而夜爲妖，若脂水夜污人衣，淫之象也。一曰，夜妖者，雲風並起而杳冥，故與常風同象也。”前後兩種解釋的共通之處在於認爲夜妖都是“冥”，衹是在導致“冥”的起因上有分歧，前者認爲是個人心智不聰，後者則歸結爲自然界的風雲變化。中間一種的解釋是照字面意思來理解，即“脂物”在夜間爲妖。從歷代《五行志》所選事例來看，最後一種解釋的例子最多，其次是中間一種，第一種解釋的例子幾乎没有。

［6］【今注】華孽：《漢書·五行志下之上》云：“劉向以爲於《易》，《巽》爲風爲木，卦在三月四月，繼陽而治，主木之華實。風氣盛，至秋冬木復華，故有華孽。一曰，地氣盛同秋冬復華。一

曰，華者色也，土爲内事，爲女孽也。”前兩種都是指樹木“秋冬復華”，與草妖類似，不過一是因爲風氣盛，一則是地氣盛。第三種是《洪範五行傳》的解釋，《洪範五行傳》曰：“華者，猶榮華容色之象也。以色亂國，故謂華孽。”即通常説的“紅顔禍水”之類。嚴格來説，這些怪異都不能歸入孽類。《漢書》以下都没有這方面的事例，直到《隋書·五行志》纔有，而且這三種説法都得到了采用。

［7］【今注】牛禍：與牛相關的怪異現象。《漢書·五行志下之上》引“説”曰：“於《易》，《坤》爲土爲牛，牛大心而不能思慮，思心氣毁，故有牛禍。一曰，牛多死及爲怪，亦是也。”五行之“土”與“地”關係密切，《周易·説卦》有“坤，地也”“坤爲牛”之説，這樣“土”就與“牛”聯繫起來。

［8］【今注】心腹之痾：《漢書·五行志下之上》引“説”曰：“及人，則多病心腹者，故有心腹之痾。”猶心腹之疾，指人體感官臟器的疾病或精神意識層面的“喪心”。

［9］【今注】黄眚黄祥：眚祥一般連用，指生物界以外的有形世界的怪異，主要根據顔色來判斷：木—青、金—白、火—赤、水—黑、土—黄。

［10］【今注】案，水木，大德本作“木水”。

［11］【今注】案，《洪範五行傳》“華孽”之説已如上所釋，在現實世界中難以找到完全相合的災異事例，故班固捨劉向説而采劉歆“嬴蟲之孽”説，本志沿用。劉歆在“孽”名目的設置上與劉向相差較大，他的解説其實受到了《月令》思想的影響，按照《月令》的圖式：貌屬東，爲鱗蟲；視屬南，爲羽蟲；言屬西，爲毛蟲；聽屬北，爲介蟲；思屬中，爲倮蟲（即嬴蟲），劉歆大體遵循了這一圖式，衹是具體内容有所變化。嬴蟲指無鱗甲毛羽的蟲類，如螟、螣之類。

世祖建武二十二年九月,[1]郡國四十二地震，南陽尤甚,[2]地裂壓殺人。其後武谿蠻夷反,[3]爲寇害，至南郡,[4]發荆州諸郡兵,[5]遣武威將軍劉尚擊之,[6]爲夷所圍，復發兵赴之，尚遂爲所没。[7]

[1]【今注】世祖：東漢光武帝劉秀，公元25年至57年在位。謚號光武，廟號世祖。紀見本書卷一。　建武：東漢光武帝劉秀年號（25—56）。

[2]【今注】南陽：郡國名。治宛縣（今河南南陽市卧龍區）。

[3]【今注】武谿蠻夷：即武陵郡五溪的少數民族。本書卷二四《馬援傳》："二十四年，武威將軍劉尚擊武陵五溪蠻夷。"李賢注曰："酈元注《水經》云：'武陵有五溪，謂雄溪、樠溪、酉溪、潕溪、辰溪，悉是蠻夷所居，故謂五溪蠻。'皆槃瓠之子孫也。土俗'雄'作'熊'，'樠'作'朗'，'潕'作'武'，在今辰州界。"

[4]【今注】南郡：郡國名。治江陵縣（今湖北荆州市荆州城西北）。

[5]【今注】荆州：下轄南陽、南郡、江夏、零陵、桂陽、武陵、長沙七郡。轄境約相當於今湘、鄂二省及豫、桂、黔、粤的一部分。

[6]【今注】武威將軍：官名。東漢始置，掌征伐。　劉尚：初任郡縣地方官，後任大司馬吴漢之副將，官至武威將軍，參與過平定隗囂、公孫述的西征，也多次平定西北羌族和西南蠻夷的叛亂。後在平定南郡蠻夷時陣亡。

[7]【今注】案，西漢以降，儒者多從天人感應的角度來解釋地震的成因，納入陰陽氣論或《洪範》五行災異説的體系中。《漢書·五行志下之上》將地震歸入《洪範五行傳·思心傳》"金水木火沴土"一目下，與"土"搭配，引"説"曰："凡思心傷者病土氣，土氣病則金木水火沴之，故曰'時則有金木水火沴土'。不言

‘惟’而獨曰‘時則有’者，非一衝氣所沴，明其異大也。”五行相沴是《洪範五行傳》的發明，打破了先秦以來五行並列相生相勝的關係，將五行依方位對衝重新搭配。木金東西對衝相沴，火水南北對衝相沴，土居中爲五行之主，故土氣傷則四方金木水火之氣乘而沴之，所引發的災異爲地變之極，如地震、山崩、地陷、川竭之類。



章帝建初元年三月甲申，[1]山陽、東平地震。[2]

[1]【今注】章帝：東漢章帝劉炟，公元 75 年至 88 年在位。紀見本書卷三。　建初：東漢章帝劉炟年號（76—84）。　甲申：本書《章帝紀》作“甲寅”，中華本校勘記以爲，是年三月癸卯朔，無甲申，當據改。

[2]【今注】山陽：郡國名。治昌邑縣（今山東巨野縣城南昌邑村）。　東平：郡國名。治無鹽縣（今山東東平縣）。

和帝永元四年六月丙辰，[1]郡國十三地震。《春秋漢含孳》曰：“女主盛，臣制命，則地動坼，畔震起，山崩淪。”[2]是時竇太后攝政，[3]兄竇憲專權，[4]將以是受禍也。後五日，詔收憲印綬，兄弟就國，逼迫皆自殺。

[1]【今注】和帝：東漢和帝劉肇，公元 88 年至 105 年在位。紀見本書卷四。　永元：東漢和帝劉肇年號（89—105）。

[2]【今注】春秋漢含孳：讖緯書，《春秋緯》之一，亦名《春秋緯漢含孳》，無名氏撰，宋均曾爲其作注，宋以後散佚。該書以孔子作《春秋》，爲漢制法，獲麟爲漢家受命之瑞，預示着劉邦

繼起爲王，漢室孳生，故名《漢含孳》。

［3］【今注】竇太后：扶風平陵（今陝西咸陽市西北）人，竇融曾孫女。東漢章帝皇后，章帝去世，和帝繼位，尊竇氏爲皇太后，並臨朝攝政。紀見本書卷一〇上。

［4］【今注】竇憲：字伯度，扶風平陵（今陝西咸陽市西北）人。傳見本書卷二三。

五年二月戊午，隴西地震。[1]儒説民安土者也，將大動，行大震。九月，匈奴單于於除難鞬叛，[2]遣使發邊郡兵討之。

［1］【今注】隴西：郡國名。治狄道縣（今甘肅臨洮縣南）。

［2］【今注】匈奴單于：匈奴君主稱號。　於除難鞬：中華本據《後漢書集解》引錢大昕、惠棟説，認爲"難"係衍文。於除鞬，本爲東漢時期匈奴北單于之弟，任谷蠡王。東漢王朝與匈奴金微山之戰後，北單于被打敗逃亡不知所踪，於除鞬自立爲北匈奴單于，在蒲類海"款塞乞降"。後東漢派遣軍隊將其消滅。

七年九月癸卯，京都地震。儒説奄官無陽施，[1]猶婦人也。是時和帝與中常侍鄭衆謀奪竇氏權，[2]德之，因任用之，及幸常侍蔡倫，[3]二人始並用權。

［1］【今注】奄官：宦官。　陽施：煥發男子的亢陽之氣。

［2］【今注】中常侍：官名。皇帝寵幸近臣，掌顧問應對，東漢時多由宦官擔任。　鄭衆：字季産，南陽犨（今河南魯山縣東南）人。宦官。東漢宦官用權，自衆始。傳見本書卷七八。

［3］【今注】蔡倫：字敬仲，桂陽（今湖南郴州市）人。宦

官。傳見本書卷七八。



九年三月庚辰，隴西地震。[1]閏月，塞外羌犯塞，殺略吏民，使征西將軍劉尚擊之。[2]

［1］【今注】隴西：古地區名。泛指今甘肅隴山以西地區。古代以西爲右，故又稱"隴右"。

［2］【今注】征西將軍：官名。東漢光武帝時始置，爲四征將軍之一。　劉尚：與前文武威將軍劉尚非同一人，此爲朝陽侯劉浮之弟。事見本書卷一四《宗室四王二侯傳》。

安帝永初元年，[1]郡國十八地震。李固曰：[2]"地者陰也，法當安静。今乃越陰之職，專陽之政，故應以震動。"是時鄧太后攝政專事，[3]訖建光中，[4]太后崩，安帝乃得制政，於是陰類並勝，西羌亂夏，連十餘年。

［1］【今注】安帝：東漢安帝劉祜，公元106年至125年在位。紀見本書卷五。　永初：東漢安帝劉祜年號（107—113）。

［2］【今注】李固：字子堅，漢中南鄭（今陝西漢中市）人。李合之子。傳見本書卷六三。

［3］【今注】鄧太后：即鄧綏，南陽新野（今河南新野縣）人。東漢和帝第二任皇后。紀見本書卷一〇上。

［4］【今注】建光：東漢安帝劉祜年號（121—122）。

二年，郡國十二地震。

三年十二月辛酉，郡國九地震。

四年三月癸巳，郡國四地震。

五年正月丙戌，郡國十地震。

七年正月壬寅，二月丙午，[1]郡國十八地震。

[1]【今注】案，二月丙午，中華本據是年四月丙申晦，推定二月無丙午，疑此四字乃後人妄增。

元初元年，[1]郡國十五地震。

[1]【今注】元初：東漢安帝劉祜年號（114—120）。

二年十一月庚申，郡國十地震。

三年二月，郡國十地震。十一月癸卯，郡國九地震。

四年，郡國十三地震。

五年，郡國十四地震。

六年二月乙巳，京都、郡國四十二地震，或地坼裂，涌水，壞敗城郭、民室屋，[1]壓人。冬，郡國八地震。

[1]【今注】案，壞敗，大德本、汲本、殿本作"敗壞"。

永寧元年，[1]郡國二十三地震。

[1]【今注】永寧：東漢安帝劉祜年號（120—121）。

建光元年九月己丑，郡國三十五地震，或地坼裂，壞城郭室屋，壓殺人。是時安帝不能明察，信宫人及阿母聖等讒云，[1]破壞鄧太后家，於是專聽信聖及宦者，中常侍江京、樊豐等皆得用權。[2]

[1]【今注】阿母聖：王聖，東漢安帝乳母，得封野王君。鄧太后臨朝時，曾與小黄門李閏進讒離間太后與安帝。其後，又與宦官樊豐、江京譖殺太子劉保乳母王男、厨監邴吉，謀廢劉保爲濟陰王。恃寵而驕、貪贓枉法，譖誅太尉楊震等。劉懿即位後，被閻顯舉發，徙雁門。事見本書卷七八《孫程傳》。　案，云，中華本據何焯校本改作“言”。

[2]【今注】江京：東漢宦官，任小黄門、中常侍、大長秋。與安帝乳母王聖、中常侍樊豐共同謀廢太子劉保爲濟陰王。安帝去世後，迎立北鄉侯劉懿爲帝，待劉懿病重，江京建議太后閻姬另選諸侯王子即位。宦官孫程等發動政變擁立劉保登基，江京被殺。事見本書《孫程傳》。　樊豐：東漢宦官，任中常侍，與安帝乳母王聖、江京構陷謀廢太子劉保爲濟陰王。後又詐作詔書，調發錢穀、材木，修建冢舍園觀。太尉楊震上書告發，反遭誣陷，被逼自殺。延光四年（125）隨安帝出巡，安帝中途駕崩，回京後，外戚閻顯舉發其與周廣、王聖等人的結黨行徑，樊豐被下獄處死。事見本書卷五四《楊震傳》、卷七八《孫程傳》。　案，用，大德本、殿本作“擅”。

延光元年七月癸卯，[1]京都、郡國十三地震。九月戊申，郡國二十七地震。

[1]【今注】延光：東漢安帝劉祜年號（122—125）。

二年，京都、郡國三十二地震。

三年，京都、郡國二十三地震。是時以讒免太尉楊震，[1]廢太子。[2]

[1]【今注】楊震：字伯起，弘農華陰（今陝西華陰市東）人。好學博覽，歷任荆州刺史、東萊太守、太僕、太常、司徒、太尉。爲官正直，多次上書進諫。傳見本書卷五四。又，楊震碑原刻在河南陝州閿鄉縣，首題“漢故太尉楊公神道碑銘”，碑陰有題名，石佚。碑刻信息見歐陽修《集古録》卷二、《廣川書跋》卷五、洪适《隸釋》卷一二等，翻刻本拓片見《北京圖書館藏中國歷代石刻拓本彙編》册一（中州古籍出版社1989年版）。

[2]【今注】廢太子：延光三年（124），安帝乳母王聖、大長秋江京、中常侍樊豐誣陷皇太子劉保乳母王男、厨監邴吉，將他們殺死，太子數次歎息。王聖等人懼怕太子繼位後報復，乃構陷太子。九月丁酉，廢皇太子劉保爲濟陰王。

四年十月丁巳，[1]京都、郡國十六地震。時安帝既崩，閻太后攝政，[2]弟兄閻顯等並用事，[3]遂斥安帝子，更徵諸國王子，未至，中黄門遂誅顯兄弟。

[1]【今注】案，十月，本書卷六《順帝紀》作“十一月”，中華本校勘記以爲，延光四年十月乙酉朔，無丁巳。當據改。

[2]【今注】閻太后：閻姬。河南滎陽（今河南滎陽市東北）人，東漢安帝皇后。紀見本書卷一〇下。

[3]【今注】案，弟兄，大德本、殿本作“兄弟”。　閻顯：河南滎陽人，其妹爲安帝閻皇后。封長社侯，掌禁兵。安帝去世後，與其妹策立北鄉侯劉懿爲帝，是爲少帝。閻后臨朝，閻顯以車

騎將軍、儀同三司專斷朝政。少帝病逝，宦官孫程等十九人擁立濟陰王劉保爲帝（順帝），被殺。事見本書卷一〇下《皇后紀下》。



順帝永建三年正月丙子，[1]京都、漢陽地震。[2]漢陽屋壞殺人，地坼涌水出。是時順帝阿母宋娥及中常侍張昉等用權。[3]

［1］【今注】順帝：東漢順帝劉保，公元125年至144年在位。紀見本書卷六。　永建：東漢順帝劉保年號（126—132）。

［2］【今注】漢陽：郡名。治冀縣（今甘肅天水市西北）。

［3］【今注】宋娥：又稱宋阿母，是東漢順帝劉保的乳母。時太子劉保被廢爲濟陰王，宋娥與孫程等宦官共同擁立劉保即位，得封山陽郡，邑五千户。順帝陽嘉二年（133），有地震等災，李固進言認爲宋娥所得封爵等恩賞太過。順帝永和二年（137），宋娥與李元等宦官相互賄賂，事發，被奪爵歸田舍。事見本書卷七八《孫程傳》。　張昉：即張防，宦官。東漢順帝時官至中常侍，執掌權柄，後爲虞詡上書彈劾，被流放邊疆。

陽嘉二年四月己亥，[1]京都地震。是時爵號宋娥爲山陽君。

［1］【今注】陽嘉：東漢順帝劉保年號（132—135）。

四年十二月甲寅，京都地震。

永和二年四月庚申，[1]京都地震。是時宋娥構姦誣罔，五月事覺，收印綬，歸田里。十一月丁卯，京都地震。是時太尉王龔以中常侍張昉等專弄國權，[2]欲奏誅之，時龔宗親有以楊震行事諫之止云。

［1］【今注】永和：東漢順帝劉保年號（136—141）。　案，庚申，本書《順帝紀》作“丙申”，中華本校勘記按，是年四月戊寅朔，無庚申。當據改。

［2］【今注】王龔：字伯宗，山陽高平（今山東鄒城市西南）人。世爲豪族。傳見本書卷五六。

三年二月乙亥，京都、金城、隴西地震，[1]裂城郭，室屋多壞，壓殺人。閏月己酉，京都地震。十月，西羌二千餘騎入金城塞，爲涼州害。

［1］【今注】金城：郡國名。治允吾縣（今甘肅永靖縣）。

四年三月乙亥，京都地震。

五年二月戊申，京都地震。

建康元年正月，[1]涼州部郡六，[2]地震。從去年九月以來至四月，凡百八十日震，[3]山谷坼裂，壞敗城寺，傷害人物。三月，護羌校尉趙沖爲叛胡所殺。[4]九月丙午，京都地震。是時順帝崩，梁太后攝政，[5]欲爲順帝作陵，制度奢廣，多壞吏民冢。尚書欒巴諫事，[6]太后怒，癸卯，詔書收巴下獄，欲殺之。丙午地震，於是太后乃出巴，免爲庶人。[7]

［1］【今注】建康：東漢順帝劉保年號（144）。

［2］【今注】涼州：州名。治隴縣（今甘肅清水縣北）。　案，

都郡，中華本據《後漢書集解》引陳景雲説改作“部郡”。

［3］【今注】案，百八十日震，本書卷六《順帝紀》作“地百八十震”，中華本據《後漢書校補》改作“百八十地震”。

［4］【今注】護羌校尉：官名。駐守涼州令居縣（今甘肅永登縣），主西羌，持節監領護西羌。　趙沖：東漢順帝時爲武威太守，參與鎮壓羌人起事。漢安元年（142）遷護羌校尉。沖帝時爲羌人襲殺。

［5］【今注】梁太后：梁妠，安定烏氏（今寧夏固原市東南）人。大將軍梁商之女，東漢順帝皇后。紀見本書卷一〇下。

［6］【今注】欒巴：字叔元，魏郡内黄（今河南内黄縣西北）人。傳見本書卷五七。　案，諫事，王先謙《後漢書集解》疑“事”爲“争”之誤。

［7］【今注】案，此事見載於本書卷五七《欒巴傳》：“會帝崩，營起憲陵。陵左右或有小人墳冢，主者欲有所侵毁，巴連上書苦諫。時梁太后臨朝，詔詰巴曰：‘大行皇帝晏駕有日，卜擇陵園，務從省約，塋域所極，裁二十頃，而巴虚言主者壞人冢墓。事既非實，寢不報下，巴猶固遂其愚，復上誹謗。苟肆狂瞽，益不可長。’巴坐下獄，抵罪，禁錮還家。”

桓帝建和元年四月庚寅，[1]京都地震。九月丁卯，京都地震。是時梁太后攝政，兄冀持權。至和平元年，[2]太后崩，然冀猶秉政專事，至延熹二年，[3]乃誅滅。

［1］【今注】建和：東漢桓帝劉志年號（147—149）。

［2］【今注】和平：東漢桓帝劉志年號（150）。

［3］【今注】延熹：東漢桓帝劉志年號（158—167）。

三年九月己卯，地震，庚寅又震。

元嘉元年十一月辛巳，[1]京都地震。

[1]【今注】元嘉：東漢桓帝劉志年號（151—153）。

二年正月丙辰，京都地震。十月乙亥，京都地震。

永興二年二月癸卯，[1]京都地震。

[1]【今注】永興：東漢恒帝劉志年號（153—154）。

永壽二年十二月，[1]京都地震。

[1]【今注】永壽：東漢桓帝劉志年號（155—158）。

延熹四年，京都、右扶風、涼州地震。[1]

[1]【今注】右扶風：政區名。治槐里縣（今陝西興平市東南）。三輔之一。

五年五月乙亥，京都地震。是時桓帝與中常侍單超等謀誅除梁冀，[1]聽之，[2]並使用事專權。又鄧皇后本小人，[3]性行無恒，苟有顏色，立以爲后，後卒坐執左道廢，以憂死。

[1]【今注】單超：河南（今河南洛陽市）人。宦官。東漢桓帝初爲中常侍，幫助桓帝誅滅梁冀及宗親黨羽，封新豐侯，爲"五

侯”之一，後拜車騎將軍。傳見本書卷七八。

［2］【今注】案，聽，大德本作“德”。中華本疑當改作“德”。

［3］【今注】案，鄧皇后即鄧猛女，南陽新野（今河南新野縣）人。東漢桓帝第二任皇后，和熹皇后鄧綏的侄孫女。紀見本書卷一〇下。皇，大德本作“太”。

八年九月丁未，京都地震。

靈帝建寧四年二月癸卯，[1]地震。是時中常侍曹節、王甫等皆專權。[2]

［1］【今注】靈帝：東漢靈帝劉宏，公元168年至189年在位。紀見本書卷八。　建寧：東漢靈帝劉宏年號（168—172）。

［2］【今注】曹節：字漢豐，南陽新野（今河南新野縣）人。宦官。傳見本書卷七八。　王甫：宦官。靈帝時爲黄門令，與曹節等將兵殺竇武、陳蕃，遷中常侍。又與節誣奏勃海王劉悝謀反，殺之，以功封冠軍侯。操縱朝政，父兄子弟皆爲貴官。後爲司隸校尉陽球奏誅。事見本書《曹節傳》。

熹平二年六月，[1]地震。

［1］【今注】熹平：東漢靈帝劉宏年號（172—178）。

六年十月辛丑，地震。

光和元年二月辛未，[1]地震。四月丙辰，地震。靈帝時宦者專恣。

[1]【今注】光和：東漢靈帝劉宏年號（178—184）。

二年三月，京兆地震。

三年自秋至明年春，酒泉表氏地八十餘動，[1]涌水出，城中官寺民舍皆頓，縣易處，更築城郭。

[1]【今注】酒泉：郡名。治禄福縣（今甘肅酒泉市）。　案，氏，本書卷八《靈帝紀》作"是"，二字通。

獻帝初平二年六月丙戌，[1]地震。

[1]【今注】獻帝：東漢獻帝劉協，公元189年至220年在位。紀見本書卷九。　初平：東漢獻帝劉協年號（190—193）。

興平元年六月丁丑，[1]地震。

[1]【今注】興平：東漢獻帝劉協年號（194—195）。

和帝永元元年七月，會稽南山崩。[1]會稽，南方大名山也。《京房易傳》曰：[2]"山崩，陰乘陽，弱勝强也。"劉向以爲山陽，君也；水陰，民也；君道崩壞，百姓失所也。[3]劉歆以爲崩猶地也。[4]是時竇太后攝政，兄竇憲專權。

[1]【今注】會稽南山：會稽山在會稽郡山陰縣（今浙江紹興市）之南。《史記》卷二《夏本紀》："禹會諸侯江南，計功而崩，

因葬焉，命曰會稽。會稽者，會計也。”

［2］【今注】京房易傳：易傳類術數書，西漢京房撰。該書主要言述災異之説。又京房撰有《京氏易傳》，而《搜神記》等書所引用《京房易傳》的内容與《京氏易傳》不同，學界懷疑二者並不是同一本書。

［3］【今注】案，從現代科學角度解釋，山崩原本是地震的次生災異，但在古代則被賦予了極其深刻的政治象徵意義。古者天子纔有權力祭祀天下名山大川，是君權神授的重要體現，所以名山象徵着君權的穩固。《國語·周語上》載伯陽父云：“山崩川竭，亡之徵也。”“山崩”成了君權淪喪、國家傾覆的表徵。此處所引劉向説出自《漢書·五行志》成公五年“夏，梁山崩”條，劉向是從陰陽氣論來理解“山崩”。劉向，字子政，本名更生，西漢宗室，官至中壘校尉。成帝時主持校勘皇室藏書，撰《别録》。又撰有《洪範五行傳論》，闡述天人感應、陰陽五行理論。傳見《漢書》卷三六。

［4］【今注】劉歆：劉向之子，字子駿，西漢宗室，官至太中大夫，協助劉向校點西漢皇家藏書，精通天文曆法、史學、詩等，編制《别録》《三統曆譜》。圖謀誅殺王莽，事敗自殺。傳見《漢書》卷三六。案，劉歆《五行傳説》也是解釋《洪範五行傳》之作，與其父的《洪範五行傳論》有較大差異，班固在《漢書·五行志》中多所采用。此條劉向歆父子的解説就頗不同，劉向説如上文，《漢書·五行志》引劉歆説曰：“梁山。晉望也；崩，弛崩也。古者三代命祀，祭不越望，吉凶禍福，不是過也。國主山川，山崩川竭，亡之徵也。”　案，地，中華本據《後漢書校補》改作“弛”。

七年七月，趙國易陽地裂。[1]《京房易傳》曰：“地裂者，臣下分離，不肯相從也。”是時南單于衆乖離，[2]漢軍追討。

[1]【今注】趙國：郡國名。治邯鄲縣（今河北邯鄲市）。　易陽：縣名。治所在今河北邯鄲市永年區。

[2]【今注】南單于：南匈奴王稱號。東漢初年，匈奴再次分裂爲南北二部，南部匈奴依附於漢廷，内遷於河套地區，其首領稱南單于。

十二年夏，閏四月戊辰，南郡秭歸山高四百丈，[1]崩填谿，殺百餘人。明年冬，至蠻夷反，[2]遣使募荆州吏民萬餘人擊之。

[1]【今注】南郡：治江陵縣（今湖北荆州市荆州城西北）。　秭歸：縣名。治所在今湖北秭歸縣。

[2]【今注】案，至，中華本據《後漢書校補》改作“巫”。

元興元年五月癸酉，[1]右扶風雍地裂。是後西羌大寇涼州。

[1]【今注】元興：東漢和帝劉肇年號（105）。

殤帝延平元年五月壬辰，[1]河東恒山崩。[2]是時鄧太后專政。秋八月，殤帝崩。

[1]【今注】殤帝：劉隆，漢和帝少子，登基時離出生剛滿百天，因爲年幼，由皇太后鄧綏臨朝聽政。一歲時夭折，是中國歷史上壽命最短的皇帝，謚號孝殤皇帝。紀見本書卷四。　延平：東漢

殤帝劉隆年號（106）。

［2］【今注】河東：郡國名。治安邑縣（今山西運城市東部）。案，恒，本書卷四《殤帝紀》作“垣”，中華本據改。

安帝永初元年六月丁巳，河東楊地陷，東西百四十步，南北百二十步，深三丈五尺。

六年六月壬辰，豫章員谿原山崩，[1]各六十三所。

［1］【今注】豫章：郡名。治南昌縣（今江西南昌市東）。

元初元年三月己卯，日南地坼，[1]長百八十二里。其後三年正月，蒼梧、鬱林、合浦盜賊群起，[2]劫略民吏。[3]

［1］【今注】日南：郡國名。治西卷縣（今越南廣治省東河市）。

［2］【今注】蒼梧：郡國名。治廣信縣（今廣西梧州市附近）。鬱林：郡國名。治布山縣（今廣西貴港市）。　合浦：郡國名。治合浦縣（今廣西合浦縣）。

［3］【今注】案，民吏，大德本、汲本、殿本作“吏民”，是。

二年六月，河南雒陽新城地裂。

延光二年七月，丹陽山崩四十七所。[1]

［1］【今注】丹陽：郡國名。治宛陵縣（今安徽宣城市宣州區）。

三年六月庚午，巴郡閬中山崩。[1]

[1]【今注】巴郡：郡國名。治江州縣（今重慶市江北區）。閬中：縣名。治所在今四川閬中市。

四年十月丙午，蜀郡越巂山崩，[1]殺四百餘人。丙午，天子會日也。是時閻太后攝政。其十一月，中黄門孫程等殺江京，[2]立順帝，誅閻后兄弟，明年，閻后崩。

[1]【今注】蜀郡：郡國名。治成都縣（今四川成都市）。越巂：郡國名。治邛都縣（今四川西昌市東南）。

[2]【今注】孫程：字稚卿，涿郡新城（今河北保定市徐水區西）人。宦官。卒後養子壽襲封，開宦官養子襲爵之例。傳見本書卷七八。

順帝陽嘉二年六月丁丑，雒陽宣德亭地坼，長八十五丈，近郊地。時李固對策，以爲“陰類專恣，將有分離之象，所以附郊城者，事上帝示象以誡陛下也”。[1]是時宋娥及中常侍各用權分争，後中常侍張逵、蘧政與大將軍梁商争權，[2]爲商作飛語，欲陷之。

[1]【今注】案，事，殿本、汲本作“是”，是。

[2]【今注】張逵：宦官。東漢順帝時官至中常侍，因誣陷梁商及中常侍曹騰、孟賁被下獄而死。事見本書卷三四《梁商傳》。　蘧政：宦官。東漢順帝時官至中常侍，因誣陷梁商及中常侍曹騰、孟賁被下獄而死。事見本書《梁商傳》。　梁商：字伯夏，安定烏氏（今寧夏固原市東南）人。東漢外戚、大臣，女爲順帝皇后。傳見本書卷三四。商，大德本作“商”，下句同，不另出校。